步兵攻击

[德] 隆美尔⊙著

张卫能⊙译

台海出版社

图书在版编目（CIP）数据

步兵攻击 /（德）隆美尔著；张卫能译 . -- 北京：
台海出版社 , 2018.5（2022.1重印）

ISBN 978-7-5168-1823-7

Ⅰ . ①步… Ⅱ . ①隆… ②张… Ⅲ . ①陆军—战术学
Ⅳ . ① E841

中国版本图书馆 CIP 数据核字 (2018) 第 072378 号

步兵攻击

著　　者：〔德〕隆美尔	译　　者：张卫能
责任编辑：刘　峰	装帧设计：同人阁·文化传媒
版式设计：同人阁·文化传媒	责任印制：蔡　旭

出版发行：台海出版社
地　　址：北京市东城区景山东街 20 号　　邮政编码：100009
电　　话：010 — 64041652（发行，邮购）
传　　真：010 — 84045799（总编室）
网　　址：www.taimeng.org.cn/thcbs/default.htm
E-mail：thcbs@126.com
经　　销：全国各地新华书店
印　　刷：香河县宏润印刷有限公司
本书如有破损、缺页、装订错误，请与本社联系调换

开　　本：710mm×1000mm	1/16
字　　数：295 千字	印　　张：17.5
版　　次：2018年6月第1版	印　　次：2022年1月第3次印刷
书　　号：ISBN 978-7-5168-1823-7	
定　　价：45.00 元	

出版前言

《步兵攻击》是一部经典军事文学作品，最先在1937年以《步兵攻击》（Infanterie Greift An）的书名在德国出版。作品在第二次世界大战前取得巨大成功，在隆美尔的成功之路上扮演了重要角色。到1944年，该书至少已经先后18次印刷出版。但就在当年，这位具有传奇色彩的军人因参与刺杀希特勒被迫结束了自己的生命。

美国陆军在1943年翻译了该书，乔治·巴顿将军也熟读了这部作品。据悉，巴顿看了该书之后"为之一振"，反复研读直至烂熟于心。除了巴顿以外，其他一些美国军官也对该书很感兴趣。1944年，《步兵期刊》（Infantry Journal）以《步兵攻击》（Infantry Attacks）为名刊登了该书的缩减版。

在该书首度在美国出版发行35年后的今天，这部作品仍然被很多人视为具有想象力且行之有效的战斗指挥范本，其在战争期间的英语版更是私人收藏比例最高的著作之一。令人费解的是，美国国会图书馆和五角大楼内陆军图书馆里的收藏本竟然全都神秘消失了。

本书是《步兵攻击》在美国发行的第一个完整、无删减版本。早期的版本删除了可能会让我们的盟国感到尴尬的内容，还删除了大量插图。同样，美国陆军的版本也因战时仓促的翻译存在缺憾。

这一版本由J.R.德里斯科尔（J.R.Driscoll）从德文原著直接翻译而来，他还审校了美国陆军那个版本中的数百个段落。在德国参与战时英文版发行的鲍勃·海特曼（Bob Heittman）不辞劳苦地审校了书中的草图和地图。经过与大幅地图的对比，海特曼解决了书中插图的细节问题，提供了与前者相近的比例尺，还给一些图补充了额外的说明。书中的场景图源自德文原著，可能出自隆美尔本人之手。

作为一名杰出将领的自传体著作，《步兵攻击》具有重大的历史意义。

该书记述了隆美尔从一名青涩的中尉成长为一名自信、老练、战绩非凡的指挥官的历程，他的心性也在这一历程中得以展现。

该书同时也是一部关于作战指挥与心理的专著，为那些负责组建和训练军队的指挥官提供诸多宝贵经验。这些经验当中首要的一条就是：人是作战的关键因素；打胜仗需要的是能干、勇敢的军官领导下的人的意志、精神和技能；完成艰巨的任务可以提升部队士气。

虽然书中描述的战斗已经过去了61年，该书问世也有42年之久，但埃尔文·隆美尔的思想一如当年一般清晰明了、意义重大。

李·艾伦（Lee Allen）

历史背景

　　1914年的欧洲貌似平静，但在脆弱的和平表象背后，暗涌的潜流即将让现存的国家结构分崩离析。

　　在欧洲大陆，德国凭借其在1870年法国与普鲁士战争中取得的胜利和国内快速的工业化进程占据主导地位。到1914年，德国已经建立起一个海外帝国，还拥有足以保护这个帝国的海军部队。但作为世界强国，德国有可能会同其他欧洲强国发生冲突。

　　1870年后的法国迅速复苏，但战败的耻辱以及阿尔萨斯和洛林的割让是法国人心中的痛。到1914年，法国已经成为仅次于德国的欧洲第二大国，法国人开始寻找机会报仇雪恨。

　　与此同时，英国人越来越担心德国海军对大英帝国造成的威胁。

　　在世界的东方，俄国与日暮西山的奥匈帝国之间摩擦不断。在巴尔干地区，各个民族渴望建立属于自己的国家，塞尔维亚更是声称拥有奥地利部分领土的主权，当地的紧张局势一触即发。俄国迫切希望将自己的影响力延伸至巴尔干地区，进而延伸至达达尼尔海峡和地中海，所以在塞尔维亚和奥地利之间选择站在了前者一边。

　　与此同时，俄国还想看到奥斯曼帝国的解体。在俄国的支持下，巴尔干地区的一些国家在1913年成功将土耳其赶出了此前占领的大部分欧洲地区。正因为如此，土耳其对俄国深恶痛绝。

　　1914年，德国、奥匈帝国和意大利组成三国同盟，英国、法国和俄罗斯达成三国协约。双方都在积极备战。

　　此时欧洲的火药味已经很浓，大战一触即发。1914年6月28日，奥匈帝国皇储斐迪南大公夫妇被一名塞尔维亚人刺杀，这就是第一次世界大战的导火线。

刺杀事件发生后，很多国家相继发布最后通牒，同时动员力量向其他国家宣战。奥地利向塞尔维亚宣战；由于要求俄国停止战争动员未果，德国当即向俄国及其盟友法国宣战。德国对比利时的侵略（该书的故事由此开始）将英国拖入战争的漩涡。

同年8月4日，德国和奥地利（轴心国）与同盟国——比利时、英国、法国、俄国和塞尔维亚——正式交战。意大利保持中立，声称其只有三国同盟的其他成员受到攻击时才有义务出手相助。

此后，土耳其和保加利亚加入轴心国一方；意大利、罗马尼亚、美国等国加入同盟国一方。

隆美尔在一战中的阅历极其丰富。他的足迹跨越了比利时、法国、罗马尼亚、奥地利和意大利，曾经与法国人、俄国人、罗马尼亚人和意大利人交战。他的故事从1914年7月31日即一战前夕开始。

1937年版前言

　　该书记述了我作为步兵军官在第一次世界大战期间经历的很多战斗。我在里面加了一些个人评注，以便从中提取有价值的经验教训。

　　这些评注都是在战斗结束后直接加上去的。读者可以从中看出，在这场历时四年半的战争里，德国年轻人拿起武器走上战场，德国士兵——特别是步兵——带着无限的牺牲精神与勇气为德国而战。书中的战例表明，即便是在面对人数更多、装备更精良的对手，德国步兵也表现出了惊人的战斗力；德国指挥官虽然年轻，但他们展现出了优于对方指挥官的能力。

　　最后，希望人们通过这本书铭记那些痛苦的战争岁月，铭记当时的人们为战争付出的惨痛代价。

埃尔文·隆美尔 中校

1937年版前言

目　录

第一章
运动战——比利时和法国北部（1914）

第二章
阿尔贡战役（1915）

第三章
孚日高地的阵地战（1916）
罗马尼亚的运动战（1916–1917）

第四章
喀尔巴阡山脉东南部的战斗（1917年8月）

第五章
托尔曼攻势（1917）

第六章
在塔利亚门托河和皮亚韦河上
的追踪（1917–1918）

第一章

运动战——比利时和法国北部
（1914）

出 征

1914年7月31日，乌尔姆——战争的不祥之兆笼罩着德国，到处都是严肃、忧虑的面孔！令人难以相信的流言以最快的速度在周围传播着。天刚蒙蒙亮，所有的公告板就围满了人。报纸接二连三地发行副刊。

那天一大早，四十九野战炮兵团四排的官兵匆匆穿过老皇城。"保卫莱茵河"的歌声回荡在狭窄的街道上空。

当时我是步兵中尉，从3月份开始担任行动机敏的"狐狸排"的排长。我们走在明媚的朝阳下，完成常规的操练之后返回营地。一路上，数以千计的群众向我们热情欢呼。

下午当部队在兵营里购买马匹的时候，我的任命终于解除了。自从局势急剧恶化之后，我就渴望回到自己所在的"威廉一世国王团"，渴望回到"自己人"身边。过去两年间，我一直负责一二四步兵团（符腾堡六团）七连的训练。

我和列兵汉勒匆匆收拾行李，当晚深夜抵达我们负责守卫的魏恩加滕。

我们的团部设在魏恩加滕一座老旧的大修道院里。1914年8月1日这一天，团部一片繁忙景象，部队正抓紧测试野战装备！我先去团部机关报到，然后向七连的战士们打招呼。在不久的将来，我将带着七连的兄弟们一同奔赴战场。所有年轻的面孔都洋溢着喜悦、活力和期待。世界上难道还有比率领这样一批士兵去抗击敌人更好的事吗？

下午6点是团部检阅时间，哈斯上校检阅了身着土灰色制服的全团将士，向大家发表慷慨激昂的演说。正当我们要解散的时候，上级传来了动员令：德国决定参战了。德国年轻人渴望战斗的呼喊声久久回荡在古老的灰色修道院上空。

8月2日是安息日，这一天对我们意义重大！我们团在明媚的阳光下做礼拜。到了晚上，自豪的符腾堡六团在嘹亮的军乐声中出征，搭乘火车前往拉芬斯堡。连绵不绝的部队专列向西隆隆驶去，直抵形势危急的边境。黄昏时分，我们团在欢呼声中离开营地。让我倍感失望的是，我没能跟随大部队一起出征。根据上级安排，我要留在后方几天，负责带领后备部队。此事原本无可厚非，但我担心自己会错过第一场战斗。

8月5日去前线的行程无比美好。我们途经祖国美丽的山川，人们在路旁向我们欢呼。部队一路唱着歌，每到一站都有无数的水果、巧克力和面包卷。经过科恩–威斯特海姆的时候，我匆匆见了家人一面。

我们在夜间穿过莱茵河。探照灯的光线不断划过夜空，探寻着敌人的飞机或飞船。部队的歌声逐渐平息下来，大家四处躺下睡觉。我在车头看着炉膛，然后向外望着萧瑟、湿热的夜空，心里想着未来几天将会发生什么。

8月6日晚间，我们到了迪登霍芬附近的科尼西斯马赫恩，终于可以从拥挤不堪的军列上下来。下车后，我们穿过迪登霍芬到达鲁克斯魏勒。迪登霍芬给人的感觉不太好，街道和房子脏乱不堪，人们沉默寡言，和我的家乡斯瓦比亚天差地别。

我们继续向前行进。夜幕降临的时候，大雨倾盆而下。我们的衣服很快湿透了，身上的行装越来越沉。这样的开端还真不赖！远处传来零星的枪声。午夜时分，我们排到达鲁克斯魏勒，在6个小时的行军途中没有遭受任何损失。迎接我们的是连长巴默特中尉。短暂的寒暄之后，我们倒地便睡。

抵达边境

随后的几天里，艰苦的训练增强了我们这个加强连的凝聚力。除了以排和连为单位组织的训练以外，我们展开了一系列以使用刺刀为主的格斗训练。有几个平静的下雨天，我和排里的战友在勃林根附近负责守卫。因为吃了油腻食品和新鲜面包的缘故，我和排里几名战士出现了胃疼的症状。

8月18日，我们开始向北面行军，我骑着连长的另一匹马前行。在欢快的歌声中，我们穿过了德国和卢森堡的边境线。那里的人很友好，纷纷给部队送上水果和饮料。我们一路步行抵达布德斯堡。

8月19日清晨，我们冒着法国人从隆格维要塞发射的炮火向西南方向进发，最后在达勒姆露营。第一场战斗已经临近，但我的胃还在翻江倒海，吃巧克力和干面包也无济于事。但我不会因此告病休息，我可不想被人看成逃兵。

8月20日，在一段高温行军之后，我们抵达比利时的梅克斯拉蒂格。一营负责守卫前哨阵地，二营负责就地警戒。当地人很内敛，大都少言寡语。天空出现几架敌机，我们开枪射击无果。

侦察隆格维周边情况，
为第一次战斗做准备

之后的一天部队将要休息整顿。当天凌晨，哈斯上校命令我和其他几名军官各自带着5个人的小分队侦察隆格维附近科斯内方向的情况，察看敌军的部署和实力。那个地方离我们有8英里远，为了节约时间，我们获准坐马车到前哨阵地。但没想到的是，我们还在梅克斯拉蒂格的时候拉车的比利时马就跑了，我们几个人一屁股坐到一堆粪便上。辛辛苦苦弄来的马车就此作废，我们只好徒步前进。

现在是战争时期，我们得为士兵的生命负责，所以我们在行军的时候比和平时期谨慎得多。我们从路边的壕沟离开小镇，这条路蜿蜒穿过粮田通向巴朗西。我们前一天收到的消息说，巴朗西被一小股敌军占据。但到那里我们没发现敌人，于是我们离开大路从田间穿行，越过法国和比利时的边境线到达穆松森林，然后一路下行至戈尔西。基尔恩中尉带领的小分队一路跟着我们，在一个小山包上为我们提供掩护。

在戈尔西和科斯内之间的公路上，我们发现了敌军步兵和骑兵前往科斯内的迹象。我们因此变得更加警惕，离开路面从路边茂密的树木间穿行。我们一边走一边小心观察路面的情况，最终走到科斯内以西500码的一个树丛里。我用战地望远镜观察周围，但没看到法军的踪影。我们从一片开阔地走向科斯内，途中遇到一位安静劳作的老妇人。她用德语告诉我们，法军在一个小时前离开科斯内向隆格维走了，现在科斯内已经没有其他部队。这位老妇人的话会有水分吗？

我们小心穿过粮田和果园，上好刺刀手握扳机进入科斯内，眼睛注视着沿途的门窗，以防遭遇敌人伏击。不过那里的居民看上去很友善，他们证实了老妇人的说法。他们给我们送来吃喝的东西，但我们还是有些信不过，先让他们尝了之后才放心享用。

为了尽快回去报告情况，我用军需收条向当地人借了6辆自行车。我们骑车向隆格维方向走了一英里，在隆格维外围看到有密集炮火轰炸过的痕迹，但四周没有敌军的踪影。到现在为止，侦察小分队的任务已经完成。我们迅速穿过戈尔西，一路下坡回到巴朗西。我们相互之间保持明显的距离，把枪握在手里随时准备战斗。到达巴朗西之后，我走到队伍前面以便尽快报告情况。

在梅克斯拉蒂格的街上，我向团长做了汇报。此时的我又累又饿，回到住处就想好好休息几个小时，可惜我没那么幸运，因为我们那个营已经整装待发了。做事一向麻利的汉勒已经收拾好我的东西，马鞍也配好了。我连吃口东西的时间都没有就又开路了。

我们来到圣莱格东南3/4英里外的一座小山，头顶的天空阴沉沉的。从西南方向传来步枪声和零星的炮声。一营在维兰库尔特附近的前哨阵地值守，他们的一部分兵力下午曾经跟敌人交火。

夜幕降临的时候，除一营之外的全团将士在圣莱格尔以南两英里左右的地方安营扎寨，负责警戒的守卫部队在主力部队前方3/4英里处。我正打算好好睡一觉的时候，有人传令让我去离我们排宿营地点50码外的团指挥所报到。哈斯上校问我可否穿过树林去一趟一营驻地，任务是向一营传达团部让他们取最短路线退守到312高地的命令，我负责给营里带路。（见图1）

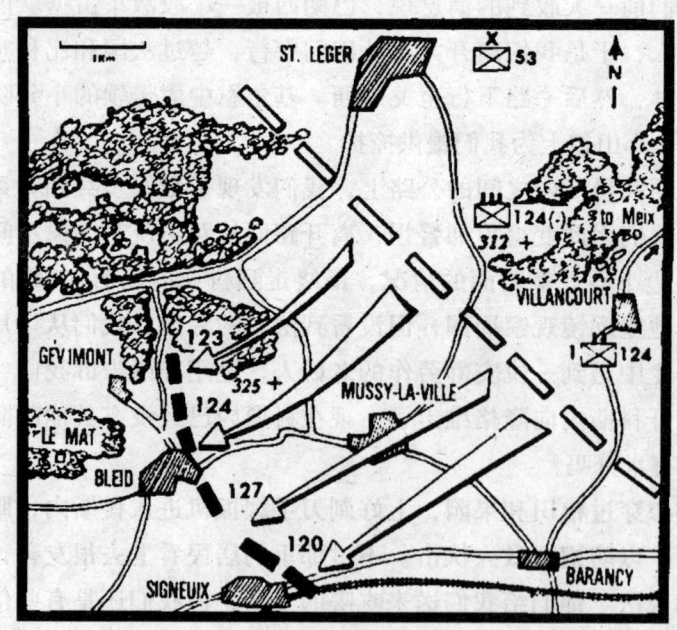

图1　进攻布莱德

我带着高尔茨中士和七连的两个人去执行任务，手里拿着罗盘摸黑穿过312高地东南的草地。在我们右侧，我们自己的哨兵不时发出盘问的声音，附近偶尔还会听到枪声。很快我们就到一处地势陡峭、树木繁茂的坡地，几个人爬坡的时候时不时停下来听听夜晚的声响。经过一段艰难的爬行和摸索，我们终于到了维兰库尔特西面的山顶。

在我们的东南方向，隆格维要塞因为遭受炮击发出阵阵火光。我们穿越浓密的灌木丛，一路往下走到维兰库尔特。突然之间，一个近在咫尺的声音喊道："站住，什么人？"这人是德国人还是法国人？我们知道法国人经常用德语盘问。我们都趴在地上。"口令！"我们都不知道口令是什么。我向对方报了我的姓名和军衔——对方认出了我。原来一营的一些前哨设在了树林边缘。

这个地方离维兰库尔特不是很远。在小镇南面500码的地方，我们发现一营的几个连在维兰库尔特至穆西拉维尔的公路边紧挨着休息。

我把团里的命令传达给营长考夫曼少校，但他不可能服从命令，因为一营仍然隶属兰格旅。于是我被带到兰格将军的指挥所，指挥所位于维兰库尔特西南半英里的小山上。我把信息转达给兰格将军，他命令我返回团部报告说，在他那个旅的其他兵力抵达维兰库尔特之前，他不能让我们的一营抽调出去。任务失败让我们四个人很失落，我们只好拖着疲惫的身躯返回312高地。

当我回到团指挥所的时候，时间已经过了半夜。我叫醒副官沃尔特斯上尉向他报告情况。哈斯上校也听到了我说的话，他不是特别高兴，命令我徒步或骑马绕道至圣莱格的四十三旅，亲自向旅长冯·莫泽将军汇报兰格将军不愿让出一二四步兵团一营的情况。我是否应该告诉上校我已经连续奔波18小时，现在累得没有力气执行这项任务？不。尽管任务艰巨，但我还是要去完成。

我摸索着找到连长的第二匹马，绑好马肚带向北走去。我在圣莱格东南不远的地方找到冯·莫泽将军。他听了我的汇报相当不高兴，命令我途经团指挥所赶到维兰库尔特，告知兰格将军团一二四一营在天亮之前必须重归团部指挥。

我时而骑马时而徒步，翻山越岭走过6英里路回到维兰库尔特，把我接收的指令传达过去。等我回到312高地的团部时，天已经蒙蒙亮了。各连都已经整装待发，大家也都吃过早餐，炊事班也退回到大部队的后方。我优秀的传令兵汉勒让我用他的餐盒胡乱吃了一通。天色大亮的时候，我们周围满是潮湿的浓雾。这个时候，团部开始给各支部队下达命令。

评注：面对敌人的时候，侦察小分队的指挥官就会意识到他责任重大。每一次失误都可能带来伤亡，可能会让他的人丧命。因此，每向前一步都必须慎之又慎，深思熟虑。侦察小分队要尽可能利用一切可以提供掩护的东西，不要走大路，还要随时用望远镜观察周围。参加侦察的人数要够，在穿过开阔地之前必须先安排好支援火力。进入村庄时让一部分人先从左侧推进，其他人从房子右侧走，所有人都手握扳机做好射击准备。一有情况就迅速报告，因为一旦出现延误，任何一种信息的价值都会减弱。

和平时期要有意识地训练夜间利用发光罗盘保持方向，而且要在难走、没有路、树木繁茂的地方训练。战争对士兵的体能和神经有着极高的要求，所以在和平时期就应组织高强度的训练。

在布莱德的行动

大约凌晨5点的时候，二营开始向布莱德东北1.5英里的325高地进发。地面的浓雾笼罩着满是露水的农田，能见度仅有50码左右。营长巴德少校派我去前面探路。经过将近24小时的跋涉之后，现在的我几乎没有力气坐在马背上。在我骑行的乡间小路两旁，到处都是藩篱。在地图和罗盘的帮助下，我找到了325高地。全营官兵随后抵达，驻扎在东北面的斜坡上。

没过多久，我们先行的守卫部队在325高地南面和西面的浓雾里遭遇敌人。交火声从几个方向同时传来，偶尔还有步枪子弹从我们头顶呼啸而过——这种声音很独特！往敌军方向骑行数百码的一名军官被近距离击中，几名步枪手迅速前冲，成功击倒并俘获一个穿红裤子的法国人。

此时我们听到自己人向左侧和后方传达的德语命令："半面左，前进！拉开间距！"很快，浓雾里就出现一条散兵线，位置在一营右翼。营长命令我调集我的排与一营右翼会合，然后从布莱德东南向前推进。

我把马交给汉勒，用我的自动手枪交换他的刺刀，然后部署好我的排。我们排成伏击队形，从325高地东南面的土豆和白菜地向布莱德进发。此时农田上空还有大雾，能见度只有50到80码。

突然，不远处有人向我们猛烈开火。我们立刻卧倒，躲在土豆茎中间。很多子弹从我们头顶上空飞过。我用望远镜四处观察，但没发现敌军的身影。敌人离我们肯定不远，我带着全排向对方冲过去。但在我们见到他们之前法国人就跑了，只留下白菜地里踩踏过的痕迹。我们继续向布莱德方向追过去，但由于追踪的速度很快，我们同一营的右翼脱节了。

之后，我们排在浓雾里还遭遇过几次扫射，但每次我们冲锋过去，敌人总是很快就溜走了。接下来我们平安无事地推进了半英里左右，此时在浓雾里突然出现一道高高的栅栏，在我们右后方隐约能看到一个农场。与此同时，我们在左侧开始辨别出一片高高的树林。敌人的脚印转向右侧上了斜坡。前面就是布莱德了吗？我让全排隐蔽在栅栏后面，派一个侦察小分队去接洽左侧的友军和我们自己的部队。目前为止，我们排没有出现任何伤亡。

我和奥斯特塔格中士带着两个射程测量仪走到前面去察看我们眼前的这个农场，但没发现敌人的任何踪影，也没听到什么动静。我们走到房子东面，发现有条狭窄的土路通向左边的一条公路。在另一面的远处，我们透过浓雾依稀可以看到另一排房屋。现在可以肯定，我们是在布莱德面向穆西拉维尔的方向。我们小心走向公路，我边走边从墙角观察周围。有情况！在我们右侧不到20步的地方有15到20个法国人站在公路中间喝咖啡聊天，步枪随意夹在手臂里。他们没看到我。后来我们得知，这些部队属于法国一〇一步兵团（拉普拉斯营）五连，他们的任务是守卫布莱德的东南出口。

我赶紧缩头躲到房子背后。我该不该带整个排上来？不用！我们四个人就能搞定。我马上示意我的人准备开火。我们轻轻打开保险，从房子背后跳出来，站直身子朝敌人开枪射击。有几个敌人当场被打死打伤，不过大部分人躲到楼梯、花园隔墙和木桩背后开枪还击。就这样，我们和敌人展开了一场激烈的近距离枪战。我站在一根木桩旁瞄准，我的敌人在前方20码处，很好地隐蔽在一座房子的楼梯背后，只露出一部分头。我们几乎同时开枪，但都没有击中目标。他射出的子弹从我耳旁呼啸而过。我得尽快上膛，迅速、冷静地瞄准目标。这可不是一件容易的事，因为敌人离我只有20码远，但步枪的瞄准器设置的是440码，而且我们在和平时期没有训练过这类射击。我的枪响了，敌人的头向前倒在了楼梯上。现在还有大约10个法国人，其中有几个完全隐蔽起来。我示意我的人冲锋。随着一声大喊，我们沿着村子的路冲过去。就在此时，法国人突然从周围的门窗探出头来开火。他们的优势太明显，我们刚冲锋就不得不迅速往回撤，一起躲到栅栏后面。好在我们都毫发无伤，而且排里已经准备好提供支援。但我们不需要支援，我命令大家边掩护边退后。街道远端的一座房子还有人向我们射击，不过子弹飞行的位置很高。透过望远镜，我看到70码外的屋顶上有个敌人，另外有人从农庄的底层开枪，屋顶的瓦片中间也露出一些枪管。用这种方式射击，敌人是无法将前后瞄准器对准的，所以子弹只会从我们头顶上空飞过。

我该等待其他部队支援还是带领我这个排突击布莱德的入口？后者似乎更合理。

敌人最强的火力集中在路远端的房子里，所以我们要先拿下这座房子。我的计划是让二班射击底层和阁楼的敌人，让一班从右侧绕过房子强攻。

很快，负责强攻的士兵在附近找到一些木材，这些木材可以用来攻门。

我们还带了几捆稻草，在必要的时候可以点燃稻草把躲避的敌人熏出来。与此同时，二班沿着栅栏潜伏待命。有了这么好的掩护，负责强攻的一班很快做好准备。我们准备行动了。（见图2）

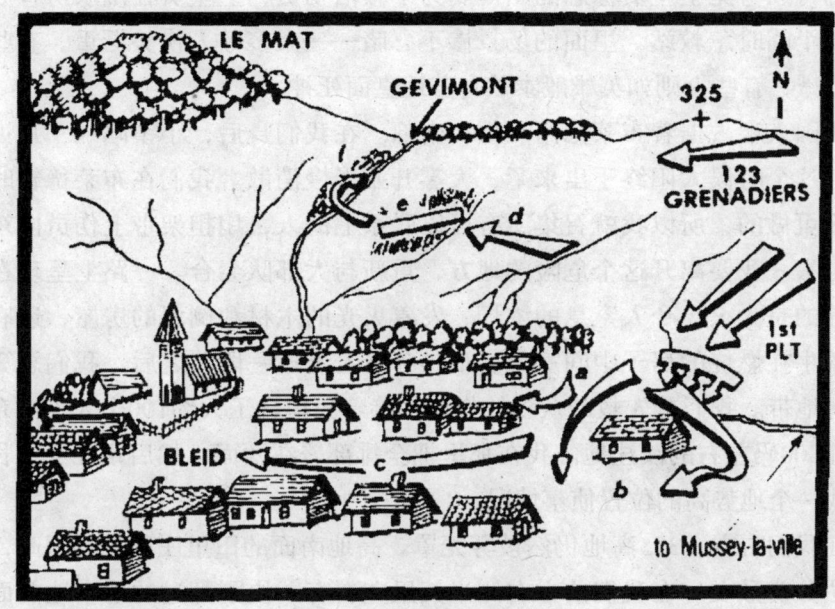

图2　在布莱德的战斗

（a）一排进攻。（b）突击第一个农场。（c）镇上的战斗。（d）布莱德北面山上的进攻。（e）向麦田里的敌人投射燃烧弹。（f）占据布莱德–格维蒙特路的灌木丛。

二班接到命令就开火了。我和一班穿过街道向右侧冲过去——正好沿着几分钟前全排走的路线。房子里的敌人集中火力射击栅栏背后的二班。负责强攻的一班有房子挡着，所以很安全。在"攻城槌"的重击下，房子的门一扇一扇倒了下去。

我们把点燃的稻草扔到晾晒谷物和草料的打谷场上。房子已经被包围，敌人要想跳窗就会落到我们的刺刀上。很快屋顶就燃起熊熊大火。活着的敌人纷纷放下武器投降，我们只有几个人受了轻伤。

接着我们对一座一座房子展开进攻，二班负责掩护。面对我们的攻势，敌人要么投降，要么躲进房子的隐蔽处，但躲起来的人很快就会被找到。与此同时，二营的其他部队与一营会合后一路穿过四处着火的村庄。部队的队形开始变得杂乱，四面八方都有枪声，伤亡人数迅速上升。

在一座教堂边的围墙上，敌人向我们密集开火。我带着士兵从通向教堂的巷子跑过去，借助周围的掩体穿过很多房子，最终接近了敌人。正当我们准备突击的时候，敌人放弃进攻向西撤退，很快就消失在大雾里。

另一拨敌人从布莱德南部猛攻我们的左翼，我们的伤亡人数开始上升，到处都可以听见卫生员惊恐的叫声。为了救治伤员，卫生员在洗衣房背后搭建了一个临时急救站。里面的场景惨不忍睹——大多数人伤势严重。有些人疼得直喊，有些人则如英雄般泰然自若地直面死神。

法国人还占据着布莱德西北部和南部。在我们身后，小镇陷入一片火光之中。这个时候太阳终于出来了，大雾开始慢慢消散。我们在布莱德暂时没有什么可做的，所以我就召集所有可以联系上的人，用担架带上伤员向东北方向走去。我要离开这个危险的地方，重新与大部队会合。一路上呈现在我们眼前的是大火、令人窒息的浓烟、发着火光的木材和倒塌的房屋，还有受惊吓的牛在燃烧的房子中间疯跑。艰难呼吸着走过一段路之后，我们总算到了开阔地带。我们首先救助众多的伤员，接着我集合了大约100个人走向布莱德东北300码左右的浅洼地。我在那里把全排部署在西面，然后跟几个班长一起去找一个地势高的位置侦察情况。

在我们右方，325高地仍然被雾笼罩。高地南面的田里庄稼长得很高，我们无法分辨敌友。在我们前方右侧半英里左右有一块刚翻过的地，地前面金黄色的麦田边缘有大约一个连的法国步兵，从我们这个位置可以看到他们穿着红色裤子的屁股。（这些人隶属法国一〇一步兵团七连）。在我们左侧下方的位置，火光冲天的布莱德的战斗还在激烈地进行着。我们连和二营在什么地方？他们当中的一些人是不是还在布莱德而主力部队却在后方？我该怎么做？我不想带着全排士兵到处瞎转，所以决定进攻对面身处二营方位的敌军。我们隐蔽在山后，大家各就各位，然后像和平时期操练一般冷静、精准地开火。跟敌军交火之后，部队很快呈梯形分布，有些人在土豆地里，有些人很好地隐蔽在燕麦堆后，各自像在平时训练中所学到的那样慢慢瞄准之后再精确射击。

走在前面的几个班刚一就位，敌军就密集开火，但他们的火力点仍然太高，只有几颗子弹击中我们前方和侧面，我们很快就适应了这种情况。经过15分钟交火，唯一中弹的是一个餐具。在我们身后半英里的地方，我们自己的散兵线正向325高地移动。这给我们的右翼提供了后援，我们排因此可以放手进攻了。我们分组向前冲锋，彼此提供支援。我们对此驾轻就熟，因为和平时期经常操练这项内容。我们穿过一片敌人火力无法覆盖的低洼地，很快整个排几乎所有的士兵都到了对面斜坡的死角处。由于敌人射术不精，我们到目前为止没有任何伤亡。我们上好刺刀向上爬行，行进到可攻击敌军的位置。在整个行进过程中，敌军火力都没有伤及我们，因为他们瞄准的是我们身后很远的其他人。过了一会儿，敌人突然一起停火。因为担心对方会搞突然袭击，我们就先下手为强。但除了一些已经死亡的士兵以外，四周都没有人，敌人的踪迹向西进入有人高的庄稼地里。这时我发现，我又一次把我的排远远甩在了后面。

我决定等待右侧的友军出现。我的排占据他们之前攻占的位置，我同一班班长、六连的一名军士长和本特莱中士到西边侦察敌人的去向。整个排的队形保持得很紧凑。在布莱德以北约400码的地方，我们走到了连接格维蒙特和布莱德的公路，中途没有遭遇敌军。这条公路向北地势逐渐升高，在这个位置穿过一条小路。路的两边时不时会有灌木丛，阻挡了西北方向和西向的视线。我们利用其中一个灌木丛充当观察哨，但奇怪的是，撤退的敌人没有任何踪影。

这时本特莱用他的手臂指了指右边（北面），在离我们不到150码的田里有庄稼在晃动。透过庄稼，我们看到法国人背的炊具反射出刺眼的太阳光。由于我军在325高地西面的山脊上猛烈开火，敌人正迅速撤退。我粗略判断，径直向我们走过来的这几列法国兵大约有100人，他们所有人都低着头。（这些士兵隶属法国一〇一步兵团六连。他们在325高地西侧的山坡上遭到一二三榴弹团的攻击，现在正往西南方向撤退。）

我要不要喊排里其他人过来？不行！他们在当前所在的方位可以给我们提供更好的支援。我立刻想到步枪子弹的穿透性，这个距离用两三个人射击正合适！我马上以站姿向法国人的排头兵射击。枪声一响，法军队伍立刻散开。但没过多久，他们又以同样的队形向相同的方向前进，没有一个人抬头看看突然出现在他们面前的敌人在什么位置。我们三个人同时开枪，法军队伍又一次短暂散开，然后分成几个部分迅速向西朝格维蒙特-布莱德公路跑去。我们向逃窜的敌人快速射击。奇怪的是，虽然我们都站着，敌人可以很清楚地看到我们，但对方没有向我们开枪。在我们左侧，法军沿着公路向灌木丛跑过来。我们通过灌木之间的空隙将他们一个个击倒，因为他们离我们只有大约10码远。我们分工合作，用3支步枪打倒了数十个法国人。

一二三榴弹团从右侧的山坡向上推进。我招手让我的排向前，我们沿着格维蒙特-布莱德公路的两边前进。途中我们惊讶地发现，很多法国人就躲在路边的灌木丛里。我们费了很大的工夫才说服他们缴械投降，因为有人曾经告诉他们，德国人会割掉所有俘虏的喉咙。我们从灌木丛和庄稼地里一共俘获50多人——他们隶属法国一〇一步兵团六连和七连——其中包括一名上尉和一名手臂受轻伤的中尉。我的人给这些俘虏递烟抽，他们对我们的不信任感因此大大减弱。

一二三榴弹团现在已经抵达右侧斜坡顶端的格维蒙特-布莱德公路。此时，乐马山坡的树林里有人朝我们开枪，树林位于布莱德西北约一英里处。我立刻带我的排进入右侧的小路，那样他们就有掩护，还能就地开枪还击。就在这个时候，我突然眼前一黑晕了过去。经过一天一夜的奔波以及争夺布莱德的和北面小山的战斗，再加上胃里一直翻腾，我的身体被彻底掏空了。

我昏迷的时间不会很短，等我醒过来的时候，本特莱中士在给我救治。法国人的炮弹和榴弹时不时在附近爆炸，我们的步兵从乐马森林方向朝325高地撤退。这是怎么回事，难道我们在撤军？我就地征用了几名步兵，让他们镇守格维蒙特-布莱德路边的一个斜坡。他们告诉我，他们在乐马森林遭遇敌人炮击，部队损失惨重，指挥官也阵亡了，他们是接受一名高级指挥官的命令撤退的。15分钟之后，号兵发出"全团集合"的指令，将士们从各个方向朝布莱德西面的区域聚集过来。一个接一个的连队到达指定地点，但他们当中出现了很多空缺。全团在第一场战斗中损失了25%的军官和15%的兵力，这些人要么阵亡，要么负伤，要么失踪。我有两个最好的朋友也牺牲了，这让我非常难过。不过部队的战斗序列一经重组，各个营就从布莱德南部向戈梅里进发。

此时的布莱德已是一片恐怖景象，到处浓烟滚滚、瓦砾成堆，中间夹杂着士兵、平民和牲畜的尸体。部队得到消息说，德国第五军的敌人已经落败而逃，但为了夺取第一次胜利，我们有很多战友牺牲了。我们向南行军，但中途走走停停，因为我们看到远处有敌军在行进。四十九炮团的炮兵小跑向前，在公路右侧布好阵势。但等我们听到他们开炮的时候，敌军已经消失在了远处。

夜幕降临的时候，精疲力竭的我们终于到了鲁特村。但这里不只有我们这支部队，所以我们只好在空旷的地方宿营。附近没有稻草之类的东西，我们的人也没有力气去找。地面又冷又湿，我们没法好好睡觉。凌晨时分天气很冷，我们一个个冻得不行，我的胃也没让我消停过。天色终于泛白的时候，田地上空又飘起浓密的雾。

评注：有雾的时候很难保持联络。在布莱德附近的运动战里，遭遇敌人之后部队之间很快失去联络，之后就不可能重新建立联系。平时必须训练利用罗盘在雾中行军，这个时候经常用到烟幕弹。在雾气中打遭遇战的时候，能够制造最大火力的一方将会占据上风，所以在行军过程中必须让机枪随时待命。

无人区的战斗往往在极短的距离（几码）之内发生，此时手榴弹和自动手枪至关重要。在发动进攻前要用机枪、迫击炮和突击步枪提供火力掩护。在村庄里发动攻击往往会遭受重大伤亡，所以要尽量避免。最好用火力迫使敌人留在村庄或者用烟幕弹蒙蔽对方视线，然后从外围展开射击。

高大的庄稼有利于隐蔽，但类似刺刀和炊具之类会反光的东西可能会暴露部队的行踪。法国人在布莱德的警戒措施做得很糟糕。同样，他们在撤退和在庄稼地里战斗期间也没有采取必要的安全预防措施。在第一次交火之后，德国步兵感受到了他们相对于法军的优势。

默兹河畔——在蒙特和杜尔肯树林的行动

隆格维的战斗结束后，我们先向西南再向西追击敌人。在西弗和奥泰恩地区，我们和敌人有过短暂但激烈的交火。为了掩护步兵撤退，法国炮兵实施精确的高密度打击，即使牺牲自己人也在所不惜。8月28至29日夜间，一二四步兵团七连在雅梅兹以南的前哨阵地值守，所有的前哨阵地和哨兵都挖好战壕固守。8月29日，我们继续向默兹河推进。在一次休息期间，走在最前面的第十三工兵营在雅梅兹以西遭到来自附近树林的敌军强大火力的攻击。此后双方展开凶残的徒手搏斗，工程兵们用铲子和斧头攻击敌人。双方伤亡惨重。一二三榴弹团、三营和一二四步兵团也参与了战斗。最后，试图逃往凡尔登的蒙特梅迪要塞总督和200名守军被俘获，我们通过了这个血腥的战场。

在穆尔乌以东，法国人从默兹河西岸用榴弹"欢迎"我们但收效甚微，因为他们发射的高度太高了。接近中午时分，我们顶着烈日从默兹河前往杜恩。法国人的炮火越来越密集。我们部署在树林里的那个营在杜恩以东一英里，以连为单位呈纵队隐蔽在大树中间。没过多久，法国人就向那片树林猛烈轰炸。我们可以清晰地听到远处的炮声，紧接着就听到炸弹飞过头顶枝叶的声音，然后就是巨大的爆炸声。有些炮弹打在树上，有的在地上炸出深坑。弹片在空中飞舞，草皮和树枝落在我们头上。有时候炮弹离得很近，有时候离得很远。每当炮弹落地，我们就挤成一团卧倒在地。持续的危险笼罩在我们上空，整个营待在原地直到入夜。不过出乎意料的是，我们的伤亡人数出奇的少。

在我们前方杜恩以南半英里的树林边缘，一个月前我刚刚服役过的第四十九野战炮兵团第四炮兵连在一个半隐蔽的位置同敌人激烈交火。由于法国人装备占优，我们的炮兵无法抵挡对方的炮火，人员和设备都出现了损失。

黄昏时分，二营返回到穆尔乌。我们在空地上露营。我的胃发出咕噜咕噜的声音，因为我一整天就只吃了一点点东西。面包已经不够吃了。

8月30日上午，法国人的炮火阻断了我们至关重要的补给线。默兹河畔的炮仗越来越激烈。令我们喜出望外的是，我军用马运过来的210mm橡胶轮重型迫击炮已经就位——很快，密集的炮弹炸向了敌军。

8月30至31日夜晚，我们在穆尔乌挤在一起过夜。第二天上午，二营途经米利向萨西进军。我们利用工程兵搭建的浮桥渡过默兹河；作为53旅的先头部队，我们开始向蒙特-德旺-萨西进发。到达目的地不久，我们就从地窖里搜出26名法国步兵，他们隶属法国一二四步兵团——这个编号跟我们一样。（见图3）

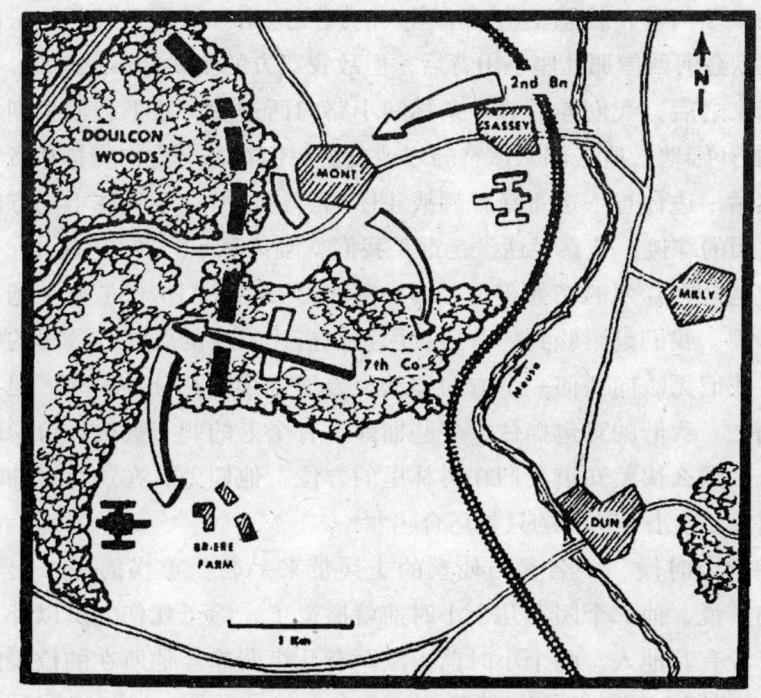

图3　在蒙特-杜尔肯树林的行动

在蒙特的西南入口处，我们的先头部队遭到来自蒙特以西制高点树林的敌军的猛烈攻击。我们的炮兵迅速做出反应，开始从萨西西南的山上朝蒙特方向开炮，结果有些炮弹击中了自己人。半小时以前，一支侦察骑兵队在这个方位遭遇袭击，我们的炮兵就是根据他们的报告开炮的。经过一段时间这个错误才被纠正过来，我们的炮兵总算停火了。

七连的一个排打算去攻击蒙特以西的山上的敌军，但被敌人密集的火力击退。再派一个排上去也没什么效果，因为敌人占据有利位置，兵力更强。

我们负责爬坡的步兵无力回击，因此遭受重大损失。

在我们的进攻被击退之后，七连被撤下，受命去支援蒙特以南1.15英里处于重压之下的一二七步兵团。七连穿过蒙特村向东南方向进发，呈纵队隐蔽在一片栅栏背后。在敌人无法观察到的区域内，他们沿着297高地向上爬。但七连刚刚在蒙特树林站稳脚跟，法国人的榴弹就迫使他们卧倒隐蔽。我们隐蔽在树后面和地面的洼地里，周围看不到一二七步兵团的踪影。

接连长指令，我带两个人向杜尔肯树林南侧边缘移动，争取联系上团里的部队。我们走到树林南侧之前遇到几次袭击，但没有发现自己人的踪迹。在下面的默兹河谷，杜恩正遭到法国人的猛烈炮击。从炮声判断，法国炮兵应该是在默兹河西岸那几座小山背后，但敌我双方的步兵都不见踪影。

我回来之后，我们连沿着一条林间小路向西进发。路上我们找到一块宽约100码的开阔地，这是部队休整的好地方。我们在各个方向安排负责守卫的人员，然后一边休息一边重新整顿战斗序列。连长派侦察兵往不同方向寻找十二步兵团的踪迹。侦察兵还没走远（我们就刚休息了5分钟左右），整个开阔地就遭遇敌军猛烈的榴弹袭击。榴弹密如雨下，我们仿佛遭遇一场突如其来的雷暴雨。我们赶紧躲到树背后，用背包搭建临时的胸墙。敌军的榴弹十分密集，我们无法向任何一个方向移动。轰炸持续了几分钟时间，但我们没有出现伤亡。我们的背包挡住了一些榴弹，有个人的刺刀穗被炸得粉碎。法国炮兵怎么那么快就知道我们在树林里的方位，他们怎么在这么短的时间内就向我们发动攻击？这真的只是巧合吗？

就在这个时候，一名参与侦察的士兵带来一名受重伤的一二七步兵团士兵。伤员说，他那个团在几个小时前就撤退了，除了死伤人员以外，上面的树林了没有其他人。两个小时前，法军有几个营途经他所在的位置向北走去，当时他以为这些人还在树林里。

如此说来，我们这个孤零零的连队处境不是很好。我们该不该原路返回呢？这时候我们身后的公路上出现的一个步兵营解决了我们的问题。在和营长碰头之后，我们连作为营里的先头部队向西进发，我那个排充当排头兵。

5分钟之后，我们听到激烈的轻武器开火声，还有很多人的喊叫声。声音是从我们右侧传过来的，估计离我们有2/3英里左右。我们朝枪声传来的方向走去，踏上一条两旁都是浓密草丛的小路。当走到一段直路的时候，我们可以看到100码外有些黑影在晃动。耳旁呼啸而过的子弹证明了对方的身份。我们隐蔽在灌木丛里，整个连分布在小路两侧。敌人的火力很猛，大多数是盲目的射击，不过反弹的子弹还是击伤了一些人。我们在浓密的草丛里冒着枪林弹雨匍匐前进，一直行进到离敌人约150码的地方。由于草丛太过浓密，我只看得到少数几个自己人，这让我无法指挥他们作战。光线变亮之后，我们发现前面有块开阔地。从前面传来的声音判断，我们离敌人只有100码左右。我带着我的排向前推进到那片开阔地，结果发现里面是密密麻麻的黑莓树枝，我们根本无法走过去。敌人用步枪向我们猛烈开火，我们只好就地卧倒，在开阔地另一侧跟敌军展开枪战。敌人离我们很近，但周围的草木太过茂密，我们无法看清对方。等连里其余两个排过来之后，我们拉开一条很长的散兵线，相互之间保持两到三步的距离。连长发出命令说："继续射击，坚守阵地。"我注意到连长巴默特中尉卧倒在最前面的一棵大橡树旁。由于敌人火力密集，我们无法移动位置。幸运的是，敌人射击的位置仍然很高。不过即便如此，我们还是有人中弹负伤。

我们一些步枪手保持防御性的火力，其他人开始挖战壕。这里的土质不利于挖壕沟，而且头顶一直有树枝和树叶往下掉落。不经意间，我们听到有新的枪声从背后传来。子弹在我周围呼啸，泥土飞溅到我的脸上。突然，我左边的那个人大喊一声，在地上疼得直打滚。子弹打穿了他的身体，疼痛难忍的他大声喊道："救命！卫生员！我流了好多血！"我朝他爬过去，但他已经没救了。他的脸因为疼痛变得扭曲，身体从头到脚抽搐一阵过后，原本紧抓着地的手松开了。我们又失去了一名勇敢的战士。我们所处的方位没有很好的掩护，前后两头的攻击让我们首尾不能兼顾。看样子我们营的一些人在敌人进入射程范围的瞬间就开火了，但由于四周的草木太浓密，要纠正这个错误可不容易。右侧的枪声越来越激烈，敌人的火力因此更加猛烈。我正挖着战壕，一颗子弹击中手里的铁锹。没过多久，巴默特中尉腿部中弹，连队开始归我指挥。我们右侧的德军肯定在发动进攻，因为我们可以听到鼓声、号声、喊叫声和法军机枪的射击声。这真是一个好消息，我立刻命令七连从开阔地左侧绕过去进攻。战士们兴奋地向前冲，因为他们终于可以摆脱不利位置跟敌人大干一场。为了拖延短兵相接的时间，敌人冲我们打了几枪。不过等我们到了开阔地对面，对方已经消失在浓密的丛林里。我们乘势追击过去，我的首要目标是杜尔肯树林南侧，因为我们可以在那个位置进一步打击从开阔地撤退的敌人。有了整个连在身后，我带着先头的几个班以最快速度冲过去，但还是没能在到达杜尔肯树林南侧之前追上敌人。在我们前方靠南侧突起的地方有块很大的草地，草地那头是布里尔农场。在突起的土包背后，法国炮兵从我们右侧迎着杜恩方向朝默兹河谷发射炮弹。奇怪的是，我们看不到敌军步兵的身影，他们应该是退到了西边的树林里。此时我们连队内部失去联络，我能指挥的就只有12个人。从左面过来的一二七步兵团侦察员告诉我，一二七团即将从树林向布里尔农场方向进攻。没过多久，我们就看到左侧的散兵线向前推进。我是该等待连队其他人，还是带领手头的12个人攻击敌军炮兵呢？这是个问题。我决定采用后一种选择，然后期待连队其他人跟上来。我们冲刺进入一个低洼地段，在布里尔农场西边700码左右的地方朝法国炮兵的方向爬上去。从炮声判断，我们和对方之间只有100码左右的距离。在我们左侧，一二七步兵团的先头部队正在逼近农场。天色开始渐渐变暗。这时候，我们自己人突然向我们开火。一二七团肯定以为我们是法国人。

对面的火力越来越猛，我们只好卧倒在地。我们挥动头盔和手绢，想让他们看清我们的身份，但还是无济于事。周围没有任何掩体，步枪子弹不断打向四周的草地。我们紧紧趴在地上，任凭友军朝我们开火——这已经是几个小时之内第二次出现这种情况了。头顶不断有子弹飞过，我们趴在原地度日如年，我的人开始在抱怨。我们在心里祈祷天快黑下来，到时候我们还有机会逃生。后来他们终于停火了。为了不招致更多的攻击，我们继续待在原地。几分钟之后，我们爬回到身后的空地，总算逃过一劫，12个人安然无恙。

现在攻击法国炮兵为时已晚，而且我也没心思这么做。在昏暗的月光下，我们返回下午的战场杜尔肯树林，但没找到我们的连队。后来我才知道，有个士兵告诉军士长说，我在树林的战斗中牺牲了，所以军士长就集合队伍返回到蒙特附近的营部。

我们穿过杜尔肯树林的时候，周围到处都是伤员的呻吟，这种声音令人毛骨悚然。附近的灌木丛里传来一个微弱的声音："同志，同志！"一二七团的一个年轻士兵胸部中弹，躺在冰冷的砂石地上。我们俯下身来救助他，可怜的年轻人不禁啜泣起来——他不想死。我们用他的大衣和帐篷裹住他，喂他喝水，让他尽可能舒服一些。这时候，我们四周都是伤员发出的声音。有人悲痛欲绝地喊着妈妈，有人在祈祷，还有一些人疼得直哭，其间还夹杂着法国人的声音："祈祷吧，战友们！"这样的声音令人心碎。我们不分敌我救助每一个人，把仅剩的面包和水都给了他们。但我们没有担架，无法把重伤员从这个地方转移出去。如果我们勉强为之，只会造成更多令人心痛的伤亡。在午夜到来之前，又累又饿的我们终于到达蒙特。村子的状况惨不忍睹，有几座房子被夷为平地。狭窄的街道上躺着几匹死马。我在一座房子里遇到一个卫生连，我告诉连长杜尔肯树林里伤员的具体方位，安排他们去救治，我手下一名士兵提出给他们带路。我四处寻找可以过夜的地方，但仍然不见我那个营的踪迹。

有座房子关闭的百叶窗透出微弱的灯光，我们进屋看到十多名女子，她们看到我们显得很惊恐。我用法语向她们索要食物和住处，两个要求都得到了满足，很快我们就在干净的床垫上沉沉地睡去。天亮之后我们开始寻找二营，最终在蒙特东面不远的地方找到了他们。

战友们没想到我们会回来，大家都以为我们已经牺牲了。现在指挥七连的是艾希霍尔茨。当晚我们在蒙特过夜，我们连在西南入口处部署了哨兵。我让当地负责接待法军的人给我和汉勒拿来几瓶酒，喝完酒我就美滋滋地躺到床上睡着了。能这么好好睡一觉真是一种享受，就连臭虫叮咬也成了美好的回忆。

评注：主力部队前方的工兵连遭受袭击这一事实告诉我们，一支部队的各个单位要确保各自的安全，近距离作战和面对高度机动的敌军时尤其如此。

七连在杜恩东侧的树林里长时间遭受法军炮兵的猛烈攻击。只要一枚炮弹击中一个队列，至少有两个班的兵力会被同时消灭。随着现代武器火力的提升，大面积分散兵力和挖掘散兵坑对任何一支部队的安全都至关重要。要在敌人轰炸开始之前就挖战壕，长时间挖掘比不挖掘要好——多出汗才能少流血。

蒙特之战表明，敌人占据过的任何一个地方都需要彻底搜查。被俘获的26个法国人可能是逃兵，也可能是留下来打算袭击我们的伏兵。

负责侦察的骑兵报告说，他们半小时前遭到来自蒙特方向的炮火袭击，我们自己的炮兵因此向蒙特开火，但那时候蒙特已经被我们的一二四步兵团占领。自己人的炮火造成不必要的伤亡，所以炮兵和步兵之间要保持联系，炮兵要不间断地观察战场的情况。

我们连在杜尔肯树林遭到法军轰炸一事表明，在敌军炮弹射程范围内以封闭纵队行军或停留是不可取的。现代火炮杀伤力很强，能够造成重大伤亡。杜尔肯树林的战斗彰显了林间作战的难度。在树林里，你几乎看不到敌人的身影。子弹打在树枝和树干上会发出很大的响声，还会频频发生反弹，你很难判断敌军开火的方向。你在第一线很难保持方向，也很难联系到其他人。指挥官只能控制贴近自己的人，其他人都在掌控范围之外。在树林里挖战壕不是一件容易的事，因为下面都是树根。就像在杜尔肯树林发生的那样，当自己人从后方开火的时候，火力前线很难维持，因为前线处于两条火力线之间。在行军和林间作战的时候都应该把尽可能多的机枪部署在突前的位置，一旦进入遭遇战或者遭遇强攻就让机枪手开火。

在格斯内的行动

1914年9月2日凌晨，我们营一路走到维勒-德旺-杜恩一带，在那里短暂休息了一番。接着我们又急匆匆地加入团部大军，顶着烈日穿过安德维尔和雷蒙维尔抵达兰德雷。此时敌人已经撤退，默兹河在我们身后静静流淌。虽然连续几天行军打仗，部队的士气仍然高涨。军乐队开始欢快地演奏，仿佛我们只是在演习一般。在南面凡尔登那个方向，我们可以看到炮火的闪光，听到炮弹爆炸的声音。我们顶着高温在尘土中一路向西走去。

下午在兰德雷的时候，我们突然改变方向往东南方走。走上崎岖的小路，穿过茂密的森林，一二四步兵团快速赶去支援压力重重的第十一预备役师。在格斯内西北一英里的树林里，我们进入了法国炮兵的射程，他们用密集的榴弹"欢迎"我们。全营立即停止前进，我受命前往格斯内方向寻找一条可以提供掩蔽的路。我和一名中士穿过一片茂密的灌木丛，在树林南侧隐蔽起来，因为敌人的炮火正从右侧向树林边缘轰炸过来。我们继续向左前进，终于发现一条保护得很好的路。回来之后，我们发现营里的部队已经走了。汉勒牵着马独自等着，他说部队往右边走了。在我们前方，敌军继续沿着树林边缘展开轰炸。在汉勒和那名中士的陪伴下，我骑着马向格斯内走去，以便赶上我在路上观察到的部队。但在离开树林边缘的时候，我看不到全营官兵的身影，他们可能已经翻过山走向格斯内了。第十一预备役师一个没有长官的连队请求我指挥他们，不久之后又有3个没有长官的连队加入进来。我整顿了一下这支大部队，带着他们从树林边缘向格斯内进发。在格斯内西北3/4英里的山坡上，我们停下脚步再次整顿，效果十分明显。前面的山脊正处在法军密集的步枪、机枪和火炮攻击下，我们自己的部队好像在那里同敌人交火。在我的新部队重组的当口，我骑马向前，把马拴在本方散兵线背后安全的灌木上。在前方高处，我看到一二四步兵团一营的部队和一二三榴弹团的部队混杂在一起，他们在格斯内南侧和西南侧的山上同敌人激烈交火。面对敌军猛烈的轻武器和火炮攻击，我们的进攻陷入停滞，官兵们开始挖掘战壕准备坚守。

　　敌军隐蔽得很好，用望远镜都很难看到他们，而且他们的火炮给我们带来很多麻烦。没有人看到过二营的踪迹。他们还在我们后面的树林吗？我骑马飞奔回去，在路上遇到一二三榴弹团的团长。我向他报告了山上的情况，还告诉他新近归我指挥的那个营的方位。让我极为遗憾的是，这位团长指定了一位老军官接手这支新的部队，让我只身一人继续寻找一二四步兵团二营。但我没找到他们，只好骑着马回到格斯内西北1300码的山上，重新召集留在那里的一二四团一营的部队，很快我身边就有大约1000个人。

　　法军开始快速开炮，炮弹在我们四周遍地开花。但在接下来的时间里，法军大炮一个接一个停火，周围陷入一片死寂。夜幕降临的时候，四周除了能看到零星的火光，渐渐听不到枪声了。我继续在格斯内西面的山上寻找二营，但运气不佳，直到很晚我都没找到他们，只好回到我的人身边。此时所有的人都精疲力竭、饥肠辘辘，因为大家从一大早到现在都没吃过东西。不幸的是，我没有口粮给他们，我甚至怀疑炊事班还没有从格斯内的树林里过来。我打算在天亮之后往埃克塞蒙特方向走，希望能在那里找到我那个团。当天晚上平安无事，天快亮的时候气温下降了很多，但胃部不适早早催醒了我。

　　天亮的时候，法军拉开战线再次用轻武器发动攻击，我们被迫往埃克塞蒙特方向撤退。在埃克塞蒙特东边一英里半的地方，我发现一个团指挥所，还在附近找到了待命的一二四团二营。在向长官报到之后，我得到一份新的工作：营副官负伤了，我受命接替他的职位。这里吃的东西不比前方多，为了让我的胃能舒服一些，我吃了一些小麦粒。

　　这时远处又传来步兵轻武器的声音，但火炮已经停止发射。大约9点的时候，营长带我一起出去侦察情况。一营和二营占据埃克塞蒙特和格斯内之间的山脊。一路上我们充分见证了前一天战斗的残迹，地上到处都是尸体，其中就有前一天牺牲的赖因哈特上尉和霍尔曼中尉。我们的人正在前线挖掘战壕，一直占据特隆索尔农场的敌人难见踪影。我们回到了营里。

　　接下来我的任务是找到炊事班然后把他们带过来。这是一项急迫的任务，因为部队已经超过30个小时没吃东西了。但问题是，谁也不知道炊事班在哪里。我先是寻找格斯内和罗马涅树林，然后向罗马涅走去，在那里见到第十一预备役师的很多车辆。我的下一站是格斯内，因为我记得炊事班受命从埃克塞蒙特前往格斯内，而且我感觉我会在我们的前线附近找到他们。但格斯内空无一人，我又去了位于两条战线之间河谷里的埃克塞蒙特。来自两侧高地的炮火已经停止，我在格斯内西南一英里的地方遇到了整个二营的战斗人员。我的直觉是对的，因为他们就在前线前方。不久之后侦察人员传令过来说，全团将在一刻钟之后前进。在此情况下，我就让炊事班待在原地。

我们没有遇到更多反抗就占领了特隆索尔农场周围的几座山。敌军已经向南撤退，只留下几名伤亡人员。全团在农场附近拉帆布露营，我的马也终于有机会在马厩里吃些草料。在艰苦跋涉数日且连续在夜间受冻之后，马也需要好好照料一下了。

阿尔贡追踪：在普雷茨的行动

9月4日，我们途经埃格利斯-维里-切皮一线和瓦雷内前往布雷维尔。从路上的情况可以看出，敌军撤退得很匆忙，到处都是丢弃的步枪、背包和车辆。由于天气炎热，加上路上尘土飞扬，我们行进的速度很慢，到深夜才抵达布雷维尔。我的胃仍然隐隐作痛，让我无法入眠。第二天，我们穿越阿尔贡前往布里苏，途中经过克莱蒙特和雷伊莱特。我们没有和敌军接触，他们的后卫部队在一小时前就走了。

凡尔登位于布里苏东北17英里。我们在布里苏的住宿条件不错，不过话说回来，大家都很容易满足，只要有被褥睡、有东西吃就够了。现在二营由乌尔莱希上尉指挥。天亮之后，也就是在9月6日，我们派出的骑兵侦察小分队遭到来自布里苏以南不远的树林里的火力袭击。大约9点左右，全团离开布里苏，呈战斗序列向西南方向移动。在隆格布瓦，我们的先头部队遭遇敌军。一营发动进攻，迅速占领了特里安库尔特-普雷茨公路，还俘获了几名法国军人。

一营沿着公路向普雷茨冲过去，二营紧随其后。公路两旁有很多高大的树木，路的左侧正发生激烈的战斗。一营刚到树林南侧就遭遇大批敌军，双方在不到100码的距离内爆发激烈的枪战。此时法军炮兵再次展开轰炸，进一步加大了我军战斗的难度。很显然，这些炮兵弹药充足，他们的射击既高效又灵活。二营进入树林隐蔽，但敌军的炮火很快就让他们无处躲藏。（见图4）

临近中午时分，二营受命沿着树林西南侧推进到普雷茨以西1.25英里的一个点，然后在一营右侧发动进攻，占领260高地。

这个据点由基尔恩中尉控制。我们出发前往241高地，途中没有遭遇敌军。我们骑马穿越高大的灌木丛，灌木很茂盛，几乎淹没了狭窄的山路。在离树林约100码的地方，我们突然看到前方有一支人数众多的法军侦察队。双方展开近距离交火，不久法军开始撤退，我们没有出现伤亡。我们环顾四周才发现已经和营里失去联系。为了重新联系上他们，我让大家停下脚步，自已骑着马回头查看，最后发现我们营在树林左侧。我向营里汇报了刚刚发生的战斗和敌军撤退的情况。接着我们继续沿着241高地行军，但才走出几百码就被法军的炮火逼退下来。接下来的几分钟，敌军的炮火非常猛烈，令我们完全无法移动。大家想尽一切办法隐蔽，纷纷躲在树背后、低洼地里甚至背包后面。好在我们只有一人阵亡。

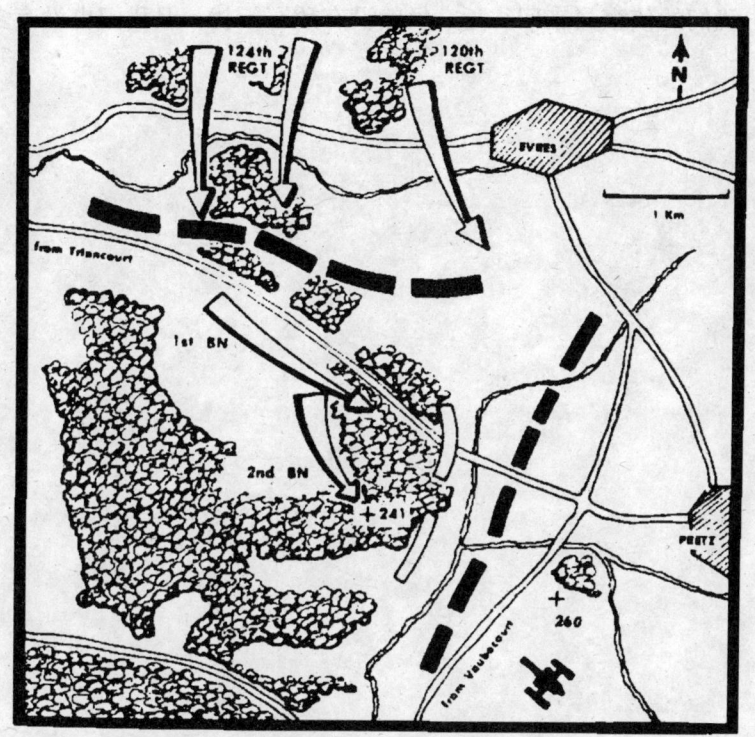

图4　在普雷茨附近的进攻

　　等敌军火力减弱，我骑马穿过左侧树林试图联系上一营。但树林太过泥泞，我无法完成任务，只好重新返回，然后沿着树林东侧边缘艰难步行。在树林东侧350码的土堆上，敌人不断向我开枪射击。后来我终于找到三连，他们在我们发动强攻之前一直维持攻击火力。

　　我刚返回不久，营里就向260高地方向发起进攻，其中六连和八连负责强攻。法国人放弃他们的阵地开始撤退，甚至一整天都侵袭我们的法国炮兵也不见了踪影。我们占领260高地，向撤退的敌军猛烈开火。天黑的时候战斗就停止了，侦察员随即出去侦察情况，大部队开始挖掘战壕。我们在右前方看到一个被遗弃的炮位，上面有一堆炮弹。我受命返回团指挥所报告情况并带炊事班过来。自从离开布里苏之后，大家就没东西吃了。

哈斯上校表扬了二营。

我在普雷茨–特里安库尔特公路上找到了炊事班。他们晚上9点来到营里，战士们总算可以吃到热乎的东西了。

现在我们和团指挥所之间有了电话线。午夜过后，我们接到了第二天行动的命令。我们的侦察员来回往返。虽然没有敌军干扰，但我们也没有多少时间休息。

进攻德芙伊树林

晚上我们的侦察员察明，敌军在两英里外的德芙伊树林采取防御态势。团里命令二营早上6点穿过公路去攻占树林。一二三榴弹团的部队将从我们右侧向前推进。（见图5）

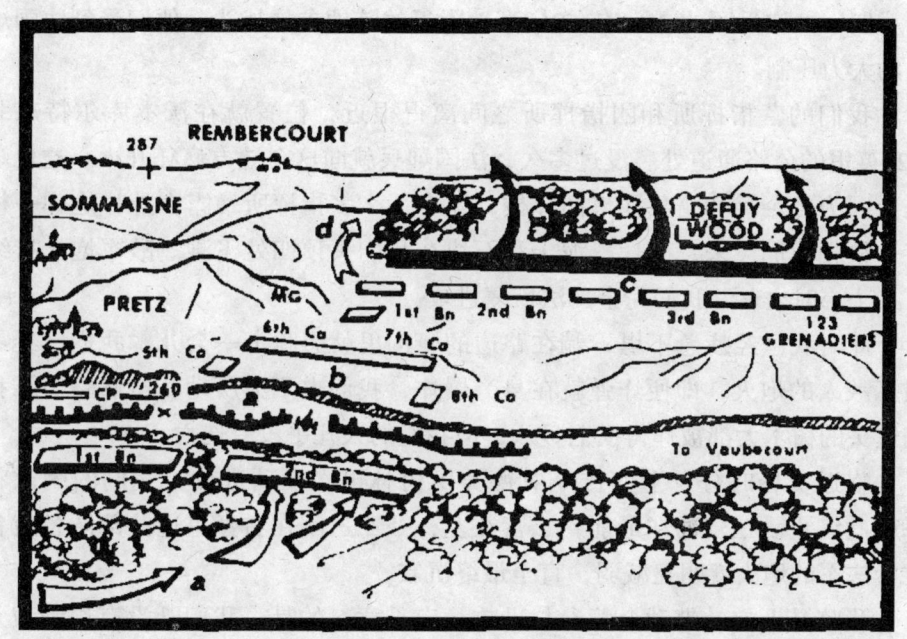

图5　强攻德芙伊树林

（a）8月6日在普雷茨附近的战斗。（b）8月7日进攻受阻的地点。（c）猛攻德芙伊树林。（d）隆美尔前去切断撤退的法军。

进攻时间到，营里派两个连（六连和七连）发起进攻，另有两个连（五连和八连）在左后方呈犄角之势。我们的左翼向树林东北角推进。我骑着马在六连和七连之间走着。我们右侧没有榴弹兵的影子。这时候我们接到命令："停止前进。原地待命。"

我给部队传达了这道命令，然后骑马返回位于260高地的团指挥所，想要弄清楚团里为什么会下这样的命令。原来，哈斯上校想要在一二三团可以转移的时候再发起进攻，但他不知道要等到什么时候。这时候，法军炮兵开始活跃，向开阔地里挤成一团的两个后备连开炮。

从树林的北侧，法国炮兵的观察员可以清楚地看到我们的战线。

我向前狂奔过去，传令让进攻梯队进入土豆地和菜地挖掘战壕。在我回来的路上，法国榴弹兵朝我射击。为了躲避榴弹，我采取之字形路线前进。

法国炮兵的火力越来越猛，其中还有一些中型火炮。五连呈闭合纵队卧倒在地，一枚炮弹就灭掉了他们整整两个班的兵力。前线部队隐蔽得很好，也都挖好了壕沟，所以没有遭遇五连那样的命运。

四十九炮兵团的一个连在260高地附近的阵地参加战斗，他们受到法国炮兵的大力压制。

我们的营指挥所和团指挥所之间离得很近，位置就在沃本库尔特东北1.25英里的公路通道处。没过多久，法国炮兵就向这个地方疯狂开火。这也难怪，因为传令兵和骑兵在来回穿梭，还有那么多指挥所暴露在外！炮弹一枚接一枚朝我们飞来，碎片、泥土和石块在我们头顶四处飞溅。敌军炮火持续了几个小时之久，我们完全无法恢复进攻。

此时我已经疲惫不堪，躺在路边的壕沟里就想睡上一会儿。我们已经习惯了敌人的炮火，即便炸弹就在身旁爆炸，我们也不为所动。虽然路边靠我们这头的树木大都被炸得横七竖八，但我们的人几乎没有伤亡。

临近黄昏时分，上面传令对德芙伊树林再次发动进攻，我们的闲散状态就此终止。三营冲在最前，二营在左，一二三团在右。等这些部队各就各位，法军的炮火就明显减弱，直至最终沉寂。

我骑马上前，带动全营参与进攻。出乎意料的是，我们既没有遭到敌人轰炸，也没有遭遇轻武器袭击。难道他们又跑了？

前线——间隔4步的散兵线——穿过树林西北600码的低地向山坡延伸。右边的榴弹兵和三营并肩而行，后备部队（一二四步兵团一营和机枪连）跟在进攻部队几百码之后。

我骑行到位于最左侧的七连背后。天色渐渐暗了下来。

一路上都很安静，直到我们走到离树林150码左右的地方。突然，法国人朝我们开火了，紧接着就是双方激烈的交火。连队的后备军被急忙调上来，他们和前线部队一起迅速卧倒。后备军试图从前线将士头顶上射击敌人，但前方传来的叫声表明，我们的机枪打的是自己人。在一瞬间，后备军的行动就宣告结束。

当时我骑着马走在全营的最左侧，看到前方的情况我立刻赶到机枪手身旁让他们停火。我把马交给身边最近的一个人，然后指挥一个排到左翼。我们在那里放置好机枪，开始朝敌人开火。有了这些机枪的火力支援，我们与右侧的部队一道将攻击线向前推进。此时所有的疲倦感都烟消云散，我们的战斗热情极度高涨，一心只想对付敌人。对方的步枪火力撕开了我们的战线，但没有阻挡我们的脚步。我们一路冲进树林，结果发现敌军再一次逃之夭夭。团里命令部队清查树林，但这不是一件容易的事，因为里面的灌木很密集。为什么不绕过树林切断敌军呢？我没有多想，带着两个班和重机枪排爬上树林左侧的山坡。这里没有灌木减缓我们的速度，敌人不大可能以同样的速度穿过丛林。经过一阵气喘吁吁的爬行，我们终于到了树林东面的角落。这时的天色还亮着，准确射击没有问题。我们的射程在几百码范围，树林的南侧出口就在射程内。我们急忙架好重机枪，步枪手隐蔽在贴近东面角落的树林边缘。敌人随时可能会出现。从我们右侧和后方传来一些德语暗号。

几分钟过去了，敌军还是不见踪影。天色渐渐暗了下来。在我们左面，伦伯库尔特的房子在燃烧，火光照亮了天空。我心里有些不安，因为我在未经团长批准的情况下带走了重机枪排。眼看发生战斗的可能性微乎其微，我让重机枪排回到他们连里。没想到他们刚离开不久，有个步枪手就指向火光里依稀可见的一队人马，他们正越过大约160码外的山顶。法国人！借助军用望远镜，我可以看清他们的平顶军帽和刺刀。很显然，敌军正以紧凑的队形在撤退。我很后悔几分钟前放走了机枪排，但现在补救为时已晚。

我手下16名步枪手向敌人快速开火。让我们没想到的是，法国人没有四处逃窜，而是喊着"前进"朝我们冲过来。从喊声判断，对方肯定有一两个连的兵力。我们以最快速度射击，但他们继续向我们冲过来。我手下有些人正打算独自撤退，我赶紧把他们拽回来。我们的火力显然迫使敌人卧倒在地，火光里很难从草地里分辨出法军士兵。敌人的先头部队离我们有30至40码远。对方人数很多，但在敌人上刺刀冲过来之前我是不会放弃的，但刺刀战直到最后都没有发生。

我们的火力压制了敌人发动进攻的欲望，"前进"的战斗口号停了下来，只有5匹驮着机枪的法国战马继续向树林边缘走着。周围逐渐安静下来，看来敌军在向伦伯库尔特撤退。抓获12名战俘的侦察员回来报告说，战场上有30名左右的法军伤亡人员。

二营在什么地方？显然他们没有按照命令穿越德芙伊树林向前推进。为了找到二营的官兵，我和两个人带了俘虏和驮运物资的马回到树林东北角，让其他两个班原地待命。

我在路上遇到了团长，哈斯上校对刚刚发生在树林边的事不是很高兴。他认为我攻击的是榴弹团而不是法国人，即便战俘和驮运机枪的马也没法说服他。

评注：9月7日我们进攻德芙伊树林。要想赢得胜利，我们必须在两英里宽、没有掩体的开阔地上战斗。按照团里的命令，右翼的部队未推进时我们必须暂缓进攻。与此同时，法国炮兵开始猛烈轰炸。受命部署的二营部队很快进入土豆地隐蔽，用铁锹挖掘战壕。虽然法军一整天都在开炮，但二营没有遭受伤亡。另一方面，一个后备连由于队形密集遭受重大伤亡。由此可见，在敌军炮火射程范围内不应该聚集在一起；另外就是铁锹非常重要。

团和营指挥所位于公路通道处，从各个方向汇集到此的传令兵暴露了指挥所的位置。敌军得知情况就发动攻击，炮火十分密集。因此，指挥所应该分散开。

徒步或骑马的人员必须在避开敌军视线的路上行走。不能让敌人认出本方的指挥所，所以不要选择显眼的山头设置指挥所。天黑以后法军的炮兵停火了，他们退到了后方，很可能是为了避免在德军发动夜袭时被抓。法国步兵让德国人推进到150码以内才开火，但在几分钟的交火之后，他们依靠树林和天色的掩护分散撤退了。我们损失惨重，截至9月7日，整个团有5名军官和240名士兵阵亡。

激战正酣之时，机枪连越过前方400码外山坡上拥挤的步兵线头顶射击，试图打击600码外树林边的敌军。这种做法给前线官兵造成很大的危险。我们以为敌军的抵抗已经结束，于是放弃了纵深攻击阵型，将后备部队和机枪手带到前线。这一战术失误让我们付出了惨重的代价，因为敌军在150码射程内用步枪对我们实施精确打击。

在类似情况下，有些战士往往会失去理智，四散寻找掩体。此时指挥官必须果断采取行动，必要时可以使用个人武器。

在德芙伊树林的战斗

　　团里命令三营沿着德芙伊树林南侧建立一条防线，左翼就部署在树林的东侧角落。二营部署的防线跨过树林一直延伸到了三营的左侧。一营在德芙伊树林以北建立团里的后备线。团指挥所设在一营左侧。

　　我们对分配给二营的区域——缺乏掩体的一条长长的、荒芜的山脊——很不满意。这条山脊完全暴露在法国炮兵的射程内，我们更想要三营在树林里的阵地。

　　从不久前的经历来看，我们只有一个办法减少伤亡——深挖壕沟。

　　各个连的阵地都已分配完毕，连长们——其中3人是年轻的中尉——都深深地体会到，他们的人必须不知疲倦地挖掘战壕，而且主体工作必须在午夜前完成。从午夜到天亮之间可以休息几个小时，但天亮之前必须继续挖。战壕要有5.5英尺深。

　　很快全营官兵就开始努力挖掘壕沟。前一天敌军猛烈的炮火让大家都意识到了挖壕沟的重要性，甚至营部的人——包括营长、副官和4名传令兵——都在驻守前方和右侧的八连背后挖了一条20英尺的壕沟。由于地面非常坚硬，小铁锹几乎没什么用，挖起来很是累人。但我们手头的镐很少，所以挖掘进度很慢。官兵们从凌晨5点开始就没吃过东西，晚上10点半，营长让我去普雷茨把炊事班带过来。半夜我带着邮包和吃的东西回来了。这是战争爆发以后我们第一次收到邮包。

　　经过几个小时的挖掘，壕沟约有18英寸深，这个深度肯定不足以应付敌军的炮弹。也就是说，我们在天亮之前还得抓紧继续挖。但此时此刻，大家都已精疲力竭。将士们首先得吃点东西，然后休息一下。炊事班来了，大家终于吃上了东西，也都拿到了各自的邮件。在狭窄的壕沟里，大家点着蜡烛看几个星期前从家里寄出来的信。这些信像是从另一个世界寄来的，其实我们离开家没有多长时间——也就几个星期而已——只是这中间发生了很多事情。饭吃完了，我们拿起镐和铁锹继续干活。营部的人一直挖到凌晨，壕沟有40英寸深。我们的手起了水泡，火辣辣地疼。我们累坏了，在9月初宁静的清晨很自然地就躺在坚硬的地上睡着了。

没过多久，全连官兵再次开工！在树林东侧边缘，四十九野战炮兵团的一个连在二营和三营的边界处就位，离前线约30码远。

9月8日凌晨很平静。通过望远镜，我们看到在山谷的另一边，敌军在267和297高地（伦伯库尔特西面和西北面）建立了防御阵地。我们用肉眼可以看到左面的友军，他们是驻守在285高地的一二〇步兵团；我们和他们之间约600码宽的空地安排好了火力覆盖，一个重机枪排已经在我们所在的位置就位。五连和八连在前线，六连和七连分居左右两侧，与前线呈梯形分布。营长带我一起检阅部队，我们看到大家都很努力，有些地方的壕沟已经有4.5英尺深。

清晨6点，法军开始向我们开炮。这次的炮火十分猛烈，让之前几次都相形见绌。爆炸声此起彼伏，脚下地动山摇。大多数炸弹使用的是定时引信，炸弹飞到我们头顶上空就会爆炸。不过有些炸弹使用的是着发引信。我们挤作一团躲在糟糕的战壕里，几乎无法抵御弹片的侵袭。激烈的炮火持续达数小时之久。其中一枚炮弹落在我们上方的山坡然后滚入我们的战壕，幸好那是一枚哑弹。所有的人都在努力加深战壕，手头可用的工具都用上了——镐、铁锹、刀、饭盒，甚至双手。每当炮弹在附近爆炸，大家就会吓一跳。大约正午时分，敌人的炮火有所减弱，我们终于有机会派人跑到连队去。一切秩序井然，法国步兵不见踪影。幸运的是，敌人的轰炸只造成我们3%的伤亡，比我们担心的要少得多。但很快敌人的炮火又开始升级，他们手头的弹药量真是惊人。我们的炮兵就不一样了，他们因为缺少弹药已经哑火大半天了。

整个下午法军一直在轰炸，不过现在我们的战壕已经有70英寸深了，有些人还在靠前的战壕里给自己挖了散兵坑。定时引爆炸弹飞出的弹片不会伤到他们，而在上方有20英寸坚硬泥土的情况下，他们甚至可以防御着发引爆炸弹。

傍晚时分，敌人的炮火猛烈到令人惊恐的程度，他们把手头的弹药都投向了我们。敌人的中型火炮在我们的阵地之间掀起浓黑的烟幕。炮弹把山坡翻了个底朝天，空中满是尘土和石头。这可能是他们在为步兵攻击做准备。"让他们来吧，"我们对自己说。我们等他们一整天了。

就像他们突然开火一样，法国炮兵突然之间就停火了，但他们没有派步兵攻击。于是我们爬出战壕。我巡视了一下4个连，伤亡人数意想不到地少（全营只有16人）；虽然经历了极度紧张的时刻，但官兵们的士气相当旺盛。大家在轰炸之前和轰炸过程中的挖掘工作发挥了很大作用。

落日的余晖照亮了战场。我们在右边看到四十九野战炮兵团的两门炮和几名伤亡的炮兵。这个排的掩护很糟糕，他们没办法发射炮弹。在我们右侧树林里的三营的情况同样糟糕。树林里草木丛生，官兵们几乎无法挖掘战壕。敌人的炮火很密集，来自侧面的炮弹常常把树炸断。炸断的树枝落下来，对好几个连造成伤害。

我回到团指挥所听取命令和领取食物。哈斯上校对三营的重大伤亡非常痛心，三营不得不从树林里撤出来。二营受命坚守树林东侧的山，在两翼没有支援的情况下也要坚守下去。最后，哈斯上校说道："一二四团将死守阵地。"

等我回到营里，八连的右翼被重新部署到一条从前到后弯曲的前线上。六连的前部沿着德芙伊树林的东侧部署，整个连挖战壕驻守，其他单位的部队继续改善他们的阵地。炊事班在午夜到来前不久过来了，他们还带来了邮包。各方面的情况与前一天晚上一样，大家直接在地上休息几个小时。第二天，法国炮兵的轰炸时间和9月8日一样。不过我们隐蔽得很深，所以没受到影响。有时候我们可以和团部保持电话联系，但炸弹时不时把电话线炸断。我和五连在一起待了很长时间，跟七连的本特莱中士一起察看敌军阵地。法国炮兵大都部署在开阔地，甚至他们的步兵也显得麻痹大意。我准备了一份报告，里面还画了草图。通过各营的传接，我让人把报告送到团部，顺便请求团里把炮兵观察员派到二营。

一二〇步兵团的左翼位于285高地的南坡上，离我们600码左右，他们路对面的铁轨沿线就有法军。法国人的后备军集中在沃马里车站以西一英里的通道内。我们可以从左边的一个土堆上向他们发起侧面攻击，或许还能重创他们。我把这个想法告诉机枪排长，但他表示怀疑，拒绝了我的提议。为了掌握主动权，我亲自指挥机枪排。我心里很清楚，要想避免遭受法国炮兵的反攻，我们必须尽快采取行动。几分钟后，我们的机枪向聚集在一起的法国后备军扫射过去，不仅让对方一片混乱，还给他们制造了大量伤亡。完成任务之后，我们迅速撤离现场，回到可以隐蔽的地方。法国炮兵随即反攻，但炮弹都落在了没人的地方。我们没有遭受损失，但就在我们攻击敌人的时候，机枪排长向团长投诉说，我随意掌控指挥权。好在我给团里提供的解释令人满意，这件事才不了了之。

当天有几名炮兵观察员来到我们所在的地方，我们把法国炮兵的部署情况告诉他们，无奈他们弹药太少，敌军几乎没有受到任何影响。不过我们的重型火炮还是让伦伯库尔特的法国炮兵撤走了。

晚上的情况跟前一天一样。法国炮兵用大量炮弹给我们送上"晚安"的祝福，随后就是一片死寂。如果我们没有猜错的话，法国炮兵应该是退到了后方。

为了增强防御能力，我们继续深挖战壕，同时派出几个小分队去树林里砍树。幸运的是，我们的伤亡人数比前一天少，其中一些伤亡是由于六连遭到侧面袭击造成的。晚上10点炊事班过来，七连的军士长罗滕·豪斯勒带了一瓶红酒和一捆稻草。快到半夜的时候，我在营指挥所附近铺着稻草躺下了。

评注：三营为靠近树林南侧付出了惨重代价。他们在这个位置遭遇了极其重大的伤亡，不得不在8号夜里撤出来。法军的炮火给驻扎在树林及其周边的队伍带来严重伤害。这些部队没有战壕提供掩护，很多炮弹原本在平地上炸炸就过去了，但在树冠间爆炸的效果就大不一样。树林的前沿几乎就是一个死亡陷阱，法国人在那里调整火力也很容易。如今的炮弹引信更加敏感，在类似的情况下将会造成更大的伤害。

与此形成对比的是，二营在贫瘠的山上采取的深挖壕沟的策略取得了很好的效果。尽管敌军炮火持续了几小时之久，我们的伤亡人数却很少。定时引爆的炸弹很讨厌，因为很多弹片会直接飞进战壕。

二营阵地周围的土地很坚硬，挖掘战壕的难度很大。为了让又累又饿的士兵们在9月7日至8日的夜间全力挖沟，各级指挥官需要使出浑身解数作动员，还要身先士卒作表率。

9月7日至9日，法国炮兵消耗了大量的弹药，但他们拥有充足的补给，因为主要的弹药仓库就在他们附近。而在德军一边，我们的炮弹不够用，炮兵因此没能给步兵提供足够的支援。

现代的防御组织与1914年大为不同。那时候我们先部署一条前线，其余兵力为第二条线。今天（1937年），一个营的阵地由一条警戒线和一块主阵地构成，部队的纵深很大。在一块宽1100码、深2200码的区域里，我们有数十个相互支援的火力点，其中包含步枪、机枪、迫击炮和反坦克武器。这样的部署方式会让敌军分散火力，因此有利于防御一方集中火力实施打击。在有火力掩护的情况下，指挥官可以就地实施部队机动。如果敌军成功渗透主阵地，防御一方可以采取攻击性的反制措施。由此，敌军突破的难度会很大。

1914年9月9日至10日的夜袭

我在草床上睡着了，半夜被一阵喧闹惊醒。我们前方和左侧都在发生激烈的战斗。此时正值大雨滂沱，我全身都湿透了。我在左边看到信号灯闪烁，还听到步枪射击的声音。传令兵告诉我，营长正在团指挥所。

枪声越来越近，我不禁怀疑法军是不是在发动夜袭。为了弄清楚情况，我带了一名传令兵向枪声方向走去。突然，在前方50到60码的地方，我看到有人影呈两列纵队向我们靠近。我想他们应该是法国人，他们从一二四步兵团和一二〇步兵团之间的空隙渗透过来，想从侧面和后方袭击二营。他们离我们越来越近，我在想我们该怎么办。我决定跑到右边告诉六连连长康特·冯·兰巴尔迪，然后让他派一个排给我指挥。他答应了我的请求，我安排好我的人开始接近敌军。借助远处的火光，我们可以看清敌军的队伍，我命令我的人打开保险待命。我仍然分辨不清对方的身份，就冲他们喊话，回话的是七连。他们的连长是一名年轻的中尉，他正从阵地（全营的左后方）撤下来，要向后移动0.25英里。他解释说，战斗即将开始，他的连就在第二线。我对他的行为有些不满，所以就地给他上了一堂简短的战术课。想想刚才差点朝我们自己人开枪，我不禁有些后怕。

没过多久，营长从团部带回命令说，我们要在夜间发动袭击。我们营（团里的先头部队）的任务是拿下伦伯库尔特以北约500码的287高地。相邻的几个团（右侧的一二三榴弹团和左侧的一二〇步兵团）也会同时发起进攻。进攻时间尚未确定，但我们营马上就做准备。按照团里的命令，我们完成任务后就不用再受到法国炮兵的侵袭。目标离我们不远，但愿伦伯库尔特周围山上的法国炮兵阵地也包在其中。（见图6）

天空下起倾盆大雨，四周一片漆黑。我们营在原先那个位置的左侧备战，大家上好刺刀打开保险。口令是"不胜即死"。左边一直有些动静，步枪声此起彼伏。

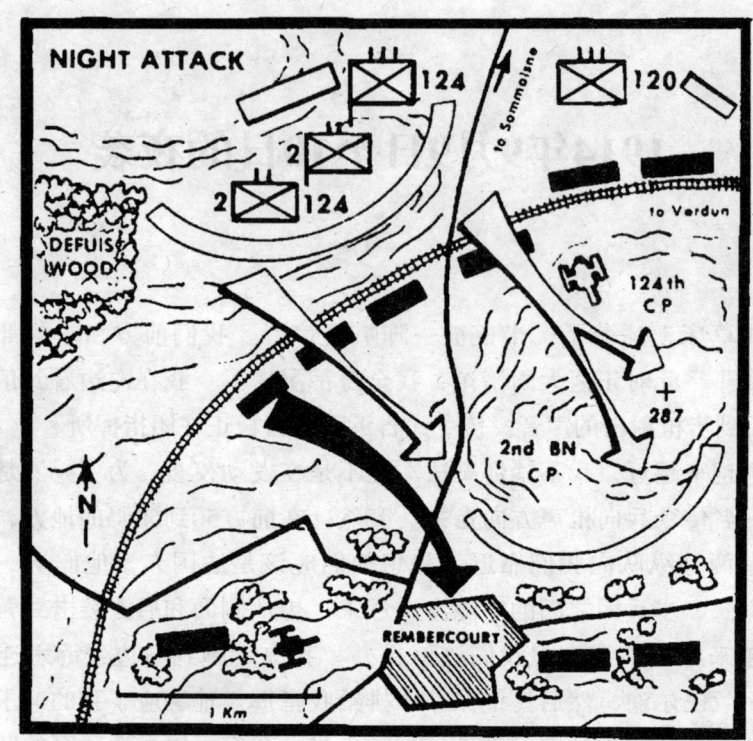

图6 夜间攻击伦伯库尔特

　　一营来了。团长在二营。我们得到的情报仅限于：敌人分布在铁路沿线、铁路以南的通道和索麦思内－伦伯库尔特公路沿线。我们的人焦急等待发动进攻的时刻。此时大家在大雨里已经淋了几个小时，都被冻得够呛。几个小时过去了，凌晨3点我们终于接到进攻的命令。

　　整个营一起沿着山坡往下冲，追上了铁路沿线的敌军，占领了索麦思内－伦伯库尔特公路的通道，接着强攻287高地。只要有敌人反抗，我们就用刺刀将其处决，接着营里的其他人绕过了敌军的反抗点。等全部4个连都到达目的地，我们营就占领了287高地。左右两侧参与进攻的部队还没有跟上来，所以我们就在两翼部署了向后弯曲的防线来保护自己。各个单位的部队混作一团，重新组织的进展缓慢。天色渐渐发亮，雨势也逐渐减小。各支部队都在拼命挖掘壕沟，因为法军很快就会向我们开炮了。我们脚下是湿软的黏土，所以壕沟挖起来很慢。铁锹老是粘着又厚又黏的黏土，每挖几次都得清理一遍。

　　天刚蒙蒙亮，伦伯库尔特周围几座山的轮廓依稀可辨。法军的封闭纵队从西北方向进入伦伯库尔特。六连和七连开火了，一场十分激烈的枪战在300

到400码的范围内展开。有些法国人跑到伦伯库尔特街道的高处隐蔽，但大部分人选择开枪还击。我们大部分士兵好不容易看到法国人进入视线，直接站着开枪射击。过了大约一刻钟左右，敌人的火力渐渐平息下来。在我们前方，伦伯库尔特的北入口处出现大量伤亡人员。由于大家战斗热情高涨，我们的战斗序列之间出现了很大的缺口，伤亡人数也比夜间突袭多。

上级不允许我们攻击伦伯库尔特村和两侧的小山，这让我们很遗憾。虽然经历了那么多的事，我们的战斗精神一如既往，而且我们想一举挫败法国步兵，毕竟对方每次交锋都处于下风。

枪战逐渐平息之后，所有的部队继续挖掘战壕。壕沟还没挖到一英尺深，法国炮兵就像往常一样开火了，我们只好停止挖掘隐蔽起来。

营部的人到目前为止没有多少时间隐蔽，因为287高地和伦伯库尔特北入口的战斗让我们一直处于移动状态。一个法国炮兵连从西面毗邻伦伯库尔特的一座山上向我们开炮，他们离我们只有1100码多一点。幸运的是，由于地面都是湿的，很多炮弹变成了哑弹。我们跳进田里的犁沟躲避炮弹，用燕麦围住身体避开敌军观察员的视线。天空再次下起大雨，地里的犁沟变成了一条条的河。法国人的炮弹接二连三地打过来，我们斜着身子没法挖沟，因为铁锹上老是粘着黏土。我们全身上下裹着一层厚厚的黏土，湿透的衣服让我们冷得发抖。更糟糕的是，我的胃一直很难受，而且每隔半小时我就得换一个弹坑隐藏自己。

周围友军的进攻停止了，二营因此把我们师的其他部队远远抛在了后面。上午10点左右，四十五野战炮兵团的一个榴弹炮连从我们身后支援我们。但敌人的火力要比他们猛烈得多，所以榴弹连开火之后反而把更多的敌军炮弹吸引到我们头上。和前几天一样，我们几乎没有见到法国步兵的身影，他们显然不是我们的对手。

时间仿佛停止了一般。几个月前如果有人说我们会面临如此窘境，我们肯定会笑掉大牙。但此时此刻，我们一心只想摆脱当前的困境，不论用什么方法都可以，能发动进攻当然更好。

法军的炮火持续了一整天，无数颗炮弹落到我们在287高地的阵地上。在天色变暗之前，我们照例收到对方的"晚安祝福"。接着敌人收拾装备把大炮转移到了后方，他们肯定以为夜间非常安全。

我们在9月10日的损失很大——4名军官和40名士兵阵亡；4名军官和160名士兵受伤；8人失踪。

发动夜间攻击之后，法国人在凡尔登的要塞几乎被包围了。特罗雍要塞以东的十师和负责西面进攻的十三军、十四军之间只隔着一块9英里宽的条状地带。唯一通往凡尔登的铁路线穿过默兹河谷，那个地方也在德军火力控制范围内。（见图7）

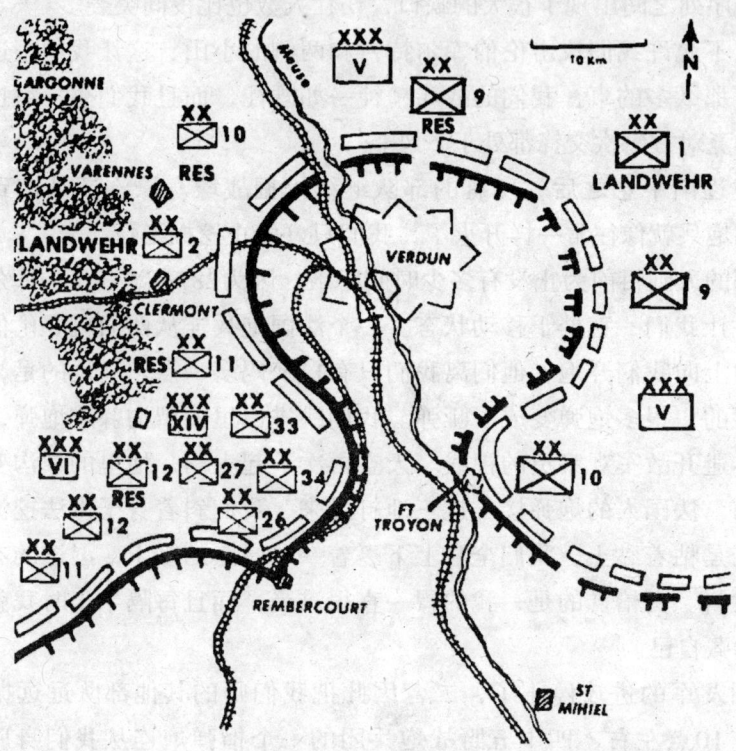

图7　1914年9月10日至11日夜间突袭过后凡尔登周围的形势

入夜之后，我们开始忙着挖壕沟。午夜时分，炊事班来了。考虑周到的汉勒给我带了干衣服、内衣和毯子。我的胃还没好，所以我决定不吃东西。但只要能站立，我就不会告病休息。穿着干爽的衣服，我总算睡了几个小时，但做了很多噩梦。天亮的时候我又开始挖壕沟。

9月11日，法军照旧狂轰滥炸，但我们的部队都隐蔽在挖好的战壕里，几乎没有损失。雨还在下，气温变得很低，我们待在壕沟里也不舒服。炊事班还是半夜才过来。

评注：夜间发动进攻的时候很容易打到自己人，我们在二营就险些出现这种情况。9月9日的夜袭之后，二营把整个师的攻击线甩开了两英里。我们没有经受多少伤亡就抵达指定的目的地。如果部队继续推进，我们几乎不会遇到抵抗。雨天有利于攻击。只有在大批法军退入伦伯库尔特以及在敌军炮火下挖掘战壕期间，我们才遭受重大伤亡。如果法国人在我们挖到一尺深以前就开炮，我们的伤亡人数会更多。由此可见：天亮之前一定要抓紧挖掘战壕。由于弹药紧缺，我方炮兵在9月10日和11日对我们的支援力度不大；而法国人却可以从暴露在外的阵地上毫无顾忌地开炮射击。

在战斗期间，敌军的炮火太过猛烈，炊事班只有在天黑以后才能过来，白天他们都待在后方几英里的地方。将士们很快就适应了这种饭点。

撤离阿尔贡

　　9月12日凌晨2点，我去团部报到等候命令。团部设在二营后方几百码的壕沟里，上面草草盖了些门和木板之类的东西。借着烛光，哈斯上校命令道："在天亮之前撤离阵地；撤退到特里安库尔特；二营殿后，和其他几个连一起坚守索麦思内以南1100码的山，到上午11点再跟上团里。"

　　我们当然想离开这个鬼地方，但我们不明白部队为什么要撤退，这肯定不是因为敌军施加的压力。凡尔登要塞就在我们后方20英里，而且要塞与法国其他地方的铁路联系已经中断，这时候要给对方喘息机会实在太可惜了。没办法，统帅部可能以大局为重，他们应该有自己的理由；也可能是其他地方更需要我们。[1]

　　天亮之前，二营脱离了敌军。我们的衣服上盖了一层厚厚的干泥土，加上大家体能状况不太好，所以行动起来很艰难。我们让两个连在伦伯库尔特以北1.25英里的高地上殿后。天亮的时候，我们发现法国炮兵把原来这块空地炸得面目全非。这让我们喜出望外，我们可以在炸开的地面上好好建个营地了。

　　我们在普雷茨以西的树林里集中，然后跑步进入特里安库尔特的前哨阵地。乌尔莱希上尉和我骑马上前察看情况。大雨再次倾盆而下，不过我很高兴再次骑到马背上。五连和七连被安排在前哨阵地，营里其他人作为前哨后备军驻扎在特里安库尔特。下午巡查前哨之后，我回到营部倒头便睡。我睡得很死，有人摇动和喊叫都没弄醒我。营长要叫醒我，让我拟定一份完整的报告。9月13日，我因为这件事被长官问讯，但说实话，我真的想不起来有人叫我起床。

　　9月13日清晨6点，我们出发返回团部。经过布里苏之后，我们要穿过阿尔贡。这么多天以来，今天是第一个阳光明媚的日子。负重的辎重队将公路变成了无底的泥坑，行进的队伍在布里苏以北一英里的阿尔贡入口处停了下

---

　　[1]　隆美尔认为凡尔登的铁路线被切断，这种说法不对。不过就像他画的草图（见图7）一样，这样的说法也是在不确定的情况下得出的结论。——编者注

来。大多数火炮和辎重车都陷进泥里，每一次都需要两队人马才能把车推出来。好在这时候敌军没有追击过来，也没有向我们发射远程炮弹。

我们前后耗费了3个小时。树林里的路本来就松软，炮击过后更加糟糕，我们常常陷进泥泞，走起路来十分累人。一路上还时不时有人喊着要帮忙推车。我们还没到雷伊莱特天就黑了，到那里之后我们作短暂休息，顺便吃点东西。接着我们继续穿越阿尔贡向北走去。12小时的行军和糟糕的路况几乎让部队累倒在地，但尽管如此，我们还是连夜赶路，看来目的地离我们还很远。因为筋疲力尽而掉队的人越来越多。每次休息都有人瘫倒在地，并且在那一刻沉沉睡去。一旦再次出发，这些人都得被弄醒。我们一路走走停停，好几次我都闭上眼睛从马背上摔下来。

我们接近瓦伦内的时候，时间已经过了午夜。市政厅燃着熊熊大火——可怕但又美妙的画面。我受命去前面的蒙特布莱恩维尔寻找驻地，但这个小镇只有几张床，没有稻草。

9月14日清晨6点半，沉寂、疲倦的整个团在黑暗的街道上蹒跚前行。扎营要不了多长时间，很快蒙特布莱恩维尔又陷入一片死寂。所有人倒头便睡，完全意识不到床的坚硬。

同一天，萨尔茨曼少校接掌我们营。下午我们前往埃格利斯方丹，找到一个拥挤、脏乱的地方过夜。营部的人睡在一个已经长虫的小房间里，但这比露宿在大雨里要好得多。我的胃没日没夜地难受，我常常疼得失去知觉。

随后的几个日夜，法国炮兵对前线后方的所有村庄展开轰炸，其中包括埃格利斯方丹。我们在小镇附近挖掘战壕。9月18日，我们去索梅朗斯休息几天。我分配到一张床，但愿我的胃能好受些。我们终于有机会洗漱、刮胡子，还能更换内衣裤，这实在是奢侈的享受。

第一天晚上我们在4点钟被叫醒，受命前往福莱维尔充当部队的后备队。我们在大雨里站立了3个小时，然后返回原地。9月20日，我们实实在在地休息了一天，大家纷纷保养枪支弹药。

评注：9月11至12日夜间，我们在对方毫不知情的情况下脱离了敌军。到了9月13日，敌军仍然没有追过来。倘若敌人追击，我们无论如何都无法进入阿尔贡峡谷。9月13日的撤退中，前一天晚上值守前哨阵地的部队要完成27英里的行军。我们一路上走走停停，时不时还得帮着把辎重车和火炮从泥泞中推出来，这段路因此变得更加难走。到这时候，整个营已经连续超过24小时行军。

蒙特布莱恩维尔附近的行动；
突袭布松树林

9月21日下午我们再次听到警报，部队前往阿普雷蒙给一二五步兵团的一个营换防，这个团当时驻扎在蒙特布莱恩维尔以西一英里的山脊上。换防的任务将在天黑后结束。这个新的阵地几乎没有可取之处："前坡地形，各个方位都在敌人视线范围内，壕沟潮湿，每天都有步枪和炮火造成的伤亡。只有夜间才能和后方联系上。"

四周一片漆黑，我们冒着大雨走在松软的土地上，在等待换防的部队的一个小分队的带领下穿越国境。换防在午夜时分完成。在我们接管的阵地上，战壕短且不连贯，两英尺深的壕沟里都是水。守卫部队驻守在稍稍靠后的位置上，他们穿着大衣，还有帐篷遮风挡雨。有人告诉我们，敌人就在前面几百码远的地方。

部队很快就掌控了局势。他们用饭盒把水从壕沟里舀出去，然后加深加固壕沟。很显然，德芙伊树林的经历让他们意识到了战壕的重要性。挖掘工作进展很快，几个小时之后，大多数壕沟就连在了一起。这下全营官兵就可以安心等待第二天的到来。

9月22日，太阳终于又出来了。清晨时分，周围很平静。敌军在我们右边的阿尔贡树林边，离我们有五六百码远。前方的蒙特布莱恩维尔-塞尔翁公路一片死寂，看不到敌人的踪影。在我们左侧，敌军在这条公路边上占据一小片树林。虽然双方距离很近，但我们仍然可以在战壕之间自如地移动，不必担心敌军朝我们射击。因为没有安全顾虑，我们阵地附近成熟的李子很快就被摘光了。上午9点左右，法国炮兵向我们的新战壕开火。多亏了前一晚的辛勤劳作，我们的伤亡不多。30分钟后，炮火停止了。接下来的几个小时，敌人只是偶尔开火骚扰一下我们。但直到中午我们都没见到法国步兵的影子，几个侦察小分队出去观察右边树林里敌军的位置和实力。

　　侦察员在离树林边缘50码左右的地方遭到敌军猛烈袭击，不得不扔下重伤员往回撤，我们在原地给他们提供火力掩护。双方的交火逐渐平息之后，有几个法国步兵和一支急救队向法军火力线前方的德军伤员走了过去。

　　表面上看，法国人是想撤走我们的伤员。但在走到伤员身边的一刻，他们居然向毫无抵抗能力的伤员开枪。这种恶劣行径惹怒了我们，报复性的火力立刻爆发。为了拯救我们的战友，我们必须直接攻击这片树林。当天下午我们就展开了行动。

　　时间到了下午，炊事班来到我们阵地以北半英里的一块低地。尽管敌军的枪炮很活跃，但炊事班还是把饭菜送到了前线部队手里。

　　下午3点，我到了蒙特布莱恩维尔西北一英里左右、位于180高地附近的团指挥所。我听取了情况汇报，接受了团里给二营下达的命令。蒙特布莱恩维尔–塞尔翁公路边发现大量敌军，他们隐蔽在布松森林的一片带刺铁丝网背后。五十一旅从我们右侧发动多次进攻均告失败。阿尔贡以东即我们左面，由一二四步兵团一营增援的一二二步兵团一营通过蒙特布莱恩维尔进攻小镇以南1100码的几座山，他们的进攻取得不错的进展。

　　黄昏时分，二营计划对蒙特布莱恩维尔–塞尔翁路边躲在铁丝网背后的敌军发动进攻，从侧面将其逼退到西面。这项任务不复杂，但难度不小。

　　从团部回来的路上，我认真观察周围的地形，思考发动进攻的最好办法。从我们目前所处的位置向蒙特布莱恩维尔–塞尔翁公路冲锋不是个好办法，因为那样很容易被敌人发现，对方势必会从树林攻击我们的侧面，我们在抵达公路前就会遭受重大伤亡。再者，我们也到不了法国人的侧翼。

　　在传达团部的命令后，我向营长提出如下建议：我们首先撤离蒙特布莱恩维尔以西一英里的山头阵地，让全营在山的北坡集合，因为那里有一些掩蔽物；接着我们以纵深队形沿着河谷向上推进到当前阵地的东面，占领蒙特布莱恩维尔以西700码的小树林。（见图8）

　　这片小树林不久前刚刚被我们的炮兵轰炸过。各种迹象都表明，树林里没有人。从地形上看，我们可以在不被敌人发现的情况下完成机动。

　　进入树林之后，我们营可以部署到西侧，准备对公路以南阿尔贡东侧的敌军发动攻击。这样一次攻击可以打击到沿着蒙特布莱恩维尔–塞尔翁公路驻守的敌军的侧翼。如果动作够快的话，我们可以在黄昏时分发起进攻。

　　营长采纳了我的提议。我们采取一次往回走一个人的办法，一个排接一个排地离开了南坡的阵地。有几个人被密集的步枪火力击伤，但伤势不重。

很快，整个营就集合到了北坡。敌人继续向空荡荡的阵地射击，而我们已经开始在营部的人带领下呈纵队向蒙特布莱恩维尔以西700码的小树林进发。法国人没有意识到我们已经离开，他们继续向空空如也的阵地开火。

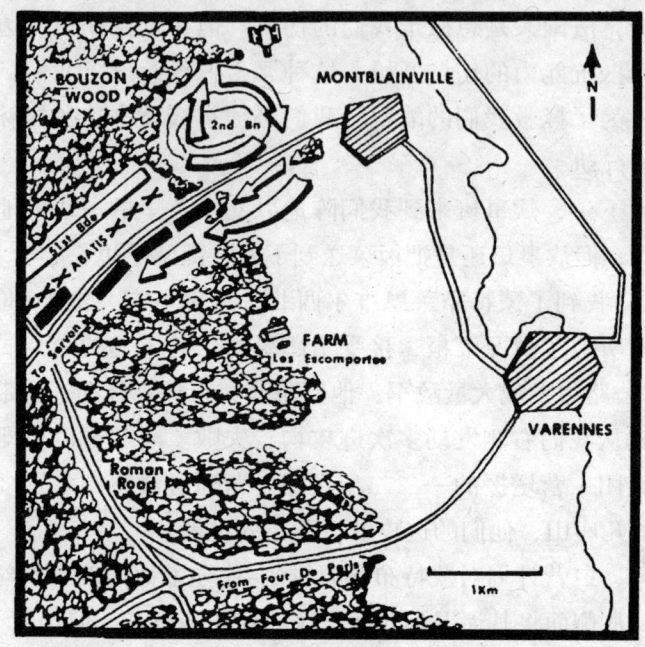

图8　在蒙特布莱恩维尔以西从正面向侧面机动

　　在敌人毫无察觉的情况下，我们到了小树林。树林北侧有一条不深的步枪战壕，我们在里面找到一些装备，包括背包、水壶和步枪。之前在这里的人可能是因为遭到德军炮火轰炸在下午离开了。我们向西部署兵力，准备对树林边缘的敌军发动进攻。敌人似乎没有意识到我们的存在，至少那个方向没有人袭击我们。

　　我们的目的地是1/4营里以外的一个斜坡。在公路以南600码的地方，我们找到一条通向斜坡的路。这条路状况不错，而且掩蔽得好。五连沿着河谷上来，走到离树林边缘100码的地方；与此同时，七连和八连在公路和河谷之间集合；六连充当全营的后备军。营部的人跟五连在一起。各个连都接到了命令，我们的计划是包围公路沿线的敌人。我们的战斗序列向左呈梯形分布。（见图9）

　　当萨尔茨曼少校发出进攻信号的时候，天色已经很暗了。一路上我们都很安静。五连的先头部队很快就到了森林边，七连和八连离树林边缘约300码。四周看不到敌人的身影，看来他们的注意力还放在我们原先在公路以北的阵地上。

五连和营部的人穿过灌木丛继续前进，很快他们就消失在了树林中间。

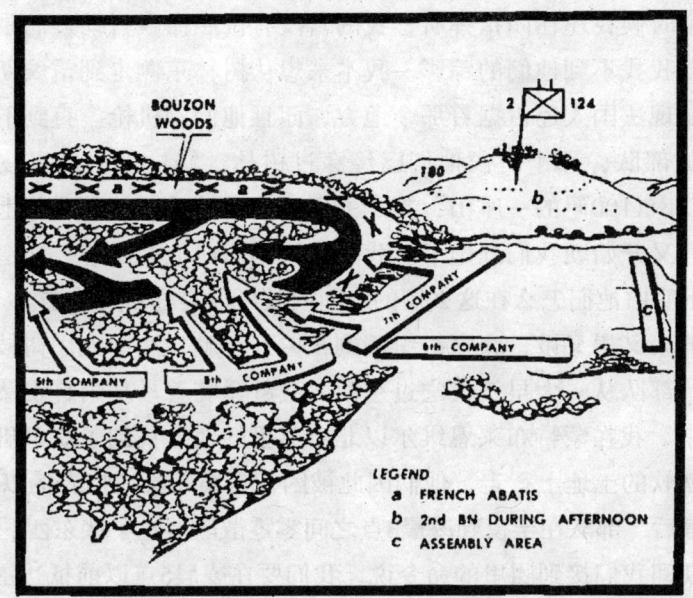

图9　沿着蒙特布莱恩维尔–塞尔翁公路的侧面进攻南面视角

突然之间，七连在公路边上遭遇敌人，双方在100码甚至更短的距离内爆发了短暂的枪战。五连和营部的人迅速转向右边，八连和七连的左翼半面向右转。随着暗示冲锋的一声大吼，我们整个营一齐向敌人扑过去。

法军前方的带刺铁丝网没有发挥任何作用，我们从侧面和后方发动的进攻把敌人打了个出其不意，守卫铁丝网的人和后备军瞬间乱了阵脚。没有倒在子弹、刺刀或步枪托下的人拼了命地向西逃窜。为了给下午倒在敌人枪口下的伤员全力复仇，我们对敌军的屠杀直到天黑才算结束。最终我们俘获50名敌军，缴获几挺机枪和10架火炮前车，还享用了一顿篝火煮好的晚餐。不过我们自己也有损失：帕雷特中尉和3名士兵阵亡；1名军官和10名士兵负伤。

我们的进攻还产生了一些附带作用。敌军右翼的恐慌感染了法军整个旅，他们匆忙逃离铁丝网背后一个非常坚固的阵地。到了晚上，我们的五十一符腾堡作战旅在蒙特布莱恩维尔–塞尔翁公路和罗曼公路交叉口附近抓获了一些掉队的法军（见图8）。

我们营就地露营。在这个凉飕飕的9月夜晚，我们没有稻草，只有外套裹在身上，湿冷的地面冻得刺骨。不过我们的马倒是美美地吃了一顿燕麦。

9月23日清晨，我跟哈斯上校一起外出侦察，一路走到了老的罗曼路。此后二营接到命令，全营沿着阿尔贡森林东侧向南转移到雷埃斯康波特农场。但这个时候我还在团指挥所，我的营没有按照命令行动，而是穿过树林走了，所以我找不到他们的踪影。我本来想从树林东侧走到雷埃斯康波特农场，结果发现法国人还占据着那个地方，而且他们有机枪。直到下午我才找到我们营的部队，那个时候他们已经穿过树林，绕过雷埃斯康波特农场，抵达农场以南1100码的一座山，赶走了那里的前哨兵。等到我赶上他们的时候，法国人又开始朝我们开炮了。我一直搞不明白他们是怎么知道我们的方位的，也不明白他们怎么在这么短的时间内就可以实施精确打击。

我们的人又累又饿，大家纷纷躺倒在树下，躺在法国人用树枝临时搭建的棚子下。部队从一大早就没吃过东西，我赶紧骑着马从阿普雷蒙附近把炊事班带过来。我在蒙特布莱恩维尔以北半英里的地方找到了炊事班，原来马匹难以在松软的土地上行走，他们因此被困在雷埃斯康波特农场以东1/4英里的地方。最后，部队在半夜到凌晨3点之间零零散散地吃了些东西。

在此期间我们接到团里的命令说，我们要在凌晨5点以前抵达雷埃斯康波特农场。也就是说，我们没睡多久就得出发。

评注：夜间跟前线的守卫营换防的时候一定要有人带路。换防期间必须保持安静，否则敌人可能会破坏行动，造成不必要的伤亡。

二营在天亮以前再次发挥铁锹的作用，敌人的炮火没有造成多少伤亡。

战斗侦察——就像9月22日上午那样，这种类型的侦察最好要有强大的火力支援，以此避免人员伤亡。在某些情况下还应该带上一挺轻机枪。

9月22日白天，二营在敌军离我们只有600码的情况下成功从前坡上的阵地撤离，其间几乎没有出现人员伤亡。我们的人是一个一个撤离的。在我看来，此类机动在今天也是可以做到的，当然了，前提是要用炮火和重型步兵武器压制敌人。另外，使用烟幕弹也会使此类转移更容易。

二营在夜间攻击隐蔽在战壕里的敌军的侧翼和后方，行动取得巨大成功，而且我们的伤亡人数很少。由于占据地形优势，我们在进攻的时候让左边一个连拉开距离。这么布阵是正确的，因为当我们联系上彼此的时候，我们就可以让右翼转向。恐慌心理在敌军内部传播，我们因此得以拿下整个阵地。

9月23-24日夜间的情况充分表明，在运动战期间实施定额供给是很困难的。

罗曼路沿线的林间战斗

　　按照团部命令的要求，二营在9月24日清晨5点抵达雷埃斯康波特农场。我们停下脚步休整一番。在一间昏暗的农场小屋里，哈斯上校命令萨尔茨曼那个营穿过树林抢占富尔德巴黎–瓦伦内公路和老罗曼路的交叉口。（见图10）

　　新的任务令人期待，我们因此忘记了疲倦，我甚至忘了自己那难受的胃。

　　我们营出发的时候，太阳像火球一般出现在晨雾里。利用罗盘保持方向，我们艰难穿过又深又密的矮灌木走向交叉口。我徒步走在一列士兵前面，时不时绕过无法穿越的草木。过去几年的和平时期，一二四步兵团的底层军官们接受过很多夜间使用罗盘的训练。如今，这类训练正在发挥作用。

　　我们用了一个小时到达老罗曼路上距离目的地约2/3英里的一个点，接着在惯常的行军警戒下往南行走。营部的人骑着马跟在先头部队后面。

　　在几条林间小路的交叉口，我们在一间破旧的棚屋附近发现一个身受重伤的法国人。因为冷和焦虑，他身子发抖、表情痛苦。据他所说，他被撤退的战友落在后面，从蒙特布莱恩维尔那场战斗开始就一直躺在那个地方。我们的卫生员走过去给他治疗伤口。

　　从富尔德巴黎–瓦伦内公路回来的骑兵侦察队报告说，敌军在公路沿线的壕沟里驻守。这下我们可要小心了。在警戒人员的带领下，五连和六连从不同的路线向公路进发。路旁的大树清晰可见，但地上的矮灌木仍然很浓密。营长和七连、八连一起留在棚屋附近，我继续带着六连的尖兵前进。路边躺着几个死去的法国人。突然，我们听见前面有马匹快速靠近的声音。他们是敌是友？这条路两边长满了树木，能见度最多就是80码。尖兵队立刻跳到路两边的灌木丛里。只见一群没人骑的马跑过来，见到我们的时候停顿了一下，接着向右跑了。

　　此后六连顺利抵达大路。左侧的五连同敌人发生小规模交火。

　　我骑马返回营部报告情况。与此同时，五连报告说，他们在棚屋以南500码左右的地方与一道铁丝网背后的敌人交火。五连因此停止推进，急需支援。没过多久，两名身负重伤的五连军官被带了回来。五连附近的枪声更加越来越密集，六连周围也传出枪声。子弹呼啸着穿过树林，我们不知道附近是不是有狙击手。（见图10）

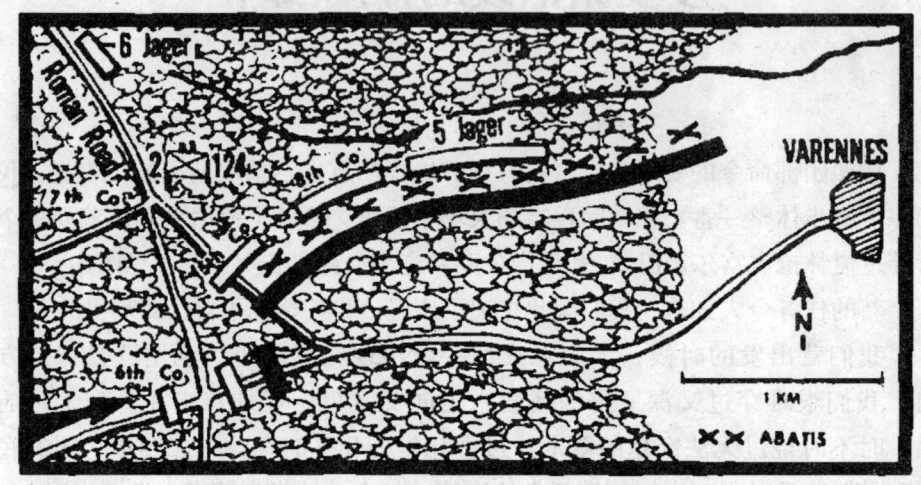

图10　1914年9月24日在罗曼路沿线树林里的战斗

萨尔茨曼少校把八连安排在五连左侧。两个连将同时发动进攻，争取把敌军赶到富尔德巴黎–瓦伦内公路对面。

八连刚刚离开，第五、第六步兵营的先头部队就到了棚屋附近。我们从他们口中得知，他们的任务和我们是一样的。经过短暂思考，萨尔茨曼少校把第五步兵营部署在五连和八连左侧，让步兵营帮助我们的两个连把敌人赶回公路对面。

但这次进攻不到45分钟就戛然而止。很多伤员报告说，铁丝网背后有大量敌军，而且他们装备了很多机枪。

正在这个时候，身负轻伤的六连的康特·冯·兰巴尔迪上尉回来汇报说，他的部队遭到法国一个连的抵抗，对方处在他目前所在位置以东约200码的富尔德巴黎–瓦伦内公路上。他还说，他的部队西面树林里的敌人还没有被清除。我到六连所在的位置察看情况，从六连带了很多侦察员向富尔德巴黎–瓦伦内公路以南推进，在六连坚守的阵地东面60码的地方遭遇敌军。经过此次侦察，我认为我们面对的只是敌军一支较强的前哨部队。

回到营部之后，我建议我们沿着公路两边发起进攻去占领瓦伦内：六连在公路上径直推进，七连和第六步兵营分居公路两侧。因为敌军目前正在阻截我们的其他部队，这么做可以起到从侧面攻击敌人的效果。

我们还没采取任何行动，团里就命令我们清理瓦伦内公路。第五和第六步兵营将与二营协同作战，一起完成这项任务。这个时候六连报告说，法军呈闭合纵队从富尔德巴黎的方向靠过来；所以我们必须立即解决东面的问题。

我们以最快速度做好进攻准备。第六步兵营将向公路以南推进，其左翼放在路面；七连部署在公路北侧；六连多派些人在富尔德巴黎公路负责警戒，其他人从七连左侧发动进攻。

所有人准备就绪的时候，各支部队开始向前进攻。营部的人紧跟着七连。我们刚走了100码就被敌军强大的火力压制在地上。由于周围草木茂盛，我们的能见度超不过25码，更看不到敌人的身影。我们一面开火，一面利用短距离冲锋向隐蔽的敌人推进。步枪的声音震耳欲聋，我们无法判断双方之间的距离。敌军的火力越来越猛烈，我们的进攻被迫停止。

为了让七连继续推进，我和萨尔茨曼少校赶到前线。我从一名伤员那里拿了一支步枪和一些子弹，开始指挥几个班的兵力。在那种林地里是不可能掌控更大规模的部队的。我们几次穿过灌木丛冲向敌人，本以为对方就在离我们很近的地方，但我们一直没有真正接近他们，对方的快速射击三番五次迫使我们就地卧倒。周围不断传来呼救声，我们的伤亡人数在增加。

在敌军火力的压制下，我们有些人卧倒在地，有些人躲在橡树背后。一旦敌军火力稍有衰减，我们就努力向前推进。但部队向前推进的难度越来越大，速度也很慢。从附近的枪声来看，两边的友军大致与我们并列。

我们再次向前方的敌人冲锋，我原先带过的一些兵也跟着我过来。敌军再次疯狂射击。后来，我看到离我们只有20步的地方有5个法国人在站着开枪。我迅速架好枪射击，一前一后两个法国人应声倒地。但我还要面对3个敌人，而我的人好像在后面寻找隐蔽的地方，他们帮不上忙。我再次扣动扳机，但枪没响。我赶紧打开弹夹，发现里面空空如也。敌人距离太近，容不得我装填子弹，附近也没有任何可以用来掩蔽的地方。试图逃跑是没有用的，刺刀是我仅有的希望。平时训练的时候我就很热衷刺刀搏斗，这方面我很擅长。即便是以一敌三，我也对刺刀和自己的能力十分自信。我往前冲的时候，敌人开枪击中了我。我一头栽倒在地上，蜷缩在离敌人只有几步远的地方。子弹从侧面射进我的左大腿，鲜血从拳头大的伤口喷射出来。此时的我已是任人宰割，等候敌人随时给我一枪或一刺刀。我一边用手握住伤口，一边向一棵橡树背后翻滚过去。我在敌我两条战线之间躺了很长时间，直到我的人最终突破丛林将敌人逼退。

一等兵劳希和列兵鲁奇曼过来照顾我。他们把外套腰带当作绷带给我包扎伤口，用帐篷把我抬回到棚屋里。

从前方传来的消息说，敌军已经撤离铁丝网离开了树林，只留下200名战俘。我们的伤亡情况很严重：30人牺牲，其中包括2名军官；8人负伤，包括二营的4名军官。就像后来我们团的历史报告当中所写的那样，这是二营在3天时间里第三次出名了。

离开这些勇敢的人让人难过。太阳落山的时候，两名士兵用两根棍子和帐篷制作的简易担架抬着我回到蒙特布莱恩维尔。我没觉得怎么疼，但因失血过多出现昏迷。

我在蒙特布莱恩维尔的一个谷仓醒过来的时候，二营的军医施尼策正在给我处理伤口，是汉勒把他带过来给我治疗的。伤口重新包扎好之后，我被抬上一辆救护车，同车的有3名负伤呻吟的战友。我们都要被送到野战医院。马车在千疮百孔的路上跑着；因为颠簸我的伤口剧烈疼痛。我们在午夜时分到达医院的时候，我身旁的一个人已经死了。

野战医院人满为患，路上躺满了裹着毯子的人，两名医生忙得不可开交。他们给我做复查，然后把我安置在一间屋子里铺着稻草的地上。

天亮的时候，一辆救护车把我送到位于斯特内的后方医院。几天之后，我被授予二级铁十字勋章。在接受手术之后，我于10月中旬乘坐一辆陆军方面的私人轿车回到了家。

评注：富尔德巴黎-瓦伦内公路沿线的敌人极大地增加了二营完成任务的难度。最终有3个营的兵力参与到林地里的战斗，而且是在遭受重大伤亡的情况下才把敌军从茂密的森林里赶走。

伤亡人数从一开始就很多，其中有3名军官牺牲。我们不知道法国人是不是在树上安排了狙击手，因为我们既没有发现也没有击倒狙击手。

由于伤亡人数众多，我们很难带领部队向前冲。在林间作战时，指挥官的身先士卒只有在离他最近的士兵中才发挥作用。

在一对一的战斗中，子弹多一发的一方会获胜。

第二章

阿尔贡战役（1915）

夏洛特山谷的连队阵地

圣诞节前不久我出院了，但我的伤口尚未愈合，走起路来还有些一瘸一拐。我不愿意在其他营服役，所以就回到了我的部队。

1915年1月中旬，我在阿尔贡西部加入了团里的部队。从比纳维尔到团指挥所的路坑坑洼洼，可见阿尔贡森林里的情况也好不到哪儿去。当时九连没有连长，我就担任他们的指挥官。团指挥所门前有一段半英里长的小路，为了方便行走，上面铺着一些木板。冬日的林地里偶尔会有步枪子弹飞过，间或还会有炮弹从头顶呼啸而过。为了免受袭击，我不得不跳进很深的、相互交叉的黏土壕沟。等我到了九连的指挥所，我身上的军装已经看不出休假回来的痕迹。

我接手的九连大约有200名留着胡子的战士，他们驻守在一段440码的前线上。我刚到指挥所，法国人就用一阵密集的高速炮弹对我表示欢迎。我们的阵地有一段连贯的战壕，上面用很多胸墙予以加固，几条相互交叉的壕沟通向后方。由于缺乏带刺铁丝网，阵地前方没有树立障碍物。总的来说，阵地的情况有些糟糕，地表的水流进壕沟，有的地方因此只有3英尺甚至更浅。能容纳8到10个人的防空壕都是一样浅，顶部向外突出，很容易被敌军看到。防空壕顶端只铺了两层很薄的木板，最多只能抵挡弹片的袭击。我刚来连队才一个小时就有一枚炮弹落在一个防空壕上，造成9个人重伤。所以我下达的第一道命令就是，每当敌军炮弹打过来的时候，所有人都要离开防空壕躲到壕沟里去。我还下命令说，防空壕的顶棚必须加固，至少可以抵御野战炮兵的攻击。天黑的时候，加固的工作开始了。我们阵地附近有几棵橡树对我们的安全造成威胁，它们会把弹片反弹到战壕里，所以我命人砍倒了其中几棵。

重新指挥作战让我精神为之一振，我很快就找到了原来的感觉。对一名23岁的军官来说，没有比连长更好的职位了。赢得士兵的信任是对指挥官非常高的要求，他必须谨慎从事，照顾好自己的人，与他们共患难——尤其重要的是，要以身作则做好自律。不过一旦他赢得手下人的信任，他的人就会跟着他赴汤蹈火。

每天都有做不完的事。我们没有木板、钉子、钳子、油毡、铁丝和工具。连部的防空壕由我和一名排长共用,这里有4尺半高,里面放着一张桌子和一张用铁丝和绳子绑着山毛榉树枝做成的简易床。墙壁就是土坯,经常漏水。屋顶由两层橡树枝和一层薄薄的泥做成,雨天也会漏水。我们每隔4个小时就得往外舀一次水,否则就会被淹。我们只在晚上生火。在潮湿的冬季,我们一直都在受冻。

我们无法看清对面敌军阵地的情况,因为前面的灌木很浓密。法国人的情况比我们好,他们没必要砍树获取木材,因为他们可以得到所有必要的物资。他们隐蔽在茂密的树林里,而且我们又缺少炮弹,所以我们利用炮火骚扰他们的能力很有限。敌军阵地位于小山谷的另一侧,离我们有300码左右。为了阻碍我们加固阵地,敌军不断用轻武器骚扰我们。不过,虽然这种骚扰令人恼火,但我们更讨厌的是高速炸弹,因为后者从发射到爆炸之间的时间间隔很短。不管你是谁,只要察觉有这种炮弹飞过来,那就必须立刻卧倒,否则就可能被弹片击中。

1915年1月下旬,雨天和雪天交替出现。1月23日至26日,我们连在离前线500英尺左右的地方充当后备军。这个地方的防空壕更加糟糕,敌军的炮火更加密集,每天的伤亡人数跟前线差不多。我们连负责的是后勤工作,就是搬运物资,挖掘防空壕,提升交叉战壕的质量和给人行道铺设木板。当我们再次受命向前推进的时候,大家都很高兴。部队士气高涨,所有官兵都愿意为了保卫祖国和获得最终胜利克服任何困难。

1月27日,我和两名士兵出去侦察情况。我们沿着连队阵地左侧的一条战壕向上走,前面就是敌军所在的方向。这条壕沟所在的阵地原本是属于法国人的,但在1914年12月31日被我方占领。在清除壕沟里的一些障碍物之后,我们小心谨慎地往前走。走了40码左右,我们看到一些法国人的尸体,这些人应该是在两条前线之间死亡的,所以一直没有被掩埋。壕沟左侧是一块小小的墓地;离我们所在的位置几百码的一端有一个被遗弃的救护所。救护所处在各条壕沟当中最深的洼地,这里挖得规整,掩蔽性好,可以容纳20个人。尽管敌军一直向我们的阵地发射炮弹,但我们在侦察途中始终没有看到敌人的踪迹。从炮火声判断,敌军应该在大约500码外的山谷另一侧。我决定把防空壕变成一个前沿据点,当天下午我们就动手开干。在这个方位我们甚至可以听到路对面的法国人说话。我不想派出侦察员去观察情况,因为他们通过茂密的灌木丛时很容易被敌人发现,在得到任何有价值的情报之前就会被射杀。

1915年1月29日的进攻

为了在阿尔贡阻止尽可能多的敌军，上级命令在1915年1月29日这一天发动旨在分散敌人注意力的小规模进攻。二十七师的几个团全部参与这次行动。之前我们发现的一口法国矿井发生爆炸之后，我们团将在二营所在位置的右侧发动一次大规模攻击。在展开攻击的过程中，我们的炮兵将开火阻止分居左右两侧的九连和十连前方三营阵地方向的敌人。为了完成这项任务，上级派来了四十九野战炮兵团的一个榴弹炮连。1月27日和28日，这个连的兵力悉数到位。十连在行动期间必须撤离其阵地，九连不必向前推进但要阻止敌人从侧面逃走。

1月29日清晨很冷，地面都冻住了。行动刚开始的时候，我带了3个步枪班前往我们那个新的据点。我们比大部队的阵地超前100码，可以听到本方的炮弹从头顶飞过，有的击中树木，有的落在我们后面。接着炮弹炸到矿井，土、砖和石头散落了一地。手榴弹在右侧爆炸，爆炸之后是一阵密集的轻武器射击。一个法国人独自跑向我们的阵地，结果被击毙了。

几分钟后，三营的副官过来报告说，右翼的攻击进展顺利，还说营长想知道九连是否愿意加入进来。我们当然愿意了！只要能摆脱这些壕沟，我们什么都愿意干。

但我发现我没法让九连以战斗序列离开那些战壕，因为我们处在敌军大炮和机枪的射程范围内。只要我们有什么动作，敌人安排在树上的观察员就会立刻报告。为了避免出现这种情况，我让我的人沿着右侧一条壕沟爬向前线。他们到达壕沟终点后就紧靠左侧；大约15分钟之后，全连将士就集中在阵地前方100码的地方。这里是一个斜坡，斜坡下方就是敌军。我们小心爬着穿过灌木丛，一步步向敌人靠近。但没等我们走到山谷，敌军就用步枪和机枪阻止了我们。四周没有任何掩蔽物，我们可以听到子弹打进冻土的声音。我有几个人躲在前面的几棵橡树背后。我用望远镜都无法确定敌军的方位。我心里清楚，留在原地将给我们造成重大伤亡，因为敌军虽然射击精度不高，但他们火力十分密集。我绞尽脑汁想找到一个逃离当前困境但伤亡不多的办法。就是在这样的时刻，士兵的生死存亡极大地考验着指挥官的良心。

我决定冲向前方60码的山谷，因为那里的掩体比我们目前的位置多。传令兵离我很近，我刚下达命令，他就吹响了冲锋号。

尽管敌军向我们持续开火，但九连的将士们一跃而起，高喊着向前冲锋。我们冲过山谷，逼近法国人的铁丝网，敌军见到我们就匆忙逃窜，丢弃了他们坚固的阵地。红色的裤子在灌木丛中间忽闪忽闪，蓝色的外套下摆随风飘扬。我们完全不顾敌人遗弃的战利品，继续向前追击。我们紧跟敌人的脚步，闯过两道坚固的铁丝网防线，但每次我们接近铁丝网的时候，敌人就已经逃之夭夭。我们在这个过程中没有出现任何伤亡，可见对方已经完全放弃抵抗。（见图11）

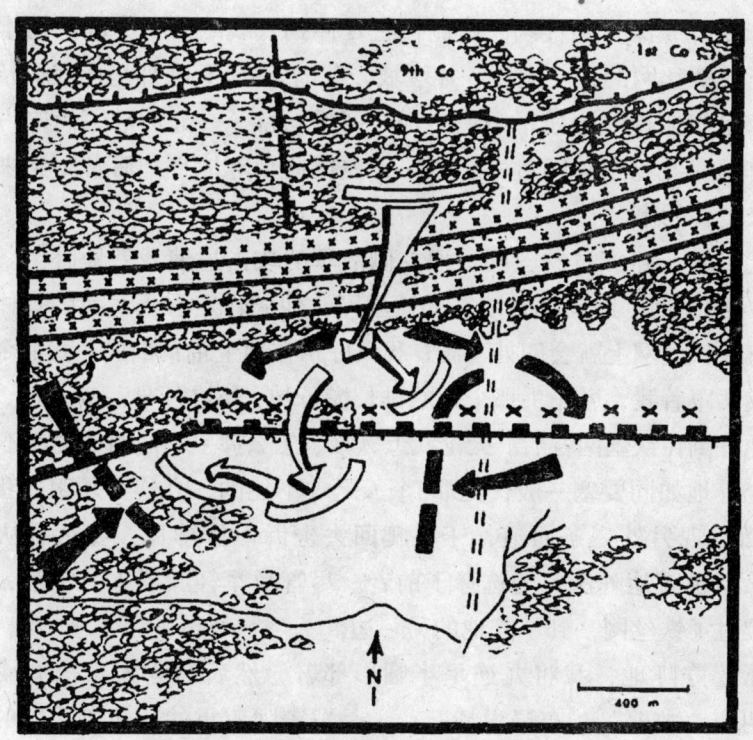

图11　1915年1月29日，进攻"中枢"阵地

我们越过一个高地之后，前面的树林逐渐变得稀疏。我们可以看到大量的敌人在眼前疯狂逃窜，所以我们一面紧追不舍，一面开枪射击。我们连的一部分人去清查防空壕，其余的人一直追击到方丹–欧–夏梅以西600码的树林

边缘。此时我们已经处在最初的阵地以南半英里的地方，这里的地形又是一路下坡，逃窜的敌人很快就消失在了下面的灌木丛里。我们已经与两翼和后方的友军失去联系，而在我们两侧都传来激烈的枪战声。我集合全连人马，部署大家占据方丹-欧-夏梅以西的树林边缘，然后想办法联络附近的友军。这时一名士兵从防空壕里拿出了几件女人穿的衣服，引起大家一阵哄笑。

有个后备连来到我们这边，我让他们去联络友军，我带着九连朝西南方向下山，穿过一片树木稀少的灌木丛。我的部队呈纵队前进，前面安排了强大的警戒兵力。刚才我们经过山谷的时候，左侧猛烈的敌军火力迫使我们卧倒隐蔽，但现在却看不见敌人的踪影。为了保持部队的冲击力，我们向西绕过敌军的火力线，然后穿过开阔的树林重新向南走去。

在这片树林的上端，我们突然看到一片铁丝网。铁丝网的覆盖面之广我们见所未见，纵深有几百码，两侧一直延伸到视线之外，中间的树木被法国人砍光了。铁丝网的另一端是一片缓坡，我的3名士兵在那里向我们招手——其中一人是我们这些志愿军中最年轻的列兵马特——显然敌军尚未占领这个坚固的阵地。我脑子里闪过一个念头：占据这个阵地直到后备军到来是一件既值得又重要的事。

我想沿着小路穿过铁丝网，但左侧敌军的攻击迫使我就地卧倒。敌人离我将近1/4英里远，四周都是浓密的铁丝网，他们肯定看不清我的具体位置，但子弹打在铁丝网上就会四处飞溅，我只好趴在地上匍匐前进。我命令整个连以一列纵队跟着我，可先头那个排的排长慌了神，待在原地一动不动，其他人都效仿他卧倒在铁丝网背后。无论我怎么喊、怎么挥手，他们都视而不见。

这个阵地如同要塞一般，光靠3个人是守不住的，九连必须跟着我过来。我在西面发现另外一条通道，于是爬回去告诉一排排长：要么服从我的命令，要么就被就地阵法。他选择了前者。尽管敌军轻武器火力密集，我们所有人都爬过了铁丝网，到了阵地的另一边。

为了稳守阵地，我将九连呈半圆形部署，然后命令大家挖掘战壕。这个阵地叫作"中枢"，布局设计新颖，是覆盖阿尔贡的总防御系统的组成部分。这个防御系统还包含很多间隔60码左右的坚固碉堡，法国人在里面设置机枪，可以对周围的铁丝网区域进行侧面和正面攻击。碉堡之间都砌着很高的胸墙，安置在战壕内踏台上的枪可以打击到铁丝网的任何一个点。胸墙与铁丝网之间隔着一道15英尺宽的壕沟，壕沟里装满了水，水在这个季节冻成了冰。墙壁背后是一个个很深的防空壕，离墙11码远的距离有一条小路。由于胸墙很高，这条小路上行驶的车辆很难被外面的人看到。

我们遭到来自左侧的猛烈的轻武器火力袭击，但右侧的设施似乎没人。早上9点左右，我派人给营部送了一个纸条，上面写着：

"九连占领了法国人的一个防御工事，地点位于我们进攻出发线以南一英里处。我们镇守跨越树林的一段阵地，请求尽快支援并补充机枪子弹和手榴弹。"

官兵们正用他们的铁锹挖掘脚下的冻土，但只有使用镐和鹤嘴锄才挖出一些名堂，只可惜我们没有多少镐和鹤嘴锄。我们挖了30分钟左右就听到左侧的前哨报告说，敌人正以封闭纵队序列穿越600码以外的铁丝网。我命令一个排开火，有些敌军匆忙隐蔽，但北面的敌军继续向东走，好像走到了防御工事背后那条掩蔽得很好的小路，因为我们才开火不久就受到那个方向的火力攻击。

挖壕沟的努力没有什么成效，我只好重新找个地方安置九连。我在右侧200码远的地方发现敌军阵地有一个弧形地带，如果我们想要在敌人的防御工事里保留一个桥头堡，那个弧形地带就是最好的藏身之地。于是将士们就突进到这个新的阵地，用散落在地上的树干搭建起临时的防线。我们利用这道防线向右侧的敌军猛烈开火，把他们逼停在300码外。敌军决定在那个位置固守，此后他们的火力逐渐减退，直至最终停止。

我们的桥头堡包含4个碉堡，部队呈半圆形分布，其中一个50人的排隐蔽在铁丝网和阵地之间充当后备军。这里也有一条之字形的路穿过铁丝网内的场地。时间一分一秒地过去，我们开始担心弹药和后勤补给。就在此时，来自右翼的报告说，又有很多法国人从距离我们50码左右的地方穿过铁丝网撤退。排长想知道是否应该开火。除此以外我们还能怎么做呢？我们眼看要陷入一片混战，让法国人毫发无伤地开始战斗显然对我们不利。如果我们一起开火，法国人就会转向西侧，借助下一个通道进入阵地。他们也有可能会跨过我们的通信线路来包围我们。我没再多想就开枪了。（见图12）

我们从法国人高高的胸墙上向附近的敌人快速射击，一场艰苦的战斗开始了。法国人作战很英勇，新来的敌军大约有一个营，他们大部分人向西越过350码外的铁丝网，拉开战线向我们扑来。九连周围的铁丝网只有一条小路是出口，但就是这条小路也被敌军东西两边的火力所覆盖。在右侧，我们猛烈的火力把敌人压制在地面，但左侧的敌人在一步一步向我们逼近。我们的弹药不多了，就连后备那个排的大部分装备也被我拿了过来。为了节约子弹，我开始放缓射击速度，但西面的敌人还在缓缓逼近。如果子弹用完了我该怎么办？我还在等待营里的支援，每一分钟时间都显得极其漫长。

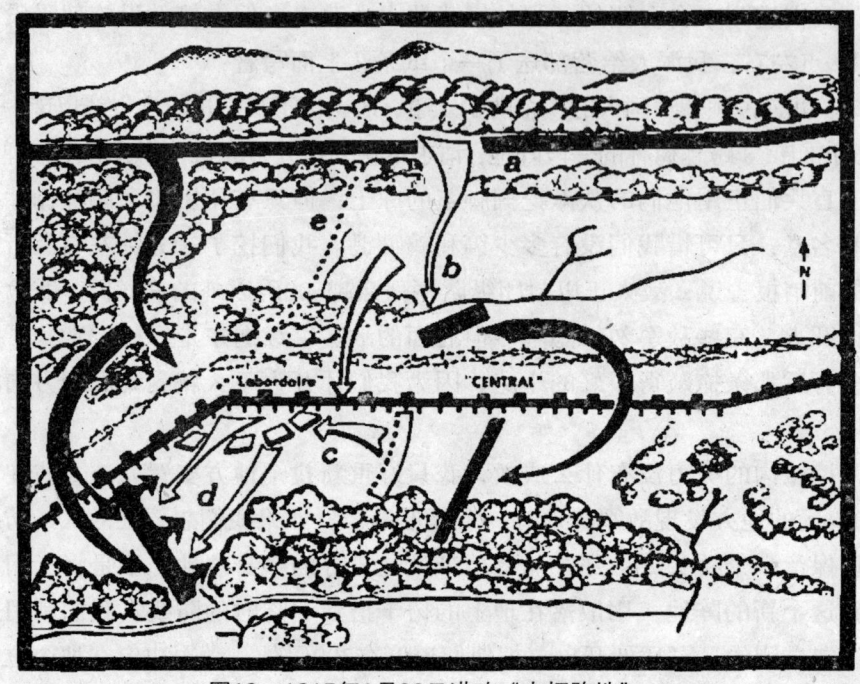

图12　1915年1月29日进攻"中枢阵地"

南面视角：（a）法国人的第三个阵地。（b）九连利用突破的机会尽可能渗透"中枢"阵地。（c）九连占领"中枢"和"拉博戴尔"阵地。（d）战斗停止前的进攻。（e）撤退路线。

最远端的碉堡周围爆发了激烈的战斗，我们用最后几枚手榴弹加以防御。但就在几分钟后，时间大约在10点半，法国人的一个突击队成功占领了那个碉堡，在碉堡的射击孔架起步枪和机枪向我们后方开火。在我得知这个情况的同时，一名传令兵给我送来营里的命令："营部挖掘战壕驻守在北面半英里的地方，隆美尔的连队撤退，因为没法提供支援。"这时前线的战士再次要求补充弹药，我们手头的子弹只够用10分钟了。

现在必须要做决定了！我们是否应该脱身沿着铁丝网中间的小路跑回去，即便面临猛烈的交叉火力也在所不惜？这么做至少会造成50%的伤亡。另一个选择是用完所有的子弹然后投降。我还想到了最后一招：主动攻击敌人将其打散，然后撤退。这是我们可以自救的唯一一个办法。敌军在数量上当然很占优势，但目前为止法国步兵无法抵挡我方的步兵。如果西面的敌军被逼退，我们就有机会穿越障碍，到时候只需防范东面距离更远的敌人。速度是成功的关键，我们必须在受到攻击的敌人反应过来之前逃之夭夭。

我立刻传达了发动进攻的命令。每个人都知道情况的严重性，大家都决心放手一搏。作为后备军的那个排转向右侧，夺回了刚刚失去的碉堡，还把整条战线向前推进。敌人四散逃窜。在法军向西边跑的时候，我们脱身的机会来了。我们快速向东移动，呈一列纵队飞快穿越铁丝网。东面的敌人向我们开火，但要打中300码外的移动目标不是容易的事。不过对方还是打倒了我们的一些人。等西面的敌人回过神来展开反扑的时候，我手下大部分人都到了铁丝网安全的一侧。除了5名重伤员被留下之外，九连此后平安无事地抵达营部阵地。

我们营驻守在被法国人攻占的三块阵地南侧茂密的树林里，九连被安排在左翼。一营遇到一些麻烦，他们与我们的左翼失去了联络，但我们借助通信兵的帮助跟他们的右翼联系上了。我们连在离树林边几百码的地方扎营，但在冻土上挖战壕可不是什么好玩的事。

目前为止，法国人的炮火一直对准我们之前驻扎的阵地和后方的区域。可能是对方步兵和炮兵之间信息不通畅的缘故，我们在发动进攻的时候也没有遭到炮击。但现在敌人反应过来了，他们对我们发起大规模的报复性打击，我们挖掘战壕的工作屡屡被打断。我把上午的行动详细地写在报文纸上，还在上面画草图标示了"中枢"阵地和拉博戴尔阵地的情况。

1月29日傍晚，在一阵猛烈的炮击过后，敌军开始发动反攻。大批的生力军冲过灌木丛，在冲锋号和大声命令的催促下向我们扑来，我们立刻用轻武器予以回击。他们有的倒下了，有的就地寻找掩体，有的开枪还击。时不时会有一些人企图靠近我们，但他们每次努力都白费！我们的防御性火力击倒了大批敌人，他们的攻势逐渐衰减，大量的伤亡人员出现在我们的战线附近。在夜幕的掩盖下，法国人退回到100码外的树林边挖掘战壕。

步兵的火力渐渐平息，我们也开始挖战壕，因为我们自己的战壕才有20英寸深。但在我们加深战壕之前，法军的炮击又开始了。他们发射的是美国制造的钢质外壳炮弹，这些炮弹在周围爆炸，四处飞溅的弹片划过冬天的夜空，轻轻松松就劈倒很多大树。

敌人的炮火几乎连续不断地持续了一整夜，我们裹着大衣、帐篷和毯子躲在不深的战壕里瑟瑟发抖。每当一阵密集的炮弹袭来，我都能听到有人高高飞起来。一晚上我们就损失了12个人，这比整个进攻过程中的伤亡还要大。令人沮丧的是，我们还拿不到吃的东西。

天亮的时候，敌军的炮火开始衰减，我们开始加深阵地。但我们可用的时间不多。上午8点，敌军的炮击迫使我们放弃努力。炮击过后法国步兵发起强势攻击，但被我们轻松击退。敌军此后一系列的进攻也都遭遇相同的命运。到了下午，我们的战壕已经够深，我们不用再为炮击担心了。只是我们没有通向后方的战壕，所以一直等到天黑才吃上第一顿热饭。

评注：1915年1月29日的进攻彰显了德国步兵的优势。九连的进攻不是什么出人意料的事情，所以很难理解为什么法国人惊慌失措地丢弃了一个由铁丝、树木和机枪保护得很好的阵地。敌军预料到我们会发动进攻，所以他们想用遮断式火力阻止我们。但我们还是成功发起攻击，并且从处在包围之中的拉博戴尔阵地突围，这充分表明了我军强大的作战能力。

不幸的是，营里和团里都没能充分利用九连取得的胜果。由于3个营连成一条直线，我们没有充足的后备军。加上手头缺少武器弹药和手榴弹，我们在拉博戴尔的处境十分艰难。很多同时出现的因素让我们深陷困境：首先是敌军占领了最右侧的碉堡；接着是我们接到营里让我们撤退的命令；然后是我们缺少弹药；最后是我们的退路被敌军的火力覆盖。除了我们采取的那种方法以外，其他任何一种做法都会导致大量伤亡甚至是全军覆没。尤其需要指出的是，我们不能静等天黑，因为在11点之前我们就没子弹了。进攻东面较弱的敌军不会有什么效果，因为西面敌军的火力更强；如果向东进攻，我们就会给西面的敌军提供一个攻击我们后方的绝佳机会。我们从拉博戴尔的战斗中脱身一事证实了《野战条令》（Field Service Regulations）里的陈述："要想从战斗中脱身，主动发起攻击是最好的办法。"

我们发动进攻的准备工作做得有些仓促，没有携带较重的挖掘工具。由于脚下的土地冻得很结实，我们的轻型工具几乎毫无用处。所以说，即便是在进攻的时候，铁锹也和步枪一样重要。

在树林边的射程范围更理想，但我们的新阵地是在树林内侧100码的地方。我们不想让部队重蹈德芙伊树林那种覆辙，所以在付出重大代价的情况下仍然击退了法国步兵的几次攻势。

1月29-30日夜间，敌军炮火给我们造成极大伤亡，这是因为我军挖掘战壕的深度不够。

逼近 "中枢" 和巴加泰勒

我们的新阵地比老阵地理想。这里位置更高，地表的水不会影响到我们，而且这里的土也更好挖。我们在进攻中占据了一些13到20英尺深的防空壕和掩体，法军的炮弹对这些战壕构不成威胁。我和枪骑兵的一名军官（他和我一样是连长）同住在一个防空壕里，我们只有四肢着地才能爬进去。白天我们冻得够呛，因为我们不敢生火，即便是最纤细的一道烟雾都会招致法军猛烈的炮击。

我们每10天换防一次：前线、后备阵地和休整营地之间互换。虽然法军的炮火一天比一天猛烈，但因为阵地条件好，我们的伤亡人数很少。对方炮兵的弹药显然十分充足，我们的情况则相反，所以我方炮兵只是偶尔开炮。

我得到消息说，1月29日我们留下被对方当俘虏的5名重伤员的情况不错。几个星期之后，我因为那次战斗获得一级铁十字勋章。我是这个团第一个获此殊荣的中尉军官。

接下来的3个月，我们协同邻近的友军一起修正我们的战线。1月29日，右侧的一二〇步兵团比我们走得更远；左侧的一二三榴弹团向东面毗邻中枢阵地的西梅蒂尔推进。部队挖掘的坑道不断向前延伸，然后相互连接。我们的前线因此一步步逼近法国人，最终抵达对方主阵地前沿的铁丝网。

我们的挖掘工作受到火炮和迫击炮的干扰，后者还是第一次出现。很多士兵在坑道里被击中，连接通道和通向后方的通道、指挥所和弹药库时常遭到炮击。当我们连队返回休整营地的时候，大家都长舒了一口气，但这个时候我们往往要掩埋阵亡的战友。一段时间过后，换防次数逐渐减少，前线的伤亡人数则在增加，树林里安静的坟地扩大了许多。

从5月初开始，敌军用轻型和中型带尾翼迫击炮弹轰炸我们在"中枢"阵地最前沿的战壕。参加过阿尔贡战斗的官兵们对迫击炮弹发射的闷响声再熟悉不过了。尽管这种声音比战场上其他声音要小，但也足以将我们从沉睡中惊醒，催促我们以最快速度跑出防空壕。白天我们可以看到炮弹在空中呼啸而来，因此有充足的时间可以躲避。但到了晚上，最好的办法就是彻底避开危险区域，毕竟没有人愿意在敌军炮击的时候醒过来，还要拼命跑出防空壕。

虽然我们每天都有伤亡，而且战斗让人神经紧张，但部队的士气仍然高涨，每个人都兢兢业业地履行自己的职责。我们甚至觉得自己"爱上了"阿尔贡这个流满鲜血的角落。但最难过的事莫过于告别阵亡或重伤的兄弟，我永远也忘不了那个被迫击炮弹炸断腿的士兵。太阳落山的时候，有人抬着他从我们身旁走过去。看到这位出色的年轻士兵以这样的方式离开我们，我的感受难以形容，唯有紧握他的手鼓励他。但他说："中尉，我的情况不是太坏。即使装假肢，我也会很快回到连队里的。"年轻的小伙子再也没有看到太阳升起，他在去医院的路上离开了人世。他展现出的责任意识是我这个连战斗精神的典型体现。

5月初，我们收到第一批坑柱，我们用这些坑柱在前方的战壕里搭建牢靠的一人和二人防空壕。有了这些防空壕，我们的士兵在换岗的时候就可以睡在岗哨附近。此时我们的前线离敌人主要的防御工事已经非常近，对方要是向我们开炮就必然伤到自己人，所以他们把炮火对准了后方的部队、补给线、后备阵地、指挥所和营地。

这个时候，一名尚未执行过野战任务的年长中尉接管了九连。团长想把我调到另一个连，但我拒绝了，我要继续和之前带过的战士们在一起。

5月中旬的10天时间里，九连一直附属于六十七步兵团。这个团位于阿尔贡中部，离巴加泰勒不远，驻守在一二三榴弹团西边。这支部队战斗力很强，但在经历多次战斗以后，部队伤亡惨重。这里流行一种不同类型的堑壕战，防范火炮和迫击炮的掩体不太受重视，整场战斗都是在手榴弹射程内的浅洼地和不高的沙袋墙之间展开。从巴加泰勒看去，阿尔贡当地的树林已经面目全非，法军的炮火将树林夷为平地，数英里范围内只剩下残缺的树桩。在部队接手这片地方之前，几名年轻的指挥官去侦察附近的情况，没想到前方宽广的战线上爆发了一场短暂但激烈的手榴弹战斗。战斗还没结束，我们就有几个人伤亡。看来这种事还会经常发生，我们在换防的时候感受有些复杂。

按照惯例，我们立刻加深了战壕，还给自己搭建了防空壕。法军的大炮和迫击炮毫无征兆地打过来，加上前线连续不断地有手榴弹爆炸，我们几乎没有片刻安宁。天气转暖之后，尸体的恶臭飘进阵地。很多法军尸体还在我们前方或阵地之间，但敌军的炮火很密集，我们无法掩埋这些尸体。

夜晚十分热闹。双方投掷手榴弹的战斗覆盖面广，时间持续达数小时，到最后我们完全搞不清楚对方是否已经有所突破还是在我们的前线后方挣扎。更糟糕的是，敌人的炮兵还从侧面发射炮弹过来。这种情况每天晚上都会出现几次，很快就成为我们心里的一个阴影。

我从前任指挥官那里接手的排指挥所位于我这个排的左后方。在与战壕底部——地下6英尺左右——平行的地方，前面的土墙有一口很窄的竖井，刚刚可以容纳一个人。从竖井往下6英尺，也就是在地下12英尺的地方，有一个棺材那么宽的横向通道。通道底部铺着软木板，两侧的墙壁上有一些小壁龛，可以用来放置食物和其他杂物。但墙壁和顶部都没有做防护，一旦有炮弹在入口附近爆炸，困在里面的人肯定会被活埋，所以只要附近有炮弹飞过来，我就钻出散兵坑跑到排里其他人所在的地方。无论如何，在手榴弹对战让我们大半夜都坐立不安的情况下，醒着待在前面是更好的选择。

那段时间天气热得令人无法忍受。有一天，能力出色的莫里克少尉来找我。当时我在自己的防空壕里，里面容不下两个人，我们只好通过竖井对话。我跟他说，我坚定地认为，即使我们藏在12英尺深的地下也是不安全的。他说这不奇怪，因为战壕的边缘是黑色的。他拿起镐开始挖，结果第一镐挖下去就看到一只腐烂发黑的法国人的手臂。我们洒了一些漂白粉和泥土在上面，让那个死去的人安息了。

我们咬牙坚持了10天之后就回到团部。刚一回到团里，我们就被重新推到前线。我们发现，敌人想尽一切办法阻止堑壕战的发生，他们除了加大火炮的迫击炮的火力以外，还在附近埋设了地雷。双方的前哨阵地相距仅仅几码，坑道顶部半掩盖着，边缘用很多铁丝网加固。夜间不断有手榴弹爆炸，整支守卫部队时不时要站起来。每一方都想摧毁对方的前沿战壕和阵地，几乎没有一天听不到爆炸声。

有一天，法国人成功切断我们的一条坑道，里面还有我们的10个人，其中几个已经完全被掩埋，经过几个小时的战斗和挖掘我们才把他们救出来。

我们数次尝试攻占附近的法军岗哨，但每次都以遭受重大伤亡告终。这些岗哨及其通道都被带刺铁丝网覆盖。一旦听到任何动静，碉堡里的法国人就用机枪扫射铁丝网。在这种情况下，我们只好改变策略，转而攻击"中枢"。

攻击"中枢"

经过3个半小时的炮火准备,我们即将攻占法国人的拉博戴尔、"中枢"、西梅蒂尔和巴加泰勒据点。敌人从1914年10月开始就在这些阵地上活动。接连几个星期,整个团都在为这次进攻做基础准备工作。在前线背后不远的防弹炮位上,我们放置了中型和重型迫击炮。充当后备军的几个连夜以继日地通过狭窄的战壕通道带来补给、拆卸的迫击炮和弹药。法军的炮火更加猛烈,很多运输兵不幸中弹。在休整营地待了几天之后,九连在6月底重返前线。我们惊喜地发现,比纳维尔附近安放了大量伪装好的中型和重型火炮,而且好像还有充足的弹药。我们因此大受鼓舞,兴高采烈地进入前沿阵地。

团里为参与进攻的5个连制定了详尽的计划。在备战期间,我所在的排留在"中枢"以北2/3英里左右的地方充当后备军。我们要在发起进攻前不久转移到攻击出发线背后,紧跟进攻梯队,为他们提供手榴弹、子弹和挖掘工具。

6月30日清晨5点15分,炮兵开动所有火力发动攻击,其中包括8.3英寸和12英寸的迫击炮。炮弹的威力简直不可思议,泥土宛如喷泉一般向空中飞溅,眼前立刻出现巨大的弹坑。法国人坚固的土木工事仿佛被巨型夹板锤击中一般四处碎裂,人、木材、树根、障碍物和沙袋飞向天空。我们很想知道敌人此刻是什么感受,因为我们以前从来没有见过如此密集的炮火。

在发动进攻前一小时,中型和重型迫击炮向碉堡、铁丝网和胸墙开火。敌军集中炮火试图阻断我们的攻击,但无济于事。我们的前线有些稀薄,而且离敌军的主阵地太近。法国人的炮弹炸起的泥土飞向后面更远的地方。一枚炮弹在我前面100码处爆炸,把1月份在那里阵亡的一个法国人的尸骸抛到树上。我一直盯着手表看,时间还剩15分钟。随着双方炮火渐趋猛烈,爆炸地点腾起一道蓝黑色的烟幕,让人无法看清前面的情况。

分配给我们的通道也遭到猛烈的炮击,我决定违背命令向侧面转移100码。我们拼命跑过开阔地带,在低洼地找到掩体。接着,我们冒着敌人密集的炮火沿着连接通道冲到前线,攻击部队也在附近卧倒在地上。在我们对面，我军最后一轮发射的炮弹落地爆炸。

8点45分，我们拉开战线向前进攻。法国人的机枪猛烈开火，我们的人跳过弹坑和障碍物进入敌军阵地。我们连的进攻梯队受到右侧敌军的机枪攻击，有几个人倒下了，但大多数人继续往前冲，有的消失在弹坑里，有的消失在路堤背后。我那个排紧紧跟着他们，每个人手里都拿着铁锹或弹药袋。右侧法军的机枪还在大肆咆哮，我们穿过其射程范围，爬上九连1月29日曾经站在上面的几堵墙——这里已经变成一片废墟。伤亡的法军横七竖八地躺在堑壕、木料和连根拔起的树木中间——很多法国人就是因为这些堑壕丧了命。

敌我双方在右前方的手榴弹战斗还在继续，后方的法军机枪向整个战场扫射，迫使我们就地隐蔽。在炽热的阳光下，我们弯腰走向左侧，紧跟着我们连的进攻梯队冲向一条通往第二个阵地的连接通道。（见图13）

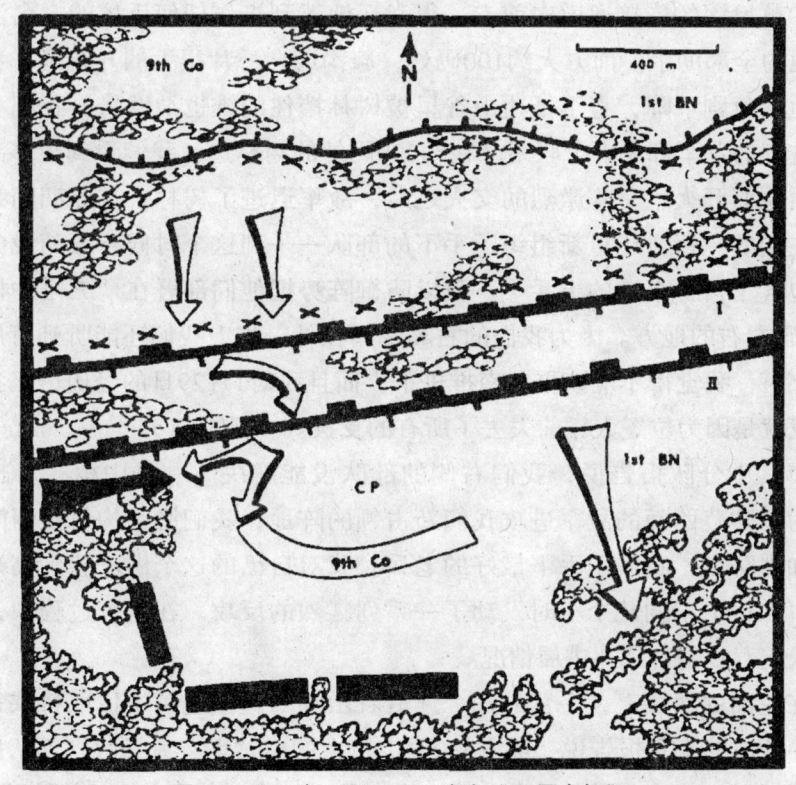

图13　1915年1月30日，攻击"二号中枢"

我方炮兵将攻击点转移到法军偏南160码的第二条阵线（"二号中枢"）。直到7月1日，这个区域在新一轮的轰炸之后才被我方占领。没有参与清查"一号中枢"的团里的进攻梯队向"二号中枢"冲了过去。

一场激烈的手榴弹战斗在我们前方30码处爆发，透过战线我们依稀可以看到90码外的"二号中枢"。法军的机枪火力让我们无法走出连接通道，我军的攻击部队在前面似乎被压制住了。攻击部队年轻的指挥官莫里克少尉身负重伤躺在战壕里，子弹打穿了他的骨盆！我想把他带回去，但他说不用管他。后来负责抬担架的士兵过来把他抬走了。他临走的时候我和他握了握手，我也就此接过前线的指挥权。第二天，这位少尉在医院去世了。

我们和"二号中枢"的守卫部队交战。我方的炮兵已经停止发射炮弹。在一阵手榴弹攻势之后，我们冲进了"二号中枢"。一些守卫部队沿着壕沟跑了，还有一些从开阔地逃走，剩余的人都举手投降。我们的一部分兵力在努力扩大已经撕开的敌军防线缺口，其他大部分人继续向南突进。我们沿着一条10英尺深的连接通道向前走，很幸运地抓到未作任何反抗的一名法军营长和他的全部助手。前方大约100码处，壕沟通向一片很大的开阔地。我们前方的地形急剧下降，直至抵达山谷里被树林挡住的维也纳城堡。我们和两翼以及右侧的友军都失去了联系。在约200码外的树林边，我们看到很多敌人，当即向他们开火。一阵激烈的交火之后，敌军退进了树林。在此期间我联系上了左侧的一营，还重新组织了手下的部队——到这个时候，跟随我的部队已经包含三营各个连的士兵——我以防御阵势把他们部署在"二号中枢"以南350码左右的地方。因为我们的右翼暴露在外，加上我们还能听到背后激烈的交火声，我觉得不应该再向南推进了，而且我对1月29日的经历记忆犹新，当时我就是因为位置太靠前失去了所有的支援。（见图14）

侦察小分队报告说，我们右侧的部队没能解决"一号中枢"。也就是说，为了防范西面的敌军进攻我们新占领的阵地，我们必须构筑拦阻阵地。为了加强防御，我派了手下最好的老兵。我对自己的这个做法感到高兴，因为法军在接下来的几个小时发动了一系列猛烈的反攻。在这个过程中，我一直让人向营长报告战斗进展情况。

在左面的战线上，一营的几个连沿着山谷一直推进到了休耶特峡谷。负责战斗警戒的士兵报告说，前方330码山坡上的树林里有大量敌军部队。我和一营营长乌尔莱希上尉商量了一下，他决定让一营在九连左侧挖战壕驻守。

我们立刻就动手开工。我让一个排担负后备任务，负责运送子弹和手榴弹，同时负责"二号中枢"侧面阵地的挖掘工作。法军派出侦察兵观察我们的情况，但被我们轻松赶走了。

图14 "二号中枢"里法军一个营指挥所

　　这里的土好挖，很快我们就挖了3尺多深。我们刚发起进攻的时候，法军的炮兵十分沉寂。但现在就不同了，他们向"二号中枢"开动了全部火力。法国人肯定认为我们强占了这个地方，因为他们的炮火十分密集。轰炸毁坏了他们自己的阵地，但也切断了我们与后方的联系。运送补给的士兵遭遇猛烈的攻击，我们唯一一条电话线很快也被炸断，好在我们还是把一挺重机枪排部署到了连队的阵地。

　　夜幕降临的时候，我们的战壕已经有5尺深，不过法军还在向我们发射炮弹。这时旁边的树林里突然想起了冲锋号，敌军像往常一样成群结队地从1/8英里外的树林向我们冲过来。但很快被我们的火力压制在地面。由于地面有一块褶皱，我们只有等对方到了离我军阵地90码内才能瞄准目标。或许后面邻近"二号中枢"的地方更有利于射击敌人，但要真去在那个地方，敌军的炮兵不会让我们有好果子吃。法国人的攻势很猛，天黑之后还有很多手榴弹在周围爆炸。我们的手榴弹供给很有限，所以主要靠步枪和重机枪作战。当天夜色很暗，加上爆炸的手榴弹冒出的烟阻挡视线，我们发射照明弹的效果因此受到影响。敌军离我们的阵地只有50码远，手榴弹在周围不断炸响。

战斗此消彼长地持续了一整夜，我们打退了敌方所有的攻势。天亮的时候，我们在50码外的地方搭起一堵沙袋墙。从远处传来的声音判断，敌人正在他们临时掩体背后忙着挖战壕。法国步兵在夜里让我们忙得不可开交，等到了早上，他们的炮兵又开始接班。幸运的是，敌军大部分炮弹都落在"一号中枢"和"二号中枢"，只有一小部分落在我们阵地附近，击中前线的炮弹更是少之又少。所以我们的处境还是安全的，一点都不羡慕穿越枪林弹雨运送食品和其他补给的人。

为6月30日那次攻势集中起来的炮兵已经转移到另一条战线，隶属我们部队的炮兵由于缺少弹药无法给我们提供足够的支持。不过前线周围一直有一名炮兵观察员，作为步兵我们对此十分感激。

7月初，敌军开始每天用带有尾翼稳定装置的迫击炮弹轰击我们的战壕，他们在自己的阵地上可以实施一定程度的纵向射击。不过他们的迫击炮构造简单，几乎不能实现横向散射。敌人的直接命中率较高，毕竟我们不可能每次都能及时闪避。我们有很多人伤亡，其中有几个是被100磅重的炮弹直接击中致死的。

从7月份开始，我受命接替十连连长，与四连和五连交替换防。这项任命为期5周。我们几个连长一起制定了一个计划，要在阵地上挖掘26英尺深的防弹、多进口防空壕。这项工作不分昼夜地开展，来自各连的官兵从不同方向一起挖掘同一个战壕。军官们也参与进来，官兵的共同参与提升了大家的士气。

整个阵地经常会在一小时之内被炮弹夷为平地，此时我们就会看到原先用木料加固的防空壕就像纸箱一样垮塌。幸运的是，法国人的轰炸是按严格的规律进行的：通常他们从左面开始，然后逐渐转向右侧。在密集的炮火下待着太过于冒险，所以每次轰炸开始的时候我就疏散战壕里的人员，然后等到敌军的炮火转移到侧面或后方。如果法国步兵在轰炸结束后发动进攻，我们就会发动反攻把他们赶走。这对我们来说不是问题，因为在一对一的情况下，我们觉得自己更占优势。

"一号中枢"那种情况再度出现，我们开始朝敌军阵地一段一段挖掘坑道和巷道。8月初的时候，我的连到马丁阵地换下十二连。就在前一天，十二连在一口矿井的巷道发生爆炸之后发动进攻，结果遭遇重大伤亡，所以他们需要被换下来。我们在天亮的时候出发，一路上平安无事。但没等我们完全进入阵地，法国炮兵就开火了，我们只好就地卧倒，在敌军尸体周围度过了一段紧张的时间。当敌军的炮火逐渐平息之后，我们拿起铁锹开始加深战壕。等战壕挖到8英尺深且前侧土墙内挖好无数个小的防空壕的时候，我们就不怕法国人的大炮了。无论如何，我带多少人过来就想带多少人回去。

辛苦的挖掘工作收到了成效。尽管敌军发射了很多炮弹，但两天之后当我们离开阵地时只有轻微的伤亡。接近8月中的时候，有人接替我指挥连队，我休了14天的假，这是战争开始以来我第一次休假。

评注：为了在发起进攻之前迷惑敌人，我军在6月30日长达3个半小时的轰炸期间出现过几次停顿。虽然我军的炮火十分密集，但敌军的阵地没有被彻底摧毁，在我们发起进攻时仍然有几挺机枪负隅顽抗。

德国步兵再次展现了强大的攻击能力。我军在完成既定任务之后没有停下脚步，而是继续向前推进，占领了接下来的几个法国阵地。我们的进攻速度非常快，法国一个营长及其助手被弄了个措手不及，全部沦为俘虏。进攻取得成功后，我们迅速转入防御。法国人对他们原先使用的阵地非常熟悉，所以我们没有用这些阵地。事先制定详细的补给计划很有先见之明，因为法国人的报复性轰炸阻断我们对进攻梯队的再补给达数小时之久，还切断了我们的电话线。

7月1日，法国人从附近的树林向我们发起反攻，我们用步枪和机枪为主的武器将他们一一击退。

在天亮以前，法国步兵以沙袋墙作掩护在离我方前线50码左右的地方挖掘战壕。有些沙袋应该是他们在进攻的时候带过来的，或者是在进攻受阻后由他们的后方部队送过来的。

我方发动进攻之后的几个星期里，敌军对我们的阵地发起猛烈炮轰。为了减少伤亡，我们不得不频繁疏散阵地。现行的步兵条令允许处于守势的连指挥员在遭遇大规模炮击时就地实施撤退。

1915年9月8日的进攻

休假回来后，我接管了四连。几天之后，四连就在整个团的右翼参与进攻。我接手的时候，四连还在夏洛特山谷的后备阵地。我自己先侦察了一下集合地点和攻击地形，然后在原先的山谷里组织部队演练了几次。通过演练，部队满怀信心地迎接即将执行的艰巨任务。只可惜我的指挥权只持续了几天时间，因为我太年轻，还不能担任正式的连长。

9月5日天亮以前，我的排带着信心从一条连接通道向前线推进。我们接手的阵地原先属于一二三榴弹团的一个连，这个地方已经被法国人炸得面目全非。我们在不同的地点都能清楚地听到敌军连续不断地在挖地道。我们希望进攻开始前敌人不要停止挖掘，因为相比被炮弹炸飞，我们更喜欢面对面的直接交锋。此后的3天时间里，地下的敌人一直在挖着。

9月8日上午8点，我方的火炮和迫击炮开始轰击我们前方40到60码左右的敌军阵地，使用的装备和弹药数量跟之前攻击"中枢"时相差无几。法国炮兵立刻发起还击，用各种口径的火炮轰炸我们的阵地。我们挤在脆弱的三人或四人防空壕里，炮弹一枚接一枚从头顶飞过。大地不断颤抖，草皮、弹片和炸断的树枝在四周连续不断地如暴雨般落下。阿尔贡地区高大的橡树被连根拔起，接着又轰然倒地。此时我们已经听不到法国人挖地道的声音——他们不会是大功告成了吧？

我时不时在阵地上穿梭察看士兵们的情况。每当有炮弹落在附近的时候，我都会被震倒在地。我从矮护墙探出头向敌人的方向看去，只见地面涌起无数个巨大的"喷泉"——这些喷泉喷的不是水，而是泥土、烟雾、柴火、草皮、沙袋和木料。到处都是倒下的树，一道蓝灰色的烟幕笼罩着敌人后方。

敌军的轰炸持续了3个小时，对于挤在闷热战壕里的我们来说，这个时间漫长得无法形容。最后，手表的时间指向了10点45分。

参与攻击的3支小分队弯着腰从防空壕里出来，在出发地点集合。我们同步了手表的时间，一旦敌军停止轰炸，我们就在11点整跳出战壕发动进攻。工程兵和后勤运输兵都到了，我把各个班的任务目标都交代给了各位班长。我们攻击的目标离敌军前线225码远，我特别强调说，我们的任务就是直接冲着攻击目标去，途中出现的小股敌人交给随后跟上的友军处理。除此以外，我们还详细讨论了进攻得手后需要开展的一些工作，包括巩固战果、建立联系和拦阻阵地。

与此同时，我军猛烈的炮火正摧毁着敌军阵地，很难想象轰炸结束后还会有人活着。还有30秒！步枪兵蜷伏在弹坑里准备出击。还剩10秒！最后一拨炮弹落在我们前面不远的地方，没等爆炸产生的烟雾消散，我们三个突击队就悄无声息地离开战壕，向280码外的目标冲过去。在战场的烟雾和噪声中，我们的进攻过程与事前的演练高度一致。这样的画面太美了！

惊慌失措的法军士兵高举双手从邻近的阵地里爬出来，我们的人没有把多少注意力放在他们身上，只是用枪指了指我们出发的方向，让他们往回走。突击队径直向目标地点冲锋，跟随我们的第二梯队在连队军士长的指挥下接手战俘。

我加入到右翼的突击队里，和其他人一起冲过敌人的战壕，几秒钟之后就到了目的地。工程兵、负责挖掘战壕的几个班和几个手榴弹班紧跟我们的脚步，目前为止没有人员伤亡。我们这次冲锋不像往常那样伴随欢呼声和喊叫声，所以我们出其不意地拿下了法军的后方阵地，绝望的法国人未作任何抵抗就纷纷举手投降。这时突然有挺机枪扫射过来，我们立刻采取隐蔽措施。我们沿着战壕向左侧移动，联系上了中路的突击队。几分钟后，我们还联系上了左翼的部队和在附近的连队。（见图15）

我们疯狂地加固防御工事，很快就用沙袋阻断了通向敌军的壕沟，还在附近储备好子弹和手榴弹。法国炮兵向我们身后的区域猛烈开火，彻底切断了我们与出发地的联系。法军的机枪也在咆哮着，我们无法外出活动，因此没有机会在短时间内得到后续的补给。法国步兵发起了反攻，但即便我们的火力只能覆盖100码的宽度，我们仍然轻松将他们击退。在阵地中间，双方围绕阻断的战壕展开了一场激烈的手榴弹战斗。不过和其他地方一样，敌军没有得到任何收获。由于这里的地形是朝敌人的方向缓缓下降的，所以我们的手榴弹扔得比他们远。

图15 1915年9月8日的进攻

　　在进攻的过程中，我们有5个人因为扔手榴弹出现失误失去了战斗力。我们抵达目标地点之后，敌军的炮击又造成我们连3人死亡、15人受伤。接下来我们要面对的是补给问题，我们需要的弹药、军备物资和食物等必需品都要经过一块开阔地才能运送过来，但开阔地持续面临法军的机枪和火炮攻击。为了解决问题，我们需要挖一条通向出发地的壕沟，还要同右侧的友军建立联系。

　　在我的提议下，营长决定安排后备部队的80个人挖一条100码长的壕沟连到出发地。这项工作由我负责监督。我们挖壕沟的地方离法军只有50码远，所以我命令运送物资的几个班搬运大量沙袋和钢板过来。我从6月30日的法国人那里学到了一些东西。

　　晚上10点我们开始动工，此时敌军还没有消停，他们在照明弹的帮助下几乎不间断地向我们开火。如果要在一个晚上就完工，我们就不能有任何耽搁。我首先命人在挖壕沟的路线上垒起一道16英寸高的沙袋墙，不过这在敌军的炮火下可不是容易的事。我们仰卧在地上组成人梯，用接力的方式把沙袋送到垒墙的人手里。敌军的轻武器没法打到沙袋背后的人，我们很快就在开阔地两端垒起一道50码长的防护墙。但接下来沙袋就用完了，给我们留下一个200英尺宽的缺口。我让大家把武装护甲拿出来堵上，构成一道散兵线。每一名士兵就位之后就安放装甲，然后开始挖掘，挖掘的时候手头都有步枪和手榴弹可以使用。整个过程我们都尽可能不发出响声，但敌军还是发射了几枚照明弹，使用各种步兵武器向我们射击。不过这些武器当中只有步枪的子弹可以打到我们所在的位置，但即便子弹打过来也不可能穿透我们的武装护甲。只是散兵线也不可能因此就高枕无忧。9月9日天亮的时候，我们有了一条6英尺深的通向我们原阵地的壕沟。在夜间挖掘期间，我们发现了一具一营士兵的尸体，他从6月30日就躺在这个荒无人烟的地方。

经过一天的辛苦劳动，我准备好好休息一下，但营长和团长先后来视察新阵地，他们对九连和二连的战绩感到高兴。我们占领了预定目标阵地，俘获了几名军官和140名士兵，还缴获16门迫击炮、2挺机枪、2台钻孔机和1台电动机。四营则喜忧参半，因为预备役中尉斯托维牺牲了。他是我们和一二三榴弹团的联络官，死的时候兜里还装着休假批条。这次进攻后不久，我再次离开四连，接手二连几个星期。离开四连的时候我的心情很沉重，因为我和他们之间非常默契。我和二连在王储要塞待了一段时间，这是一个防弹掩体和拦阻阵地，离前线160码。我在那里晋升为中尉，然后被派往明辛根一带组建的一支山地部队。离开我在其中战斗过这么长时间的作战部队，向那么多勇敢的战士告别，向被鲜血浸透、敌我双方为之展开激烈争夺的阿尔贡地区，这些都让我感到难过。我在9月底离开比纳维尔的时候，香巴涅的战斗正进行得如火如荼。

评注：接手新的连队之后，我为9月9日的进攻组织了全面的演练。只要预备性的炮击一结束，3个突击班就开始冲锋，不开一枪穿过附近的敌军阵地，然后占领220码外的既定目标阵地。打扫战场的任务交给连里的第二和第三梯队。

其中一个突击队违反命令使用了手榴弹，结果炸伤了5个自己人。（这也是我们在进攻过程中唯一的伤亡情况。）所以要切记一个原则：不要在冲锋的时候扔手榴弹，因为可能会炸到自己人。敌人完全被我们的出现搞懵了，他们还没来得及拿起步枪我们就穿过了前沿阵地。当我们出现在敌军后方防空壕入口的时候，他们一定以为是见鬼了。出其不意的突击让我们俘获了很多敌人。

进攻任务完成后，我们迅速就地转入防御，轻松击退敌军的几次反攻。突击过后，连队与后方之间的连接通道再次被敌军的火炮和机枪阻断数小时。不过有了沙袋和武装护甲的帮助，我们与后方建立联系的难度就小多了。

第三章

孚日高地的阵地战（1916）
罗马尼亚的运动战（1916–1917）

新的部队

10月初，符腾堡山地营（包含6个步枪连和6个山地机枪排）在明辛根附近组建，由施普罗瑟少校指挥。我负责指挥二连，这个连由200名年轻但经验丰富的战士组成，他们来自不同的兵种。我们的任务是把他们培养成训练有素的山地部队，但我们只有短短几个星期的时间。不同颜色的军装让我们的阵型显得丰富多彩，部队士气从一开始就很高。官兵们全身心地投入到训练当中，严格的训练方式很快就产生成效。后来发给我们的山地军装跟这支部队堪称绝配。

11月底，我们举行全营阅兵。在我们严苛的营长的坚持下，阅兵采用的是别扭的正步。12月，我们在阿尔堡接受指令并展开紧张的雪橇训练。

二连驻扎在阿尔堡通道附近的圣克里斯托弗救济院。从清晨到夜晚，不管有没有背包，我们都在陡坡上训练滑雪。到了晚上，我们就坐在临时休息室里听连乐队在许格尔神父指挥下演奏的乐曲，主要是山区小调。这样的状态显然与几个月前在阿尔贡时不同，这种在非战斗状态下的接触增进了我和士兵之间的了解，也紧密了我们之间的关系。

我们享用着奥地利香烟和美酒，觉得这是我们应有的回报。带着这种心情，我们高高兴兴地庆祝了圣诞节。

这种舒适安逸的生活很快就结束了。圣诞节过了4天之后，我们踏上向西疾驰的军列。我们原本以为会被派往意大利战线，但事实并非如此。在风雨交加的新年前夜，我们从一支巴伐利亚陆军部队手里接过了南希尔森山脊阵地。

我们这个新阵地有1万码长，左右两侧高差达500英尺，阵地前沿放置了很多障碍物，安装了坚固的铁丝网，其中一段铁丝网在夜间会通上电。我们当然不可能为前沿阵地提供不间断的守卫，所以就在阵地沿线设置并加固了一些制高点。这些据点是为全面防御设置的小型堡垒，里面储存了充足的弹药、食物和水。利用从阿尔贡积累的经验，我给每个防空壕设置了两个出口，还搭建了牢固的顶棚。

敌军阵地不像阿尔贡那样处在手榴弹射程范围内，敌人只是在右侧和中路一个叫作"法国丘陵"的地方走到离我们100多码左右的地方。其余的敌军都离得很远，驻扎在一片茂密的树林边缘。除了几枚炮弹和偶尔的骚扰性机枪扫射以外，我们几乎听不到敌人的任何动静。事实上，我们此时面对的最大困难是恶劣的天气。在春季和夏季，我们开始熟悉各个阵地："小南山"、"鞭子"、"腌菜头"和"小草地"。也是在此期间，我们花费很多时间训练了多名候补军官。

突击"松果"

1916年10月初，包括二连在内的几支部队受命制定作战计划，目标是抓俘虏。我在阿尔贡地区的经历告诉我，这种活计很危险，组织难度大，常常导致重大伤亡，所以在谈论进攻的时候我管好了自己的人。但命令一旦下达，我就参与进去开始做计划。首先，为了确定进入敌军阵地的可行性，我带着陆军上士布特勒和科尔马外出侦察。我们匍匐着穿过一片高大、茂密的冷杉林向法军一个岗哨爬过去，这个岗哨位于向上连通敌军阵地的一条林间小道的上端。这条小路杂草丛生，我们在离敌人50码左右的地方小心翼翼地横穿过去。穿过小路，我们滑进一道壕沟，蹑手蹑脚地向前移动。接着我们用切割刀剪开密密麻麻的铁丝网向前爬行，这可是累人的活，而且需要万分小心。天色渐渐暗下来，我们看不到但可以听到法国哨兵在走来走去。剪铁丝网的进展很慢，因为我们只能剪最下面的那部分。最后我们终于到了铁丝网的中间位置。这时候的法国哨兵显得有些不安，他清了清嗓子，还咳了几下。他这是害怕还是听到了我们的动静？如果他向壕沟里扔颗手榴弹，那我们就全完了。更糟糕的是，我们无法移动身体，更别说保护自己了。我们屏住呼吸，等待紧张的时刻一分一秒地过去。等哨兵安静下来，我就立刻往后撤。这个时候天已经完全黑了。在爬回去的路上，我们弄断了一些小树枝，这个无意之举立刻引起敌人的注意。敌人拉响了整个阵地的警报，很快各种轻武器就对两个据点之间的地面展开长达几分钟的扫射。我们紧贴地面，让子弹从头顶飞过。等枪声停歇之后，我们继续往回爬，最终平安无事地回到驻地。我们的侦察表明，攻进树林里这块阵地的难度很大。

第二天，我接着去观察一个叫"松果"的敌军阵地，发现那边的情况要好一些。在夜幕的掩护下，我们可以沿着一块长满草的林间空地悄悄地爬到铁丝网附近。不过这里的铁丝网有3层，需要几个小时才能剪开。我们和敌军的战壕相隔只有500英尺，但经过几天几夜的谨慎侦察我们才摸清楚"松果"上两个敌军岗哨的确切位置：其中一个是在一块林间空地中间隐蔽的岗亭内；另一个位于左侧200英尺的岩架上，从那个位置可以很轻松地观察或扫射周围的地面，不过我们只有少数几次受到来自这个地点的机枪射击。

要想在没有任何掩护的情况下朝这个方向爬过草地，那只有在没有月亮的晚上行动。接下来的几天几夜，我们认真研究了逼近"松果"阵地的各种细节问题，同时观察了两个岗哨内卫兵的个人习惯。在这个过程中，我们小心避免引起敌人的注意，以防他们怀疑我们即将有所行动。

我把自己的计划建立在侦察结果上。这次我不想直接潜入阵地，而是提议从两个岗哨之间的铁丝网穿过去，然后进入战壕从侧面甚至后方攻击哨兵。这种攻击方式需要20名士兵，因为我们进入敌军战壕之后需要兵分两路。另外我要想好把我的人带出来的计划，还要为对方战壕里的卫兵可能发动攻击做准备。两侧要各派一个小分队，分别对着一个岗哨去剪铁丝网。小分队爬到铁丝网边缘先原地不动，等到突击队员开始用手枪和手榴弹扫荡战壕或者收到敌军的前哨阵地已被我方攻占的信号再行动。只有在这两种情况中的一种出现的时候，两侧的小分队才开始剪断铁丝网，为突击队员创造出逃通道。（见图16）

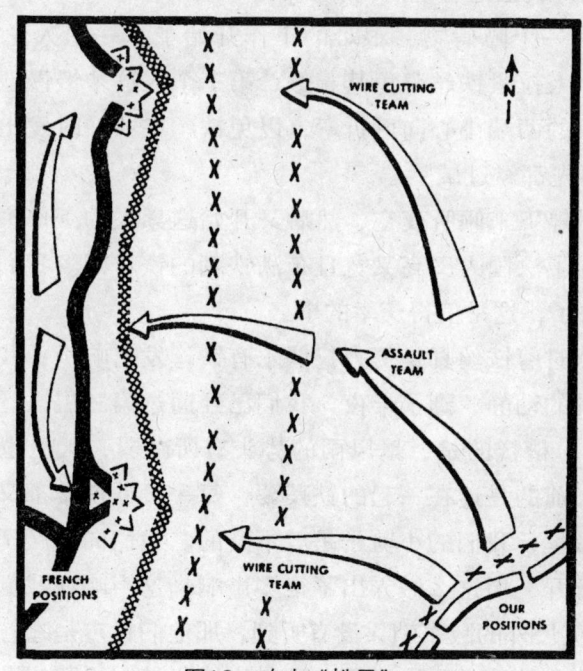

图16 攻击"松果"

我和几位下级指挥官商量进攻的事，给他们看了草图，向他们描述战壕里的地形。为了做好准备，各支小分队在我们阵地后面不远的地方组织演练。10月4日气温很低，天气条件很恶劣。在我们3500英尺的阵地上空，一股强烈的西北风吹动着乌云。傍晚时分，大风演变成了暴风雨，一场暴雨倾盆而下。这就是我一直祈盼的天气。此时的法国哨兵把头深深埋进大衣领口，躲到岗哨里遮得最严实的角落，他们的警戒功效因此大大降低。另外，大风的声音也会大大掩盖我们推进和剪铁丝的声响。我向施普罗瑟少校报告说，我打算当天晚上发动进攻。他同意了。

午夜前3小时，外面风雨交加，伸手不见五指。我带着3个小分队离开我军阵地，向敌方阵地慢慢爬过去。我们出发不久，科尔马上士和上等兵斯特塔带领两支小分队分别向左右两侧转移。我和沙菲尔特中尉、普费菲上士加入突击队，紧跟在负责剪铁丝网的士兵后面。另外20名士兵呈一列纵队跟在我们后面，相互间隔3步。我们悄无声息地向敌人爬去。狂风卷着暴雨扑面而来，很快我们就全身湿透了。我们焦急地倾听周围的响动。周围有零星的枪声，偶尔还有照明弹划过夜空，但敌军没有任何行动。夜色一片漆黑，附近的岩石在16英尺外就已经看不清轮廓。

我们到达第一个障碍物，艰难的工作开始了。一个人先给铁丝包上一层破布，另一个人拉紧铁丝避免其震颤，第三个人这才慢慢地剪。铁丝剪断后，我们把切口的两端小心向后折弯，以免铁丝在回弹时发出声音。这其中的每一个动作事先都经过试验。

我们时不时停下来倾听夜空，然后又开始这累人的工作。就这样，我们一寸一寸地剪穿了法国人又高又宽且布满铁刺的铁丝网。我们只是剪断底下的铁丝就爬过去了，这是值得庆幸的事。

连续几个小时剪铁丝真是费力！偶尔有铁丝发出响声，我们就停下来竖起耳朵听听周围的动静。到了半夜，我们已经通过第二层铁丝网，离敌军战壕只有100英尺。糟糕的是，暴风雨的势头有所减弱，天色也比之前亮了一些。挡在我们面前的是连在一起的铁蒺藜，每一段铁蒺藜都又长又重，上面还有无数根粗铁丝，我们的小剪子是剪不开的。我们向右爬了几码，想把其中两个铁蒺藜分开，但这么做弄出了很多声响，这声响在我们听来犹如雷鸣一般。如果100英尺外的敌军哨兵没有听到，那他们肯定是睡着了。

接下来的几分钟感觉不太对劲，不过南线仍然很平静。我放弃了拉开铁蒺藜的想法，因为敌人把它们安装得太牢固了。我们四处观察了一下，找到了一个炮弹坑。我们慢慢地从弹坑里爬过去，到了很接近敌人的地点。

这时雨又下大了。我们3个人到了铁丝网和敌军战壕之间，雨水沿着壕沟底经过几级石阶流向山谷。为谨慎起见，突击队的先头队员挤在铁蒺藜下面，其队员隐蔽在第一层和第二层铁丝网附近。这时我们突然听到有脚步声从我们左侧的战壕传过来。有几个法国人沿着壕沟往下走，他们缓慢、平稳的脚步声在夜空里回响。他们没有意识到我们的存在，我估计他们的人数在3人或4人左右。他们这是作战壕巡逻吗？我们该怎么办？把他们放倒还是让他们走过去？要想放倒他们又不弄出动静几乎不可能。这将是一对一的搏斗。我们的突击小分队帮不上忙，因为他们还在铁丝网附近。我们可以制服巡逻兵，但战壕的守卫部队肯定会投入战斗，向铁丝网扫射。在这种情况下原路返回将会让我们付出巨大的代价，而且把俘虏带回去也会很困难。我快速权衡利弊，最终决定让敌人走过去。（见图17）

图17　在法军阵地的突击队

我把这个决定告知了沙菲尔特和普费菲。我们几个人在敌军战壕边缘彻底隐蔽起来，特别是要遮住我们的手和脸。我们爬回去的路被铁蒺藜挡住了，如果法国巡逻兵认真一点的话就会发现我们。要是真的被发现，我们就扑向他们将其制服。我们做好准备躺在原地等着。他们的脚步声很规律，几个人低声交谈着。令人焦急的时间一秒一秒地过去。法国巡逻兵未作任何停留走到我们面前，接着继续向前走了过去。他们的脚步声渐渐远去，我们轻轻松了一口气，等了几分钟看他们会不会回来。见他们没有回来的迹象，我们一个接一个跳进战壕。这时雨已经停了，空荡荡的山坡上只有风在刮。大家很警觉地进入战壕，但战壕侧面还是有土和石块掉下来滚到下面的石阶上。我们又一次焦急地等待了几分钟，好在敌人还是没有发现我们。最终，所有的突击队员都进入了战壕。

我们兵分两路：沙菲尔特中尉带着10个人沿着山坡向下走，施罗普上士带着10个人走相反的方向。我跟着施罗普这个队。我们小心摸索着向上潜行。我们不知道敌人是否察觉到什么，就停下来听着。突然之间，左边有个东西撞到铁丝网，接着战壕右侧的护墙上传来爆炸声。紧接着就有很多手榴弹在附近爆炸。突击队的第一名队员向后退，结果整个队伍在战壕里挤作一团。敌人又向我们扔来几枚手榴弹，我们只有两个选择：要么立即进攻，要么投降。"给他们点儿颜色看看！"我们向敌人冲过去，居然躲过了手榴弹的攻击。我的马夫施蒂尔莱主动报名参加这次行动，他冲上去之后被一个法国人击中喉咙。诺特哈克中士立刻用他的手枪解决了这个人。不久又有两名法国哨兵被制服，还有一个向后逃脱了。

我们赶紧用手电寻找防空壕的入口。我们找到一个没人的坑洞，不过另一个坑洞里有很多法国人。我右手拿着手枪，左手拿着手电，带着克万特中士进入20英寸宽的开口。下面的墙边坐着7名全副武装的法国人，他们简短商量过后全部放下了武器。最保险的处理方式是用一两颗手榴弹把这几个人解决掉，但我们不能这么做，因为我们接到的命令是要带俘虏回去。

沙菲尔特中尉那边报告说，他的队友没有伤亡，抓到两名俘虏。在我们处理这些事情期间，负责剪铁丝网的两个小分队正抓紧时间给我们打开了撤退的通道。

突袭任务已经完成，我命令大家撤退，我们必须在敌人的后备部队赶来之前走人。一路上敌人没有给我们制造更多的麻烦，我们带着11名俘虏安全回到驻地。让我们尤其感到高兴的是，这次行动没有出现真正的伤亡。上等兵施蒂尔莱只是被弹片划了轻伤。很快，部队的长官就表扬了这次成功的行动。

不幸的是，第二天我们就遭到法国人的报复，科尔曼上士被对方一名狙击手打死了。我们原本兴奋的心情顿时沉重起来。

这次行动结束后，我们在"开放阵地"的日子就不多了。陆军统帅部给符腾堡山地营安排了其他任务，10月底我们就向东转移。

在斯库尔杜克通道

　　1916年8月，轴心国的战线遭到协约国部队的猛烈攻击。在索姆河一带，英国和法国的大批军队举棋不定。凡尔登周围浸满鲜血的田野战火重燃。东线还没从布鲁西洛夫攻势中复苏，那次攻势让我们的奥地利盟友损失了50万人。在马其顿，一支大规模的盟军在萨莱尔将军的指挥下准备发动进攻。在意大利战线上，伊松佐的第六次战斗以失去戈尔兹桥头堡和戈尔兹市告终。这里的敌军也准备发动新的攻势。

　　这个时候，罗马尼亚人走上舞台，成为我们新的敌人。罗马尼亚人认为，他们参战可以让协约国尽快取得胜利。作为回报，他们想从盟国那里得到很多东西。1916年8月27日，罗马尼亚向轴心国宣战，50万罗马尼亚士兵穿过边境进入西本比尔根区。当符腾堡山地营在10月底进入西本比尔根区的时候，远在多布鲁贾、赫尔曼城和喀琅施塔得的战斗已经取得胜利，罗马尼亚人被赶回了自己国内，但决定性的战役尚未展开。俄国对罗马尼亚陆军予以增员，后者在几个星期前带着最美好的愿望走出国境，但很快就被打回本国。

　　由于通往佩特罗谢尼的铁路遭到破坏，符腾堡山地营在普伊下了火车。前往佩特罗谢尼的征程很艰难，路面坑洼不平，随时都会遇到各种路障。后来部队想了一个向前推进的好办法，让连队里排头的几个班上好刺刀清除障碍，为后续部队开路。连队的车辆两旁都有步兵，一旦车子动不了就动用人力。在这种情况下，部队移动速度慢但稳步向前。路上我们看到很多戴着高尖帽的罗马尼亚俘虏。

　　连队在午夜前不久抵达佩特罗谢尼，在当地校舍的地板上睡了几个小时。经过漫长的行军，我们的脚火辣辣地疼。但在天亮以前，二营和五营就爬上卡车，朝西南方向穿过卢佩尼前往处境不妙的山区前线。

　　就在几天前，巴伐利亚十一师试图突破乌尔坎和斯库尔杜克通道但没能成功。在通道出口附近艰苦的战斗中，一些步兵和炮兵被打散了。施梅陶骑兵团控制着一条边境线上的山脊。倘若罗马尼亚人继续进攻，我们薄弱的兵力就难以抵挡。

在坐了几个小时卡车之后，我们在霍比考里卡尼下了车。我们被编入这里的一个骑兵旅，随后就被派往1794高地方向的边境地区。我们沿着一条狭窄的小路向上攀爬，身上背的包压得我们很累，里面装着4天的生食。我们没有专门用来驮运行李的牲畜，也没有冬季的山地装备，所有的军官都是自己背包。我们在陡峭的山坡上爬了几个小时，在路上遇到几名士兵和一名军官，他们属于一支巴伐利亚部队，曾经在山的另一面打过仗。他们几个人都是一副久经沙场的样子。根据他们的讲述，他们在大雾天气参加了一场艰苦的战斗，大部分战友都在和罗马尼亚人的近距离战斗中牺牲了。连续几天时间，他们这几个幸存者饿着肚子走在山上的森林里，最后总算找到了穿越边境的路。据他们所说，罗马尼亚人既野蛮又危险。真的是这样吗？我们迟早会知道。

当天傍晚，我们到了一个海拔3960英尺的地方，在那里搭建了阵地的指挥所。在几个连队做晚饭的时候，上级长官给我和五连连长高斯勒上尉通报了军情，命令我们继续急行军，在当天晚上到达1794高地，占领山顶的阵地，接着向南侦察明斯卢尔和普里斯洛普。渗透到明斯卢尔以南的侦察兵部队最近一次提供情报已经是两天以前的事，这支部队的具体方位也不清楚。按照部署，部队将在1794高地建立一个电话站，还会送来马匹。高地与左右两边的部队都没有联系。

当我们在没有向导带路的情况下开始爬山的时候，天上下起了雨。夜幕降临的时候，雨下得更大，四周一片漆黑。冰冷的雨水倾盆而下，我们很快就湿透了。继续沿着陡峭的石坡向上爬是不可能的，于是我们就在海拔4950英尺的一条羊肠小道两侧露营。我们全身都湿透了，没办法躺下睡觉。雨还在下着，我们试了几次都没有把松枝点燃。我们蜷缩在一起，身上裹着毯子和帐篷，但还是冷得发抖。雨势刚一减弱，我们就再尝试生火。但湿润的松枝只是冒烟，不能着火发热。慢慢地，这个可怕的夜晚一分一秒地过去。过了半夜雨就停了，但山上冰冷的风让衣裤尽湿的我们没法休息，我们只好在冒烟的松枝周围跺脚取暖。等到天色蒙蒙亮的时候，我们终于可以继续向山顶攀爬，很快就到了山上的雪线。

爬到山顶的时候，我们的衣服和背包都冻住了，紧紧连着我们的脊背。这里的温度在冰点以下，刺骨的寒风在冰雪覆盖的山顶肆虐。我们找不到原来的阵地，只看到一个勉强可以容纳10个人的坑洞，电话班就待在里面。右边是瑟瑟发抖的50匹战马。我们刚到山顶不久，一场暴风雪就包裹了周围的区域，能见度只有几码。

高斯勒上尉把情况告诉阵地的指挥官，他想把两个连都带下山，但山上的人当中没有一个有丰富的登山经验。军医警告说，如果我们继续穿着湿衣服待在暴风雪里，没有遮蔽物、火和热食，接下来的几个小时就会有很多人生病和冻伤。但问题是，如果我们放弃哪怕是一英尺土地，我们就有可能面临军事审判。

为了找到走失的侦察队，布特勒上士受命从明斯卢尔前往斯特尔苏拉观察。其余的人都在雪地里搭帐篷。我们几次想生火都失败了，不久就有很多人发高烧和呕吐，但向当地防区请求支援的努力都付诸东流。一个可怕的夜晚开始了。冰冷的空气更加刺骨，很快大家在帐篷里就待不住了，都像前一天晚上那样跑出来四处活动取暖。这真是一个极其漫长的冬夜！天亮之后，军医不得不把40个人送到战地医院。在高斯勒上尉和防区指挥官的授命下，我亲自去向防区部队描述山顶上的情况，顺便向长官们请示下一步的行动。当我回到1794高地的时候，高斯勒上尉已经决定不惜一切代价带着剩余的部队离开。此时我们已经有90%的人因不同程度冻伤、冻病接受治疗。中午新的部队来换防的时候天气才放晴。来换防的人装备很齐全，他们带着牲口驮运行李，还带了木柴和其他东西。与此同时，布特勒和他的侦察小分队也在山的南端发现了之前的侦察部队，他们待在一个海拔3600英尺的高地，上面的气温还可以忍受。目前为止，我们没有见到罗马尼亚人的踪影。

经过3天的休整，连队恢复了元气。等我们攀爬明斯卢尔山的时候，天气条件好了很多，装备也比之前好。在5940英尺的高度露营一晚之后，我们继续向斯特尔苏拉行进。斯特尔苏拉是乌尔坎山脚的一个小山丘，它的东北面和北面十分陡峭。连队在斯特尔苏拉以北1100码的地方放置了3处岗哨，哨兵们沿着哨位挖掘环形阵地，周围一下子热闹起来。在我们对面，大约一个营的罗马尼亚部队在几个紧密相连的阵地里挖掘战壕。

之后的几天我们与一小股敌军发生冲突，但我方没有伤亡。我们住在帐篷里，每天都有牲畜从山脊另一边的山谷里运送物资过来；我们和施普罗瑟那边的部队以及岗哨之间都有电话联系。在右方的阿尔卡努卢伊东南面的陡坡上，我们可以看见第十一炮兵师遗留在那里的榴弹炮。在我们东面一又三分之一英里的地方是另一个山脊，符腾堡山地营的其他部队就驻扎在那里。

大雾笼罩着山底的草原，雾气像海浪一般冲击着阳光照射下的特兰西瓦尼亚地区的阿尔卑斯山峰。多美的画面啊！

评注：占领1794高地的情况表明，高山气候对部队的战斗力和抵抗力具有很大的影响。如果装备不齐全，补给又跟不上，这种影响就会更大。另一方面，我们见证了士兵面对敌人时的忍耐力。在特定的情况下，干木柴或木炭必须配备给处在6000英尺高度的部队。就在几天之后，在乌尔坎山脉的南坡上，我们就在帐篷里用木炭在废旧的罐头盒里生火取暖。

强攻莱苏卢伊

11月份，罗马尼亚人收到消息说，德军将从喀琅施塔得向布加勒斯特方向突击。为此，他们将后备军的主力部队集中到普罗埃斯蒂以北的区域。但自鸣得意的罗马尼亚人没有想到的是，基内将军正在乌尔坎-斯库尔杜克一带组建一支新的突击队。这支突击队的任务是强力突进瓦拉几亚，然后从西面进军布加勒斯特。

突击队的右翼是我们营的部队，他们在11月初占领了普里斯洛普-塞皮卢尔-格鲁巴一线的高地。这次行动的目的是为了给主力部队提供保护，好让他们从山里展开全面进攻。我们的战斗很艰苦，每拿下一块阵地都要努力做好防御工作，以便应对敌军不可避免的反攻。罗马尼亚人战斗力不错，但每次反攻都被我们击退，只好在斯特尔苏拉搭建铁丝网驻守。11月10日，在留下一个排负责警戒之后，我的连开赴格鲁巴马雷参加基内突击队的进攻。这次行动定在11号，我们营的任务是攻占莱苏卢伊。这是一个约4000英尺高的山峰，山的南坡是瓦拉几亚天然的边境线。罗马尼亚人想尽一切办法巩固这座山峰的防御工事，我们可以在格鲁巴马雷和莱苏卢伊之间的鞍状山脊上看到前后排列的几个阵地。我们营集中了4个半步枪连，其中包括二连。炮兵方面将有一个山地炮兵连为这次进攻提供直接支援。高斯勒的小分队将从正面进攻，利普将带领两个半连从东面包围敌军阵地。只有在负责包围的部队投入战斗之后，高斯勒的部队才从正面发动进攻。（见图18）

在行动之前，二连增补了一个机枪排。11月11日黎明，我们在罗马尼亚人阵地右侧仅200码远的地方做好了准备。在前往集合地点的路上，我们遭遇一队罗马尼亚巡逻兵。经过一场激烈的枪战，我们抓获几名俘虏，本方没有伤亡。罗马尼亚人开始警觉，整个上午他们都用步枪和火炮扫荡这个区域。好在这个地方到处都是掩体，我们没有任何伤亡。我们没有浪费子弹去还击敌人，而是利用这段时间扩大针对敌军阵地的侦察面，并在地上制定全面的火力支援计划。我们在左后方部署一个山地炮兵连，沿途充分利用大量的战斗岗哨。几个小时过去了，等利普那边发动进攻的时候已经是中午，枪声刚响我们就和高斯勒的其他部队向前推进。

图18　1916年11月11日莱苏卢伊的局势　北面视角

在二连推进之前，格劳中尉从他稍高一些的位置上用重机枪扫射敌军阵地。我们的人随即冲出掩体，如洪水猛兽般奔跑下山。罗马尼亚人没有坐以待毙，他们纷纷从鞍状山脊的战壕里逃跑。几分钟之后，我们就到了莱苏卢伊。我们抓到的俘虏不多，因为罗马尼亚人很善于逃出我们的手掌心，他们很快就消失在鞍状山脊的河谷里。不过我们没花多少时间就占领了莱苏卢伊山峰，当天晚上我们就在上面露宿。二营的官兵们很高兴，因为我们在正面进攻中只有1人负伤。

天黑以后，部队派出侦察小分队去观察敌人的方位并寻找食物。到目前为止我们一直吃得很少。小分队到12号早上才回来，他们报告说没能接触到敌人。他们带了几种肉过来，我们用最短的时间把肉煮熟之后就开吃。食物和11月明媚的阳光让我们忘记了在帐篷里度过的寒夜。

评注：11月11日进攻的集合地点是背对敌人的一个山坡，离敌军阵地200码左右。敌人的错误在于，他们没有使用作战岗哨阻止我们逼近他们主要的作战阵地。我们的攻击部队在集合地点停留了几个小时，其间不断受到敌军的炮火侵扰。由于地形的关系，这次攻势的火力支援是由射程覆盖200码的机枪提供的。

单兵重机枪迫使敌人隐蔽，突击排乘势突破敌军防线。在突击队攻击阵地间的缺口期间，我们的机枪继续保持火力，之后机枪的目标就转移到敌军阵地后方。一旦突击队突破成功，机枪手就迅速跟上，从更好的位置为进攻提供支援。敌人原本以为我们的攻势会持续几个小时，但我们的作战方式彻底把他们打懵了。

如果推迟半小时发动进攻，我们会取得更大的胜利，因为那时候利普的部队就到了敌人后方而不只是侧面。

在库尔佩努尔-瓦拉里的行动

1916年11月12下午，增补了一个重机枪排的二连受命从莱苏卢伊东坡下山去攻占瓦拉里村。与此同时，我们营的其他部队分两路纵队从西坡下山去攻击同一个目标。莱苏卢伊的天气很晴朗，但我们下山的路上有很浓的雾，只好用罗盘摸索着走一条通向山谷的小路。走了没多久我们就听到山谷传来说话的声音，我们不知道这是在给我们下达命令还是下面的人在交谈。

在左下方不远的地方，罗马尼亚的炮兵在轰炸乌尔坎通道。我们所处的位置很危险，随时可能会在大雾里撞见敌人。我们在前面、侧面和后面都部署了很多卫兵，大家一路摸索着走下长满草的山坡，行军途中禁止说话。

等雾散的时候，天色开始变暗。在前方几千码的山谷，我们可以看到由单座房屋连成的一个狭长的村庄。这是瓦拉里还是库尔佩努尔？我们用望远镜可以看到村子的几个地方有一些人，这些人很可能是士兵。村子入口处有明显的岗哨，离我们目前停留的位置有10分钟的路程。

我觉得，只有联系上两翼的友军或等待后续支援我们才能继续推进或者发动进攻，所以我决定在为进攻做装备的同时等待两翼的接应。为了避免暴露我们的位置，我让侦察员在原地待命，完全依靠肉眼作细致观察。

我让手下的部队做好进攻村庄的准备，只要援军在天黑之前赶到我们就动手。我们隐蔽在小洼地和灌木丛里，天黑的时候我让部队组成严密的防守阵型，派出负责警戒的士兵，然后静观其变。我告诉所有的哨兵，一旦看到友军过来或者听到可疑的声响就立刻通知我们。一切安排妥当之后，我们枕着手臂睡了几个小时。

快到半夜的时候，我们听到侧面的友军从山坡上下来。我赶紧叫醒我的人，带领大家在明亮的月光下穿过灌木丛，向库尔佩努尔-瓦拉里村走去。重机枪排被部署在左侧，为我们提供火力支援。先头部队很顺利地到了村子边，他们说连敌人的鬼影子都没看见。另一边，右翼邻近的队伍那里传来零星的枪声。我们小心进入村庄，接着让机枪排跟进来。

村子里的农舍有人住，一大家子人围着壁炉躺着，身上盖着毯子和皮衣，屋里的空气非常浑浊。当地人听不懂我们说什么，双方之间的沟通十分困难。我们还是看不到敌人的踪迹。派出去的侦察员报告说，我们可以把学校的房子和附近两座农舍变成一个不错的据点。这下我们有活干了。在安排好哨兵之后，我带两名传令兵到村子西头找到施普罗瑟少校向他报告情况。我们营的其他人在村子西头安顿下来。刚才就是在这个地方，敌人没打机枪就逃跑了。

施普罗瑟少校以连为单位分配驻地，我们连抽到村子东头。我们面朝南边，三连在我们右侧。天亮以后，我们联系上了左面的一五六步兵团，但我们对敌人的方位和部署情况仍然一无所知。（见图19）

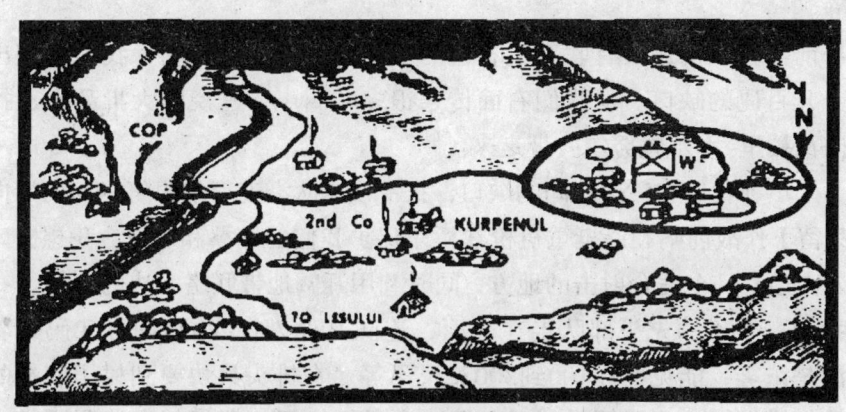

图19　库尔佩努尔–瓦拉里的情况。南面视角

凌晨3点，我回到自己的连队。这是一个伸手不见五指的夜晚，我的人睡在校舍里。我叫醒几名下属指挥官，跟他们一起侦察我们的阵地。在我们东面不远的地方有一座木桥，桥下是150英尺宽的库尔佩努尔河，河的两岸是白杨和垂柳。河的两边都有路通向南面。从地图上看，靠东的一条路更好走。木桥附近有一些农舍，村庄从河西延伸出去数百码。我们还没来得及安排岗哨，一场类似前几天的浓雾就笼罩了我们。我们在桥西不远的地方和穿过村子的路上各部署一名军士，还在库尔佩努尔以东安置了战斗岗哨。我还派出联络小分队去联系右边的三连和左边的一五六步兵团。等天终于亮的时候，我们发现能见度只有60码而已。

还没等我们联系上附近的友军，上等兵布鲁克纳就报告说，他在我们战斗岗哨东南半英里的地方遇到罗马尼亚人的一个连。罗马尼亚人呈环形排列，刺刀都上好了，但他们没发现布鲁克纳的那个班。我刚把这个情况用电话报告给营部，桥那边的哨兵又来报告说："在前哨后方50码左右的地方，罗马尼亚人派了一支6到8人的侦察队在大雾里观察。我们该不该开枪？"

我一面让连队准备行动，一面跑向作战前哨。在我们前哨后方的区域里，罗马尼亚人高高的皮帽清晰可见。我命令几名狙击手开枪射击，有几个人应声倒地，其余的人消失在黑夜里。几分钟之后，我们左后方连续响起步枪声。

南面的侦察员报告说，一支人数不少的罗马尼亚部队出现在河东作战前哨附近，排头兵离我们的岗哨只有几百码远。我立刻让人带上一挺重机枪赶过去，命令机枪手向路两侧扫射。远处传来敌人的几声枪响，接着四周又重归平静。

目前为止我们还没有联系上右边的三连。种种迹象表明，我们之间出现了一个几百码的缺口。从我们右面传来很多喊叫声，这说明大批敌人正拉开战线向瓦拉里-库尔佩努尔一带走来。

为了填补我们和三连之间的缺口，我带领连队沿着库尔佩努尔河西岸向南走，只留下作战前哨和一挺重机枪在桥东保护我们的侧翼和后方。我想去库尔佩努尔南边找一个适合射击的地方，同时利用开阔地带联络右边的友军。

我和一个班的先头部队走在前面，连队其他人在我们后面160码跟着。四周满是浓雾，能见度在100到300英尺不等。在排头兵快要到村子南端的时候，我们遭遇了一小股罗马尼亚部队。几秒钟之后，我们就在50码距离内展开激烈的枪战。起初我们站着射击，无奈敌军火力太猛，我们只好卧倒隐蔽。对方的人数至少是我们的10倍，我们刚用快速射击压制正面的敌人，两侧的敌人就逼近过来。他们从灌木丛和树篱背后爬过来，一边爬行一边射击。我们的先头部队陷入困境，大家隐蔽在路右边的一座农舍周围，连里的其他人好像隐蔽在后面500英尺左右的农场里。因为大雾的关系，后面的部队无法给我们提供支援。他们应该向前走，还是先头部队向后撤？由于我们面对的是人数占优势的强敌，后一个选择应该是最合理的，在能见度有限的情况下更是如此。

我命令先头部队再守住农舍5分钟，然后从右边穿过农舍回撤到连队所在的位置。在这个过程中，连队将从靠后100码的位置提供火力支援。我从路上跑回连队，浓雾很快就让罗马尼亚人看不清我的位置。回到连队我就立刻命令一个排和一挺机枪向左侧区域开火，帮助先头部队回撤。回撤过程中，先头部队忍痛丢下了身负重伤的列兵肯特纳。

我们左边的河段上聚集了越来越多的罗马尼亚人。与此同时，左边的作战前哨陷入激烈的枪战。前哨左翼暴露在外，很容易被攻击。右边很远的地方也发生激烈的战斗。我们还没有联系上三连，如果敌军攻击右翼，我们整个连就会被彻底包围。这种情况让人想起我们攀爬1794高地时巴伐利亚士兵讲述的经历——当时他们肯定也是陷入了同样的境地！

我的命令是："一排死守阵地；二排由我直接控制，位置在一排右翼后方！"我还派出几名传令兵去右侧寻找三连。我们在树篱背后的开阔地上跑了大约200码的距离，正当我们跑在一块刚刚犁过的地上时，有人从右边50到90码外的一个小山丘上向我们射击。尖利的声响显然来自卡宾枪，也就是说，开枪的是德国人！犁沟几乎起不到遮挡作用，我们一边大声喊一边挥手也无济于事，好在开枪的人准头很差，否则后果不堪设想。没过多久，一片浓雾包裹了我们，我们总算可以摆脱窘境回到连里。我放弃了继续联络三连的想法，现在我知道他们一些兵力的方位。我想弥合我们与后备排之间280码宽的缺口，但身处战争，很多事往往不能如愿。

回到村里我才发现，一排和重机枪都没有执行我的命令，他们竟然主动进攻敌军。从战场的声音判断，他们一路打到了村庄的南边。无论排长及其部队的积极性多么值得表扬，在没有事先与右侧或左侧建立联系而又面对强敌的情况下是不大可能在大雾里守住库尔佩努尔南侧的。不幸中的万幸是，后备排没有离开他们的指定区域。

双方交战的声响越来越大，我担心一排处境不妙就跑了过去。跑到半路我遇到排长，他气喘吁吁地报告说："一排在村子南侧把罗马尼亚人打退了300码，还击毙两名神枪手。现在我们排正面对很多敌人，他们离我们只有几码的距离。我们快被包围了，重机枪手已经牺牲，他的助手或死或伤。我们急需支援，否则会全军覆没。"

我听到这些一点都高兴不起来。为什么这个排没有服从命令待在原地？我该不该像排长请求的那样投入剩下的后备军？如果那么做，我们所有人都可能会被人数更多的敌军包围和消灭。到时候符腾堡山地营的左翼会不会就被折断？不，即使我很不情愿，但我不能帮助一排。

我命令一排立即脱身，从村子的路上回撤，连队会给他们的撤退提供火力掩护。就在这个时候，太阳的出现将能见度提升到100码左右，一排脱身的难度加大了。这是一个千钧一发的时刻。二排迅速在村子中间就位，向左面攻过来的大批罗马尼亚人射击。很快一排的人就开始一路开着枪跑了回来，身后跟着黑压压的罗马尼亚人。我们连的密集火力压制住了正面的敌人，但左右两侧的敌军在继续逼近。我们现在非常需要一挺重机枪，但机枪手已经牺牲了。

一排的人进入了射击线。我赶紧跑到桥那边的作战前哨，看到那边情况正常之后带了他们的重机枪过来，让机枪手在村子最危险的地方开火。（见图20）

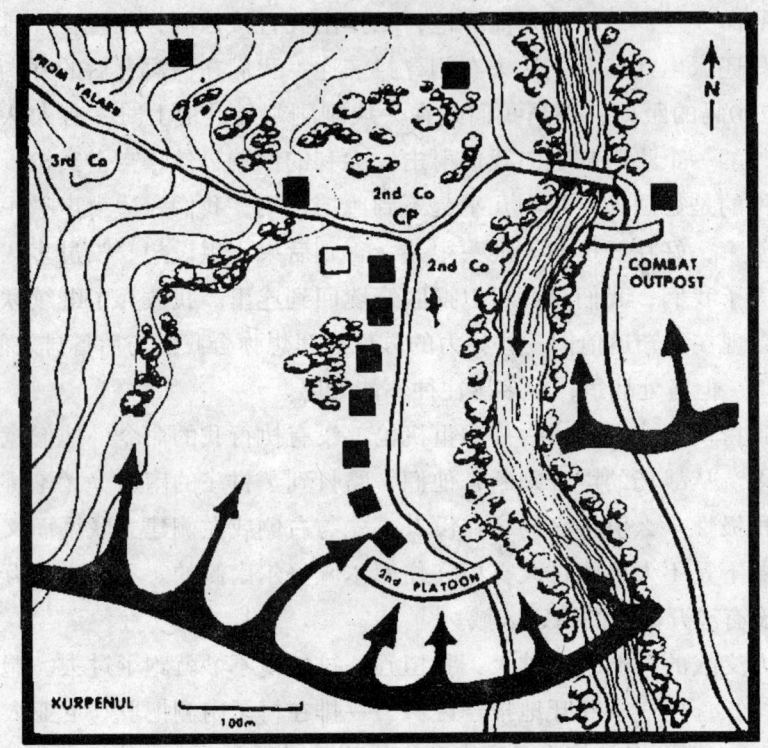

图20　库尔佩努尔村的战斗

但罗马尼亚人没有就此罢手。尽管遭受重大损失，他们还是连续不断地发起进攻。我们连的指挥所也进入了射击线，驻守在那里的戴林格中士头部中弹阵亡。雾气继续消散，我们终于有机会判断敌人的兵力。我们接下来要面对的是弹药供给问题，另外我们的左翼完全暴露在外。

我打电话向施普罗瑟少校报告了情况，请求他即刻派兵支援。几分钟后，霍尔中尉带了50个人过来。我让他们先到左翼后方，安排其中一两个班守住左翼，其余大部分人直接归我指挥。紧接着出现的六连也归我指挥，我让他们呈梯形编队镇守在左后方。现在我们没什么可担心的了。

此时，面对敌军火力攻击的二连正坚守阵地。在我方卡宾枪和重机枪的精确打击下，敌人开始逐渐撤退。为了摸清对方情况，我派侦察员出去观察了一番。这时候我们的视线不错，部队重新回到村子的南侧，在那里见到一连的几名重伤员。这些伤员原本带的东西不多，就是怀表和刀之类的，但都被敌人抢走了，不过除此之外他们都还好。

随着能见度的改善，我发现村子的南侧是绝佳的指挥位置，于是我把连队带到那里重新整编，然后开始组织部队挖战壕。此后不久，另一个重机枪排也加入了我们。

敌军已经消失在我们的视野之外，但从左侧很远的地方传来零星的步枪声。在我们的右边是被一连摧毁的炮位。后来我们才知道，其他几个营也向这些炮位发射过炮弹。

由于前方没有敌人，我带着一小队巡逻兵去察看炮位。不可思议，这些都是德国制造的克虏伯炮！

没过多久，南面又开始出现小股的罗马尼亚人，他们正在逼近我们所处的位置。他们一浪接一浪地从战壕里钻出来，位置离我们有2000多码远。我们连队在各个方位都有很好的掩护，所以我们隐蔽起来静等敌军推进。当敌人的先头部队推进到500码的射程之内时，我命令部队全面开火。敌军被打得措手不及，我们在随后的交火中没有出现伤亡，重机枪的命中率也很高。夜幕降临的时候，敌军开始撤退。连队的侦察员在前方阵地抓获几十个俘虏，其他人则为夜间守卫做准备。先行的侦察班没有发现敌人的位置，于是连队开始挖战壕，有些士兵去周围寻找可以烧烤的猎物。

我们连一共有17名伤员，阵亡3人，这让我们很难过。

和二连一样，符腾堡山地营的其他部队也驻守在位于基内大队右翼的瓦拉里–库尔佩努尔一线。我们能在此次跨山突击行动中大获全胜，这些部队功不可没。在罗马尼亚一方的战场上躺着数百具尸体，其中包括一名罗马尼亚师级指挥官。这场战斗打开了通向瓦拉几亚的道路，我们乘势对败走的敌人穷追猛打。两天之后，符腾堡山作战营进驻塔久久。

评注：11月12日下午，二连在大雾里下山，我们在前面、侧翼和后方都安排了警戒部队。当时的形势很不明朗，部队随时可能遭遇敌人。为了让部队休整一番，夜间连队就呈战斗队形（环形防御、手握步枪，外派侦察员）休息。

作战侦察以及联系邻近的友军十分重要，这一点在11月13日的事件中得到了充分证明。如果不是迅速了解罗马尼亚强敌的推进情况，加强二连就会被敌人在大雾中消灭。

第一个作战前哨用机枪向推进中的敌人开火，这让作战形势立刻明朗起来，给二连提供了填补右方巨大空缺的时间。

当先头部队在浓雾里与敌军在库尔佩努尔南侧遭遇时，双方没有发生刺刀战而是展开枪战。为什么呢？因为我们人少，刺刀搏斗对我们不利。敌军人数占优，他们会把我们打得落花流水。但在几名步兵率先开枪之后，敌军的进攻就被阻止了，尽管他们的人数是我们的10倍。

先头部队和此后的一排都在枪战中穿过大雾返回了大部队。在这个过程中，驻守阵地的大部队一直为他们提供火力支援，在大雾里向村道和库尔佩努尔河之间的区域开火。

在雾天作战的时候很容易伤到自己人。这次的情况和上次在布里尔农场一样，向自己人喊叫或做手势都不起作用。

这次在村子里的战斗面对数量庞大的敌人，我们的处境极其艰难。通过把最后的兵力投入到关键点的防守并从其他相对安全的地方征调救兵，我们终于成功摆脱困境。在这样的处境里，指挥官必须非常主动。

马古拉·奥多贝斯蒂的1001高地

12月中旬，我们经过米尔齐尔、梅莱、古拉尼斯科普卢伊和萨波卡进入斯拉尼库尔山谷，在那里加入了阿尔卑斯军团。

在平原地区，由于俄国几个师的增援，罗马尼亚人坚持负隅顽抗。德国第九军在战斗中缓慢推进，途径布扎乌抵达里姆尼库尔和福克萨尼要塞，但我们为这些胜利果实付出了沉重的代价。阿尔卑斯军团得到的命令是：把敌军从斯拉尼库尔山谷和普特纳山谷之间几乎无法穿越的山区驱逐出去。这么做可以减轻在平原上作战的部队的压力，也可以防止敌人从山区向福斯卡尼地区的部队推进。

我们是在深山里度过圣诞夜的，那里的条件非常艰苦。随后，作为阿尔卑斯军团后备部队的二连开始行军，从比索卡出发，途径杜米特雷斯蒂、德隆、佩特雷亚努，最终抵达梅拉。1917年1月4日，我们重新回到营里，当时营部设在辛迪拉里。为了保护福斯卡尼，大批罗马尼亚部队据守在绵延、崎岖、森林覆盖率高的马古拉·奥多贝斯蒂山（高1000米）。

我们计划在1月5日攻占这座山。巴伐利亚步兵卫队从南面和西南面发动进攻，符腾堡山地营从西南面和西面发动攻击。

我这个加强连的任务是，从辛迪拉里东北1.5英里的523高地攻过去，在两翼没有支援的情况下攻占1001高地。在我们右边的是巴伐利亚步兵卫队，他们的左翼设在479高地区域，位于我们连东北约4英里处。我们左边是利普的小分队，他们在1001高地西面的一条山脊上，离627高地3英里左右。所有这些部队的目标都是一样的。（见图21）

根据上级命令，我们在天亮时出发。在穿过几个树木繁茂的深涧之后，我们在日出时分到达523高地。那里有一个被丢弃的望远镜，这给我们提供了很大帮助。在连队隐蔽休息的时候，我用望远镜观察所有的山坡和山谷，很快就掌握了敌军的兵力部署情况。

遗憾的是，望远镜的视野有限，不足以让我看到右边的巴伐利亚人。在我们前方（东北方向）约1000码外，罗马尼亚的侦察兵在山谷里巡逻。1001高地前方那条南北走向的山脊完全被罗马尼亚人占据，从树木之间的间隙就可以清楚看到他们的壕沟阵地。白天在光秃秃的大山谷里找一条隐蔽的攻击路线是不可能的。在左侧，罗马尼亚人在523高地以北的山脊上安置了一个排的前哨兵力。这些前哨都被部署在战壕里，总体面向西方。前往马古拉·奥多贝斯蒂最可行的路线是从西面延伸到山顶的那条山脊，那个地方正好是利普那个小分队的前进路线，所以我决定靠近利普的部队，跟他一起展开行动。要知道，在左右两边都缺乏支援的情况下朝东北方向迎击敌人是没有希望的。但我们和利普之间的直线距离还有3英里，现在我还看不到他，只能猜测他的方位所在。（见图21）

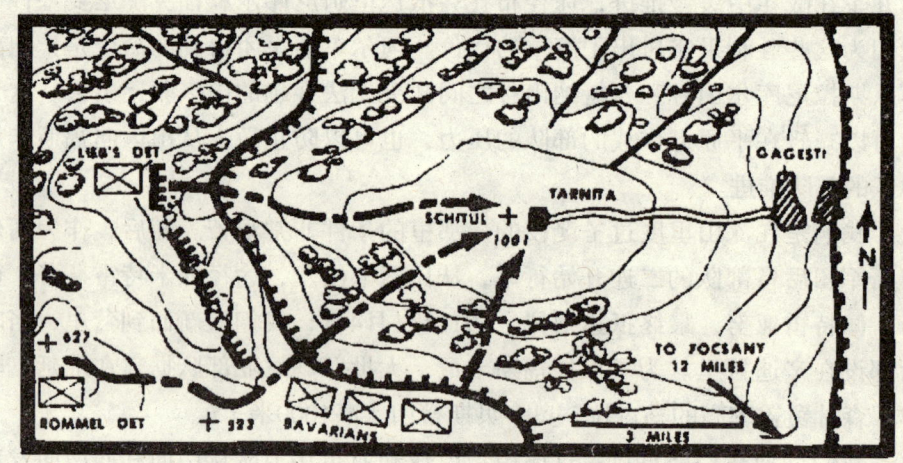

图21　攻击马古拉·奥多贝斯蒂（1001高地）

我派出几个侦察小分队去把敌人的注意力从我谋划的进攻方向（北）转移开，叮嘱他们在两小时内与连队会合。在这之后不久，我们未受伤亡就连续攻下敌人的作战前哨，把他们的哨兵赶回了主阵地。

我们走到一小片树林。据我们推测，利普的小分队所在的那个山脊应该就在一又三分之一英里以外。我带领部队转向北面，想占领马古拉·奥多贝斯蒂前方南北走向的山脊，这条山脊与由西向东向1001高地延伸的那条山脊有个交汇点。

我带着部队出发，连队在身后150码跟着。我们呈一路纵队穿过稀疏的树林，到了一条通向河谷的小路上。当侦察员走到河谷最深处的时候，我们注意到对面陡峭的山坡上有动静。一队罗马尼亚人带着驮运物资的牲畜沿着之字形路线下山，排头的人和我们只有100码的距离。对方的人数难以判断，我们该怎么办？

敌人显然没有注意到我们。我立刻让尖兵队进入侧边的灌木丛并后撤50码，让他们做好伏击准备。与此同时，我派传令兵告诉先头的排做好部署。但我们还没来得及安排妥当，罗马尼亚人就向我们开枪了。尖兵队开枪还击，紧接着一排也加入到枪战中。我们在河谷的位置对我们不利，因为敌人是从高处往下射击。一旦时间拖长，我们必将遭受重大伤亡，所以我决定主动攻击这些数量不明的敌军。进攻的结果出乎意料，我们刚冲锋过去敌军就投降了。我们的战利品包括7名罗马尼亚人和几头牲畜，我方没有伤亡。

我们爬上山坡追击撤退的敌人，在到达坡顶的时候遭遇敌军密集攻击，勇敢的传令兵埃普勒在我左边头部中弹倒地。我安排好重机枪排和两个步兵排，带领部队沿着路两边向北穿过一片高大的树林展开进攻。我们推进速度慢，无法看清敌军的情况，只有在耳边呼啸而过的子弹才能证明他们的存在。种种迹象表明，我们推进得越深，对方的火力就越猛。最后我们到了一片稀疏、高大的树林，前面300码左右的地方有一个加固的阵地。敌军展开疯狂的抵抗，我们继续进攻是没什么希望了。我们和敌军之间有一个很浅的鞍状山脊，我们待在向前倾的山坡上是很不利的。

为了避免无谓的牺牲，我命令步兵在重机枪排的掩护下撤退到另一个小山坡上。撤退完毕之后，我们发现自己离占据小山丘的敌军大约1/4英里。敌军的火力渐渐平息，很快就只能听到零星的枪声。

由于联系不上两翼的友军，我们就部署环形防线开始挖掘战壕，让后备军和重机枪排守在防区中央。夜幕降临的时候，我们安葬了可怜的埃普勒，他是这次伏击唯一牺牲的人。

在天色彻底变黑之前，我们找到了利普的小分队，他们在我们左面800码左右的林间空地边上。我们之间拉起了电话线。

我和利普中尉商量对策，接着又和施普罗瑟少校商量。如果两支部队一起进攻罗马尼亚人在树林里的据点，我们胜算不大，所以我们必须尽快确定从东南面包围敌人的可行性。

到了晚上，技术军士施罗普对敌军阵地的南侧作了全面侦察——由于地势崎岖不平，这项工作极其困难。在天亮前几个小时，他带回来很有价值的一份情报："我们向东北方向走，穿过一条深河谷，一路上没有遭遇敌军就到了对方阵地背后的山脊上，接着我们穿过一条路，这条路上来来往往有很多罗马尼亚人。"

我把这个情况报告给了施普罗瑟少校，他命令我带两个半连的兵力实施包围，天亮就行动；等我的部队开始进攻之后，利普的部队才从正面发起进攻。这个时候，天上突然下起了大雪。

天亮的时候天气很阴沉，地上有一层4英寸的积雪，山上飘着雪成云。六连已经过来增援我们。我让胡格尔的步兵排留在原地，他们的任务是用正面火力压制敌人，分散敌人的注意力。我带着一又三分之二个连和重机枪排向东朝很深的一个河谷爬下去。给我们带路的是施罗普，因为前一天晚上他已经走过这条路线。（见图22）

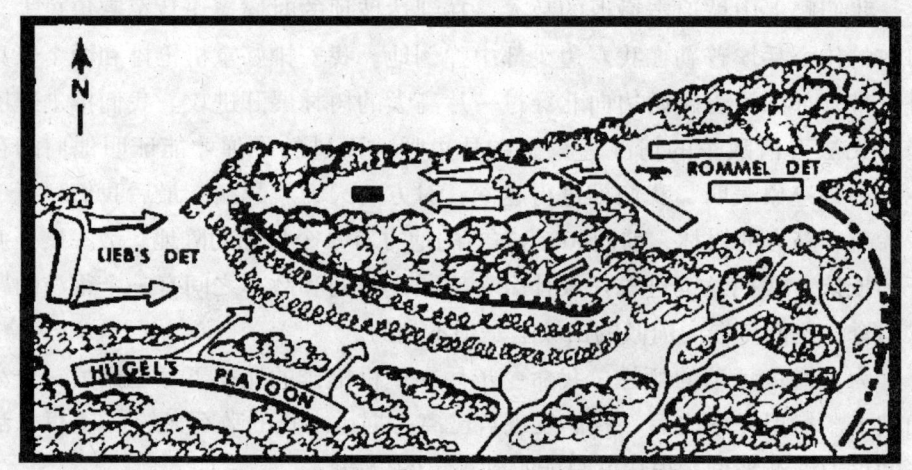

图22　1917年1月6日的包围行动　南面视角

胡格尔从原先的阵地上开火了，罗马尼亚人立刻大肆还击，他们肯定是担心我们会发动进攻。与此同时，我们悄悄地穿过河谷向东北方向爬上去。在艰难的爬行之后，我们到了山脊上，看到地上有一排罗马尼亚人踩出的新鲜脚印。

大雾里的能见度不到50码，我们做好了随时遭遇敌人的心理准备。我命令二连放下背包，立刻做好进攻准备。此时二连和重机枪排在前面，归我指挥的六连在第二线。除了零星的枪声以外，左边胡格尔部队的声响渐渐平息了。

我们小心翼翼地向前走，跨过山脊上的路，穿过冬日的树林走向敌军西侧和后方。突然，我们听到前面有声音传来。我立刻停下脚步，让重机枪做好射击准备，接着带领部队匍匐前进。刚向前走了一段，我们就看到眼前有一个敌军的露营地。营地里的篝火还在冒烟，但看不到罗马尼亚人的身影。我们继续向前走到一块林间空地，在那里看到几个罗马尼亚人若无其事地走来走去。敌人有多少实力？我们不知道面对的是少数几个罗马尼亚人还是一整个营。无论如何，我先命令重机枪排向那几个在大雾里走动的人开火。几秒钟后，我带领的整个小分队大喊着向敌人冲了过去。

那里只有几个罗马尼亚人，他们没有选择站着反抗，而是四散逃命。我们没有理会他们，继续沿着山路向西冲锋，这时开始有不明方位的敌人向我们开枪。几分钟后，我们听到利普带着他的分队喊叫着跑了过来。

由于周围能见度低，我们必须谨防打到利普的人。我们很快解决了这个问题，消灭了夹在我们中间的敌人。其余大部分敌人向山下逃窜，最终二连只抓到26名俘虏。不过逃跑的人只是暂时推迟了被抓的命运，因为就在3天之后，敌军一个营多达500人从树林里走出来向我们投降。

这次行动我们没有人员伤亡。我们进攻得手后，利普的分队向1001高地进发，我命令二连拿起之前丢下的行李加入到行进的队伍当中。此时地面开始积雪，大雾变得更浓。

在靠近1001高地山顶的地方，利普遇到一些罗马尼亚后备部队，他们躲在一个地方避风。我们的山地部队果断发起进攻，很快就把对方击退。罗马尼亚人在遭受部分人员伤亡之后放弃了山顶。后来他们再也没有回到这个冰雪覆盖的阵地。

寒风吹过1001阵地，冰晶打在脸上如同针刺一般。这样的天气条件太恶劣，我们赶紧让部队躲进东面山坡不远处的施图尔塔尔尼塔修道院。途中我们没有遇到敌人的阻拦，但修道院的条件比我们想象的要差，特别是在空间和伙食方面，不过至少给了我们躲避风雪的地方。糟糕的是，我们的喜悦没有维持多久。

一小时后，巴伐利亚卫队的人来到施图尔塔尔尼塔修道院，把修道院当成了他们的栖身之所。巴伐利亚人的军官比利普和我的军衔都高，我们只好给他们腾地方。利普还好，他想办法让他的人留在了修道院，但我的人就得在修道院附近的土房子里待着，这些房子屋顶很矮，而且还漏风。在土房子里度过一个冰冷、痛苦的夜晚之后，我决定尽早动身离开，向有人居住的山谷地区转移。

评注：用望远镜是可以定位和研究敌军阵地和部署的。我们在连队行进过程中就用这个办法，由此获得的信息与作战侦察分队提供的信息同等重要。

我们在树木茂盛的深涧里遭遇敌人，山地部队强大的攻击力大大超越了战术部署欠佳造成的劣势。

到了夜间，我们的进攻被阻断在离罗马尼亚人作战区域约300码的地方。为了避免伤亡，我命令位处前坡的步枪排在重武器的掩护下回撤到一个更有利的位置。此举收到了效果，我们没有出现任何伤亡。在类似情况下，烟幕弹可以得到有效利用。起初敌军会向烟幕密集开火，但这么做成效不大，所以之后他们就会停火，我们就可以借机脱身。

冬夜里的作战侦察（技术军士施罗普）收获很大，让我们在1917年1月6日推进到敌军后方成为可能。记住这个原则：部队休息期间一定要积极展开侦察。

为了在实施包围期间诱骗敌军并转移他们的注意力，同时压制他们的火力，希格尔的部队有必要长时间保持火力。

在围攻的最后阶段，我们在大雾里向一支不明实力的敌军发起进攻，当时我们就让重机枪上前扫射，结果把敌人从山脊上赶走了。

当寒风卷起雪堆的时候，罗马尼亚后备部队躲在1001高地的一个山坡上。他们在这个位置联系不上前方的部队，也没有部署卫兵。正因为如此，利普的小分队很容易就给敌人打个措手不及，打散了对方强大的兵力。

加格斯蒂

1917年1月7日清晨，我从加格斯蒂两侧向普特纳山谷派出了侦察兵。当时天寒地冻，地面有12英寸的积雪，四周笼罩着浓雾。快到10点的时候，炊事班长报告说，他向山谷方向骑行了两英里半都没有遇到敌军，但他听到山谷里传来队列行进的声音和很多声响。虽然我们在大雾里没法观察，但敌人显然是在撤退。

我打电话向施普罗瑟少校报告了情况，请他允许二连（加强连）向加格斯蒂推进。

一小时后，我们呈一列纵队穿过稀疏的树林向山谷走去。大雾里的能见度只有100码左右。我们在前端和两侧都部署了卫兵，前面是由技术军士希格尔带领的一个班，在我们前方约100码。重机枪排在整个连的中间，机枪由牲畜驮着。

我们用了半小时从树林里走出来，上了一条贯穿一片茂密苗圃的小路，路两边的树都只有几码高。我走在队伍前面。雾气没有先前那么浓了。

这时前面突然响起了枪声，紧接着就听见希格尔的传令声。他报告说，我们在路上遭遇一队罗马尼亚侦察兵。他开枪打死了走在前面的几个罗马尼亚人，剩余7个人举手投降。连队立刻进入战斗状态，因为我们抓到的俘虏有可能会是敌军部队的卫兵，谨慎防范是很有必要的。希格尔继续向前推进，几分钟后报告说他到了苗圃的东侧，还说敌军在大约100码外布置了一条伏击线，兵力估计有一个连。我立刻命令先头的那个排跨过小路到苗圃边开火。敌军很快大力还击，子弹呼啸着穿过丛林，我们马上卧倒隐蔽。重机枪排那边出了点问题，排长报告说，机枪都被冻住了，他得先给机枪解冻。在苗圃东侧几码外的地方，双方爆发了激烈的枪战。种种迹象表明，我们遭遇到的敌人不只有一个连。重机枪排躲在一个洼地里拼命用酒精给机枪解冻。敌人的子弹嗖嗖地飞过低矮的树林，此时重机枪派不上用场简直是雪上加霜。如果敌军从左侧或右侧包抄过来，我们就必须撤退，好在二排和三排在这两个方向给我们提供掩护。

第一挺机枪终于就位准备开火，但这个时候已经没有开枪的必要了。

大雾越来越浓，敌军乘势开溜，我们的机枪失去了发挥作用的目标。向浓雾开火只会浪费子弹，这对弹药补给困难的山地部队是不合时宜的。在机枪的掩护下，我带一个排来到一个较高的位置，那里是一片围着栅栏的葡萄园，里面有座小房子。我们没有和敌人交火。在对面的山坡上，很多罗马尼亚人像无头苍蝇似的到处乱跑。我们向他们挥动手绢，很快就不费一枪一弹抓获20名战俘。这场战争没有给罗马尼亚人带来任何好处，他们已经厌倦了四处征战。在一些俘虏的帮助下，我们抓到他们更多的战友。连里的其他人也过来了，但我们所处的位置很不利，敌军可以从任何一个方向攻击我们，所以我们在四周部署卫兵，还派出侦察员出去活动，很快侦察员又带回更多的俘虏。上等兵布鲁克纳在葡萄园的房子里突袭了5个罗马尼亚人，解除了他们的武装。我和豪瑟中尉到前面察看地形，希望能找到一个农场，好让连队有个更好的栖身之所。气温只有15度，我们饥寒交迫。我们没有在附近找到农场，不过在一片葡萄园中央的深水沟以北不远的地方找到一个更好的地方。这个地方的中央是一座小房子，房子里没有取暖设备的小房间里有一个被罗马尼亚同胞遗弃的重伤员，伦茨医生尽力救治但无济于事。我们连进驻到房子里。

深水沟沿着山谷通向加格斯蒂。北面和东面有100码左右的地形是开阔的，上面有稀疏的矮树丛延伸到另一个方向。我们听到左边的山坡上传来一些声音。伦茨医生和我向那个方向匍匐过去，一抬头就发现，在离我们数千码外的地方，兵力约有一个营的一支罗马尼亚大部队在一个果园背后的空地上休息。数以百计的人、马和车辆聚集在很小的区域里，中间还燃着篝火。

虽然我们可以在雾气的掩蔽下接近敌人，但我决定不发起进攻，因为目前的地形不利于我们最大限度地发挥手头武器的作用。

现在是下午2点，在天黑之前我们还有一个半小时的时间。天气非常冷，我们没法在户外露营。加格斯蒂在哪里？与其灰溜溜地返回施图尔塔儿尼塔修道院，我们宁愿去找民房过夜。除了住处以外，我们还需要食物。饥饿可以驱使部队前进。

我和伦茨医生及其勤务兵走到连队的东面，这里是一条大约10英尺深的水沟的左岸。技术军士普费菲带着三四个人在我们右前方50码左右。

刚走了不到1/4英里，我们就发现一座小房子附近的水沟北面有很多罗马尼亚人。他们是作战前哨吗？虽然我们自己在北面只有一支卡宾枪，南面也只有4支，但我们还是一边喊话一边挥动手绢劝对方投降。罗马尼亚人既没有屈服也没有开火。我们离他们只有30码的距离，撤退是不可能的了。我在心里暗暗为接下来要发生的事担心。罗马尼亚人举着枪站在一起交谈，手上还比比画画，但他们没有开枪，似乎在表明他们的善意。最后，我们走过去缴了他们的械。我给他们胡乱吹了一通关于战争结束的故事，然后把30名俘虏都交给普费菲那个班。

我们三个人继续朝山谷的方向走，在前面很远的地方依稀看到一个部署有序的连队。他们还在50码外的地方，但我们决定冒险一搏。我们挥动手绢，喊着话向前走。敌军茫然不知所措，他们的指挥官怒吼道："开火！开火！"还动手打他的人，但后者显然更想放下武器。我们的处境很微妙。对方开始瞄准开枪，子弹一阵阵飞过。我们立刻卧倒，然后转身向后跑，伦茨的勤务兵打了几枪之后也撤了。很快我们就消失在浓雾里。一小部分敌军尾随我们，其他人向雾里胡乱开枪。

在敌人的紧逼之下，我们跑到了普费菲那个班所在的地方，看到那30名俘虏还站在他们的枪旁边。我们赶紧把他们赶到水沟里，追着他们跑向我们的连队。如果敌人的枪法不是那么烂，我们肯定要放弃水沟了，但最后我们带着30名俘虏平安无事地回到了连队所在的位置。

我们回来不久，连队的火力就把分散着追过来的敌人压制住。双方在100码距离内激烈交火，我们因为重机枪明显占据上风。我们应该进攻吗？不。在这种情况下，即便牺牲一个人也是不值得的。夜幕降临的时候，枪声逐渐平息下来，双方只是偶尔打两枪以示自己的存在。天气这么冷，我们很难找到住处和吃的东西。三连的霍尔中尉骑着马来看望我们，他把80名俘虏转移到了后方。他向施图尔塔尔尼塔的部队报告说，我决定连夜赶赴加格斯蒂。

天气在刚刚过去的一个小时逐渐转晴，但气温却越来越低。天空繁星点点，雪地里点缀着灌木和大树。在向敌人最后放了几枪之后，我带着部队离开了。我们静静地沿着狭窄的山路朝西北方向走。前方和后方的部队负责警戒，重机枪排还是在队伍中间。刚刚开过火的机枪还在发热，为防止这些枪又被冻住，我们在上面裹了毯子和篷布。在走了大约600码之后，我们转向了北面。有了北极星做参照，我们就不用罗盘了。我们小心地穿过带刺灌木丛，周围的草木掩盖了我们的活动，大家一言不发。后方的卫兵报告说，有一大队罗马尼亚人在跟着他们。我停下脚步，在一排黑色灌木背后安放了一挺重机枪。我这么做显然多余了，因为卫兵的指挥官在一个合适的地点主动伏击了敌人，在没有开枪的情况下将其抓获。对方足足有25个人！但他们对我们毫无用处，所以我派人把他们送到了施图尔塔尔尼塔。

我们继续向北走，走了半英里我又转向东面。我在出发之前仔细研究了地图，我们肯定是走到加格斯蒂北面的一条死路上了。连队静静地展开队形，三个排并列向前走着，我和重机枪排走在中间。就这样，我们摸索着走过一个又一个灌木丛，脚下的缓坡一路延伸到普特纳山谷。每走一段我们都会停下来，用望远镜观察周围的情况。

月亮从我们右边缓缓升起，左前方的山谷里亮起了火光。通过观察我们发现，几十个罗马尼亚人在700码开外围站在一大堆篝火旁，附近还有一个小分队从左向右走，他们可能是去加格斯蒂。这个村庄被一座长长的小山遮蔽，山上光秃秃的，通过望远镜也只能看到几个孤零零的树丛。右前方有大片大片的果园，视线完全被挡住了。（见图23）

图23　加格斯蒂外围的敌军阵地

在这个寒冷的冬夜，我们的山地部队像饥饿的狼群一般慢慢逼近。我们要攻击左前方山谷里的敌人，还是绕过他们直接去加格斯蒂？

后一个选择似乎更好。我们三队人马紧贴着黑色的活篱笆，小心翼翼地走到离小山300码远的地方，这时山顶还在我们上面100英尺。在我们左边300

码外，大约50个罗马尼亚人围坐在一堆火旁。我手下有几个人说，他们看到前面小山上的树丛里有动静，但我用望远镜没看出来有什么异常。

我们继续贴着灌木往前走，终于来到了山脚下。山上的人是看不到这个地方的。在部队集结期间，侦察员爬向山顶观察情况，他们在我们上面几百码远的地方发现敌人的岗哨。我想到的第一个问题是要不要等重机枪排跟上来再行动。不过对方人少，这么做似乎没有必要。我想突袭攻占山顶，如果可能的话最好不用开枪。我估计加格斯蒂西北面有敌人的重兵把守，后来这个方向的敌人也被打了个措手不及。

向排长们交代了命令之后，我们就悄悄地向前走。不吹哨，不传达命令，更不能喊叫！我们的山地部队仿佛从地底下钻出来一般，猛然出现在敌军哨兵面前。这一切都来得太快，哨兵们甚至来不及开枪警示就匆匆忙忙往山下逃走了。

山顶是我们的了。我们右前方大约半英里的地方就是加格斯蒂，村子里的屋顶反射的月光清晰可见。离我们最近的一个农场在200码以外，跟我们有100英尺的高度差。农场里的建筑之间有很大的间隔。

加格斯蒂北面响起了警铃。士兵们纷纷从房子里跑出来，集合成不同的队伍，他们随时可能会大举压上夺取失去的高地。但我们已经做好了准备：重机枪已经装好弹药，步兵分散在200码长的战线上；还有一个排在左翼后方充当后援。

时间一分一秒过去，村子里渐渐平静下来。因为我们没有在山上暴露自己，也没有开枪射击，听到警报的敌军又回到他们温暖舒适的住处——他们原本就可能不想离开屋子。这是我们完全没想到的！就连对方的哨兵都没有返回哨位，他们好像也去了农场。

现在是晚上10点，我们又冷又饿，眼巴巴地看着加格斯蒂温暖的房子就在不远处。我们必须采取行动！最终的决定是：我们要从敌军手里抢夺最北面的农庄，然后在里面驻守、取暖、吃饭，然后至少休息到天亮。

我征调右边这个排的两个班给技术军士胡格尔，让他去攻击其中一个农场。他沿着深色树篱过去；如果受到攻击就开枪还击，然后在加强连的火力支援下协同左边一个排去攻占正对着他的那个农场。大家各领其命之后，胡格尔开始行动。（见图24）

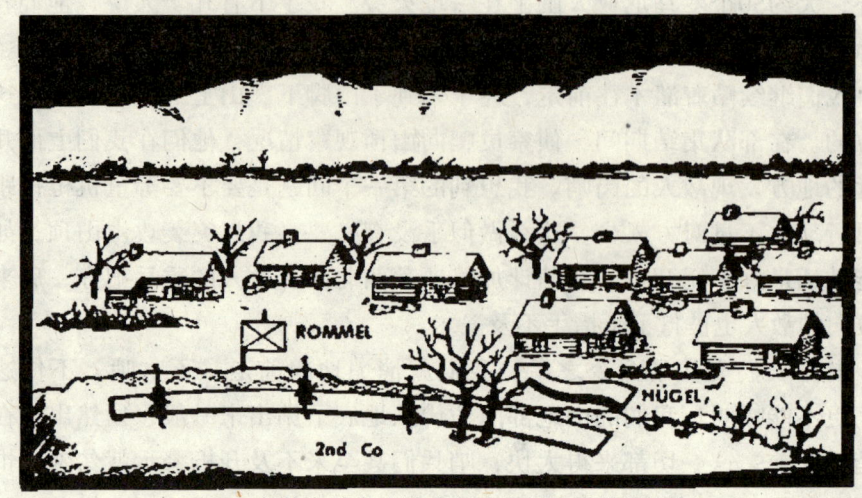

图24　胡格尔地突击队准备攻击加格斯蒂地农舍

突击队在离农场50码远的地方受到攻击，所有的机枪和扬纳那个排立刻开火支援，左边那个排大喊着向村庄冲锋过去。山地部队进入村子。在罗马尼亚人从房子里出来之前，胡格尔从另一面发动攻击。加强连的其他部队喊声震天冲将过去。重机枪排不再攻击北面的农场，因为那样可能会伤到自己人。他们调转枪口，向村子的房顶持续扫射了几分钟。

山下北端变得出奇的平静，敌我双方只是互相开了几枪。罗马尼亚人正在缴械投降。我带着另一个排和重机枪排向那个方向跑过去。等我到了房子中间，我们的人正在把俘虏聚集到一起，对方共有一百多人。更让人高兴的是，我们的人在枪战里没有一个负伤。附近的农场都没有枪声传过来，只有我们自己的机枪排偶尔从屋顶向右面射击。大功告成之后，我带着全连穿过一个又一个农场向右走去。我们抓获了罗马尼亚人的整个守卫部队，他们没有再作抵抗就接受了自己的命运。我在四周都安排了卫兵，把俘虏和机枪排放在中央，然后带着整个连沿着村道向南走。我们已经抓到200名俘虏！一路上都有收获。山地部队的士兵沿路敲门，从四面八方带着俘虏出来。快到教堂的时候，俘虏的数量是我们的三倍，足足有360人之多！

教堂在一块地势较高的地上，东面的地势很陡，下面200码左右的地方有一个村庄。教堂周围有一排半圆形的住宅，这是我们过夜的好地方。我们把俘虏赶进教堂，连队就住在周围的房子里。我去下面的村子察看了一下，发现奥多贝斯蒂和维德拉之间的路从村子里穿过，但我没发现更多的罗马尼亚士兵。种种迹象表明，上面村子里的交火声让敌军转移到了普特纳的东岸。我见到负责当地事务的官员，他通过一个会说德语的犹太人告诉我，他愿意献出市镇大厅的钥匙。德国军队的到来在预想之中，所以当地人烤好了300个面包，杀了几头牛，还准备了很多桶葡萄酒给德军。我让他们带了足够的食物给部队。当加强连最后的几批人归队的时候，时间已经过了午夜。在哨兵的保护下，大家好好睡了一觉。

我们的位置在大部队前方约4英里，左右两侧都没有友军，所以在加格斯蒂只有天黑的时候是安全的。为了安全起见，我想在天亮之前占据加格斯蒂东面的一个高地。到那个时候，敌人肯定也已经部署好了。

部队吃完东西就休息了，我赶紧写了一份报告。凌晨2点半，传令兵带着报告赶赴施图尔塔尔尼塔，他还带了一小桶上好的葡萄酒给利普中尉。

当天晚上平安无事。快要天亮的时候（1月8日），我把整支部队转移到加格斯蒂教堂东面的高地上。天亮之后，附近被雪覆盖的区域都没有敌人，只有普特纳东岸有敌军在挖战壕。我回到教堂边的房子里，向各个方向派出了侦察员。

我和炊事班长普法福勒从下面的村庄向奥多贝斯蒂走了一段。前一天晚上我们把驮运物资的牲畜送回了施图尔塔尔尼塔，因为它们的叫声会暴露我们的行踪。天亮之后，普法福勒把剩余的牲畜带了过来。我向奥多贝斯蒂的方向继续骑行，想要联系上普特纳西面的友军。

我们在加格斯蒂下村溜达的时候没有听到一声枪响。寒冷的早晨骑马出来让人神清气爽，"苏丹王"迈着轻快的脚步走着，我的注意力主要放在了马上，没怎么留意周围的东西。普法福勒在我身后10码左右。当我们走到离加格斯蒂1100码远的地方时，前面的路上有什么东西在动。我抬头一看才发现，前方有一队上好刺刀的罗马尼亚侦察员，人数在15人左右。这个时候要转身逃走已经太晚，只要我们一转身，子弹就会射穿我们的身体。我很快做了个决定，按照正常的速度来到对方面前，用友好的方式向他们打招呼，告诉他们应该放下武器，因为他们是俘虏，要去到加格斯蒂的教堂里同他们的400名战友会合。我怀疑他们没有一个人听懂我的话，但我沉着的举止和友好的语调很有说服力。15个人陆续放下武器，穿过农田向指定的方向走了。我继续向前走了大约100码之后就调头，取最短的捷径返回连队。下一次我就不大可能会遇到这么听话的敌人了。

中午之前，一连和机枪三连加入到我的阵营当中。现在隆美尔的部队已经有两个步枪连和一个机枪连，豪瑟中尉担任副官。

我们的侦察员带回了更多的俘虏。快到9点的时候，"战争又开始了"。敌人从普特纳东面的高地上向加格斯蒂猛烈开炮，开火的可能是罗马尼亚人，也可能是俄国人。我们疏散了最危险的区域，反正村子里到处是藏身之地。幸运的是，我们有遭受任何伤亡。

到了下午，敌军的炮火更加密集，这说明西面的战事还很活跃。炮弹不断落在周围，指挥所上方的屋顶都被打穿了。和之前很多次的情况一样，敌人密集的炮火很可能是传令兵来来往往造成的结果。情况变得非常糟糕，部队只好到加格斯蒂外围挖掘战壕。敌人是不是要发动进攻？

在敌军轰炸最猛烈的时间里，施普罗瑟少校骑马来到加格斯蒂，把他的指挥所设在奥多贝斯蒂-维德拉路边上的前线附近。敌军的炮火一直持续到天黑才渐渐平息。我们猜想对方会发动夜袭，因为俄国人很喜欢夜间突袭。为此，我们在暴露在外的一侧加强了警戒。

评注：在先头部队和罗马尼亚侦察队之间的遭遇战里，仅仅几枪就决定了战斗的结果。在类似的情况下，部队应该做好战斗准备向敌军推进：打开枪保险，轻机枪随时准备开火。狭路相逢勇者胜，这种时候先开枪的一方更容易全面开火，也更有可能获胜。

几分钟之后，我们遇到数量更多的敌军，但重机枪偏偏在这个时候冻住了。机枪手不得不在前线后方用酒精点火解冻枪支。后来我们吸取了教训，用毯子给重机枪保暖。

天黑的时候，我们向附近的敌人猛烈开火，借此机会轻松从战场脱身。

天黑之后，我们在月光下从两个方向朝加格斯蒂北部发起攻击，重机枪排为我们提供强大的火力支援。在进攻得手之后，重机枪还在屋顶高处为行进中的部队提供保护。这个时候机枪已经没有多少目标可以射击，但枪声制造的心理作用很明显，敌军未作抵抗就纷纷出来投降。我们在加格斯蒂的战斗中没有出现伤亡。

临近维德拉

午夜时分，阿尔卑斯军团的部队来接我们的班，我们就在明亮的月光下沿着山谷的路向北转移。我们前后走了7英里，有时距离罗马尼亚人和俄国人新设置的阵地只有1100码远，但我们没有受到攻击，也没有主动发起进攻。天亮的时候，符腾堡山地营和隆美尔的部队抵达维德拉，在几天当中第一次找到一个舒服的住处。但我刚要好好休息一番的时候就接到营部的命令："敌军在维德拉北部山区突破防线，隆美尔部准备开赴维德拉以北的625高地，到那里接受二五六预备役步兵团的指挥。"

这道命令几乎超出了人力可及的范围。连续4天我的部队都在极为艰苦的环境里战斗，前一天晚上又刚刚完成艰难的行军。累得要死的战士们才进入他们的住处，马上又要投入维德拉北部雪山里的战斗。

我在集合地点简要传达了任务，然后带领部队向北进入山区。我和豪瑟中尉、普法福勒中士和一名传令兵骑着马走在最前面。不知疲倦的战马很快就带我们走进山上绵延不断、积雪覆盖的草地，由此也进入了危险区域。

附近有充足的后备军，所以我的部队没有加入战斗。在很深的积雪里，我们围着篝火度过了一个冰冷的夜晚，然后按照营部的命令返回了维德拉。眼看就要回到舒服的住处，而且还有家书等待着我们，战士们的精神为之一振。

符腾堡山地营归统帅部指挥。第二天晚上，我们再次穿越加格斯蒂前线，返回到奥多贝斯蒂。之后的几天，我们穿过已落入我方之手的福斯卡尼要塞和里姆尼库尔萨拉特，到达布扎乌附近。

铁路运输一度因暴风雪中断，但最终我们还是上了火车向西进发。我们要在没有取暖设施的火车上待10天，大家都被冻得不行。在孚日山脉附近，我们充当了几个星期的后备军，接着继续向前进入施托斯魏赫尔-蒙西堡-赖夏克考普夫一带。

在温岑海姆，全营三分之一的部队（两个步枪连和一个机枪连）变成军团的后备部队归我指挥。施普罗瑟少校叮嘱我说，要利用这段时间恢复部队的战斗力。也就是说，我们要抓紧时间训练和演习。对于这样一个任务，我是最喜欢不过了。接下来的几个星期，营里所有的连队都接受我的训练。训练内容多种多样，但目的只有一个，那就是让部队做好战斗准备。训练课程包括夜间警报、夜间行军、攻击有防备的阵地以及德国军人有可能面对的各种战斗形式。

1917年5月，我的部队占据了希尔森山脊的一小块地方。6月初，法国人连续两天对我们实施大范围轰炸，我军历经一年多构筑的阵地在几个小时之内被夷为平地。不过，敌军在轰炸之后并没有派步兵发动进攻。很显然，我军的保护性火力打消了对方的进攻念头，但阵地尚未完全修缮我们就接到新的任务。就这样，士气高涨、状态正佳的部队离开了高大的孚日山脉。一路上，我们又唱起了符腾堡山地营最喜欢的"皇帝猎手"，歌声久久回荡在温岑海姆上空。

第四章

喀尔巴阡山脉东南部的战斗
（1917年8月）

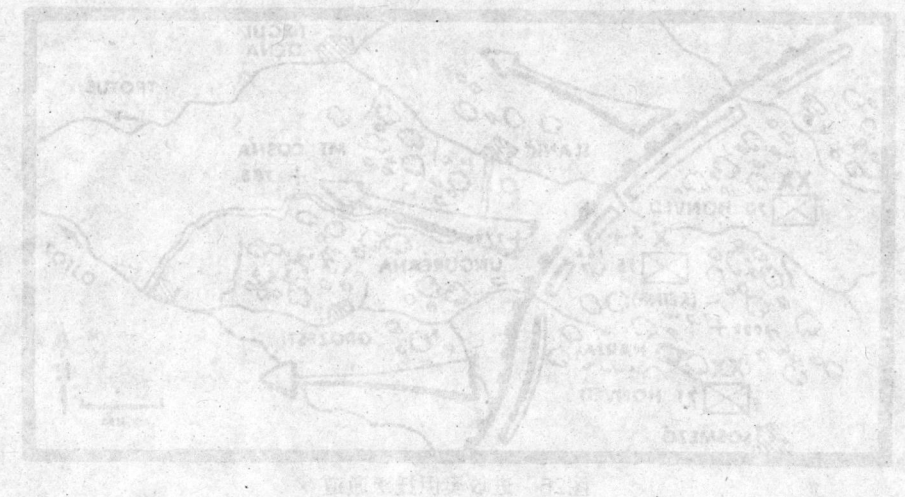

向喀尔巴阡前线进军

俄国革命削弱了协约国在东线的阵势，但直到1917年夏天，这个区域的大批德军仍然受到压制。只有彻底结束东线的战事，这些部队才能加入到西线的决战当中。为此，第九军将从南面攻击俄国–罗马尼亚前线的南翼。第九军驻扎在塞雷斯河下游与福斯卡尼西北20英里山区之间，他们西面是格罗克军团。

在酷热的夏日，我指挥的部队（一连、二连和三连）从科尔马开始坐了一个星期的火车，途径海尔布隆、纽伦堡、开姆尼茨、布雷斯劳、布达佩斯、阿拉德和喀琅施塔得，于1917年8月7日中午时分抵达贝雷茨克。我们是整个营倒数第二支到达的部队。我在火车站得知，格罗克军团将于8月8日上午进攻奥伊托茨山谷两侧的高地。（见图25）

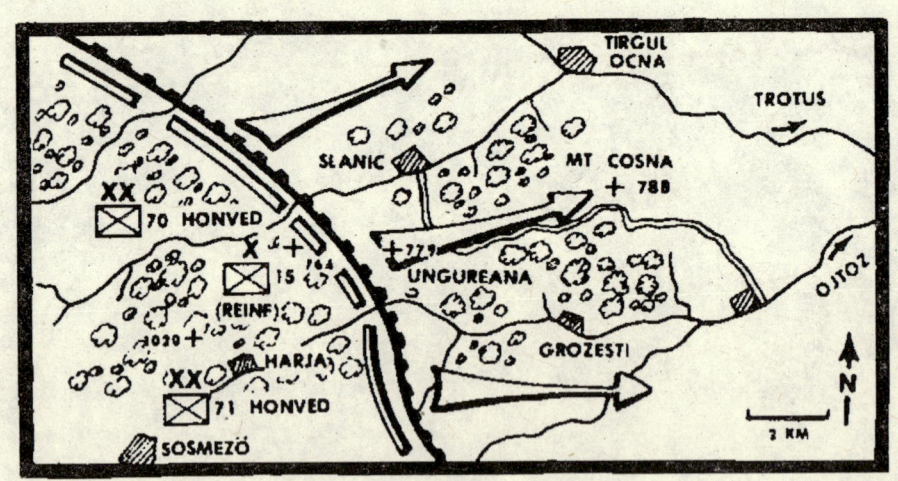

图25 进攻奥伊托茨通道

我的三个连领取了罐装食品，轻装上车通过奥伊托茨抵达索斯梅佐。这个地方位于当时匈牙利和罗马尼亚边界附近。我们的作战装备和物资将在卸下火车之后运抵索斯梅佐。

在索斯梅佐，我们遇到了上午行进到奥伊托茨山谷北部山区的其他部队。我们和营部之间的电话线被切断了，所以营部的命令是通过口头传达的："隆美尔部尽快跟随全营通过哈尔亚——1020高地——赶赴764高地（波坎）。"

山谷里有大批的奥地利人、匈牙利人和巴伐利亚人，山谷路的两边有很多火炮，其中一些是大口径炮。在作战装备运过来之前我不能带部队进入山区，所以我让他们在一个很小的地方露营。

奥地利哨兵在一旁盯着，以防我的步兵进入当地司令官的土豆地。当时部队的口粮极度短缺，所以这种谨慎态度是正确的。

到了晚上，营里的军乐队在篝火旁演奏了一个小时。有了去年冬天在罗马尼亚的经历，我们对未来充满了信心。

篝火在晚上10点熄灭，部队开始睡觉。这是很有必要的，因为接下来的几天对战士们的体能要求肯定很高。

半夜行李运到的时候，我们都被吵醒了。没过多久我就命令大家起身收拾行装，拿够4天的给养准备出发。因为所有的车辆都留在了索斯梅佐，几个连队和特遣队的人各自分配到几头牲畜驮运弹药、口粮和其他物资。一切准备就绪之后，部队就向哈尔亚进发了。在月光的照射下，部队在晴朗、温暖的夜里静静地行军。我打算在天亮之前清查可能处于敌军观察范围的山谷和1020高地的部分区域。从哈尔亚开始，树林里的路又陡又滑。天亮的时候，我的几个连接受了一次力量考验，他们帮助奥地利人把即将投入战斗的火炮拉上了山。

中午之前，双方的炮兵实施了大规模轰炸。我们担心赶不上巴伐利亚第十五预备役步兵旅的突破行动，毕竟符腾堡山地步兵营现在归他们指挥。虽然我们行军的速度很快，但我们赶到森林茂密的764高地的时候已经过了中午。

部队休息期间，我打电话向施普罗瑟少校报告我们已经抵达目的地。他命令我们继续前进，作为旅部的后备军前往672高地。施普罗瑟的指挥部就在这个高地。到达目的地之后，我得到六连和3个机枪连。战斗进程方面，我们得知巴伐利亚第十预备役步兵团在翁古雷亚纳经过艰苦的战斗夺取了第一批罗马尼亚阵地。出乎意料的是，据说这里的罗马尼亚人作战很顽强，拼尽全力守卫每一个战壕和防空壕。我们对敌军阵线的突破尚未取得成功。

我的部队在搭帐篷和做完饭的时候又接到命令：上级让我们同3个步兵连

和一个机枪连一起走到翁古雷亚纳（779）高地以西不远的一个地点。施普罗瑟少校走在前面，我带着自己的4个连跟在后面。四周伸手不见五指，我们以一列纵队艰难地行走在一条泥泞、狭窄的小路上。我们前面的山脊上时不时飞过照明弹，机枪和炮弹的声音不绝于耳。我们很快就到了目的地。我报告了我们抵达目的地的消息，受命在大路北侧的洼地露营。

我给各个指挥官分配地点和任务的时候，战士们还在小路上站成一长列。这时敌军的炮弹开始如雨点般落在山坡上。罗马尼亚人的突击轰炸！炮弹的闪光照亮了夜空，弹片四处飞溅，泥土和石头不断掉落。驮运物资的牲畜受到惊吓，纷纷挣脱缰绳驮着物资四散逃走了。我的人卧倒在山坡上，耐心等待持续了10分钟的密集轰炸结束。幸运的是，我们没有遭受伤亡。

轰炸一结束，各个连迅速进入他们的指定位置。经过一天的劳累，我们裹着大衣和帐篷在草地上睡着了。虽然中途突降大雨，但我们还是得到了难得的休息。

攻击山脊路弯道，1917年8月9日

　　天亮之前，敌人又是毫无征兆的一阵炮击把我们惊醒。我和副官豪瑟中尉睡在一块小洼地的上面，有几枚炮弹就落在附近拴着驮运牲畜的地方。受到惊吓的牲畜挣脱缰绳从我们身上跑过去，很快就消失在夜色里。一枚接一枚的炮弹在我们周围爆炸，其中几枚险些命中我们几个人。我们一直等到炮火减弱之后才敢跑进一个洼地躲起来。

　　敌军的炮火很快就停止了。我们有几个人被弹片击伤，伦茨医生不得不给他们处理伤口。天亮的时候我来到营部，热咖啡让我从晚上的紧张和疲倦中恢复过来。快到5点时，我们受命爬上翁古雷亚纳的南坡，与巴伐利亚第18预备役团一同继续进攻。

　　在敌人猛烈的炮火下，我们穿过翁古雷亚纳的西坡，沿途经过很多连接通道，从一个弹坑跳进另一个弹坑。最后到达西南面不那么危险、树林又茂密的山坡时，我们都倍感欣慰。这时上级命令我带领一连和二连把敌人从翁古雷亚纳山顶以南半英里的小高地上赶走。

　　我首先与巴伐利亚第十八预备役步兵团的右翼建立联系，他们前一天晚上在山坡上约100码的地方挖掘战壕。糟糕的是，我们无法得到有关罗马尼亚人具体方位的情报，因为部队没有对小高地方向展开侦察。我只好自己想办法研究目的地，还详细查看了地图。我们和高地之间是一个很深的峡谷，峡谷和高地都有很多树木和杂草。

　　我派一名中士带着10个人和1名电话兵去侦察敌军的部署情况。15分钟后侦察员报告说，高地上的坚固阵地已经被敌人遗弃。我立刻命令两个连呈一列纵队沿着电话线前进，占据敌人遗弃的阵地并做好全方位的防御准备。敌人随时可能从任何一个方向来夺回他们的设施，我必须为此做好准备。当我把情况报告给施普罗瑟少校，时间离我们接到命令只过去了30分钟。（见图26）

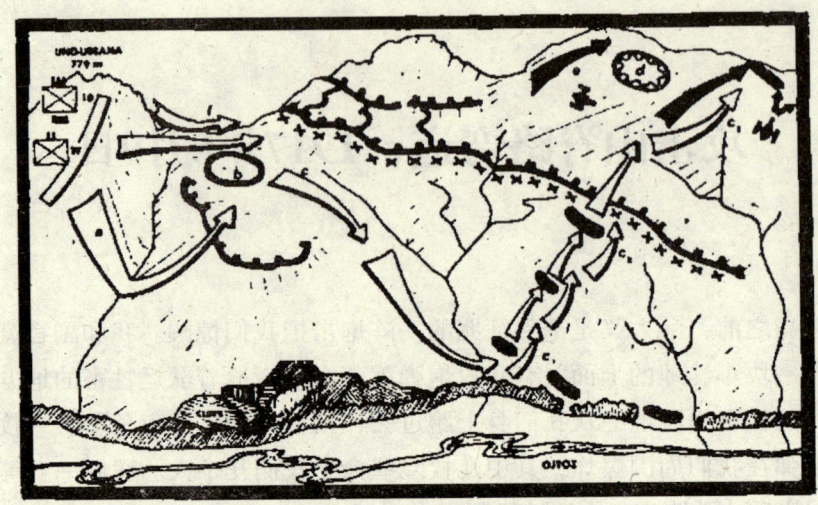

图26　1917年8月9日的情况

　　南面视角：（a）占领高地。（b）午休。（c）下午的进攻。（d）夜间阵地。（e）敌军反攻。（f）巴伐利亚第18步兵团和符腾堡山地营的进攻。

　　上午的主要活动是对附近人迹罕至的森林地区的南面（奥伊托茨山谷）和东面展开侦察，其间侦察员抓到两名俘虏。中午时分，从西面过来的匈牙利洪韦德步兵团来到小高地接我们的班。接到营部的命令，我的部队（现在又补充了三连）要向北穿过一片树林，到达翁古雷亚纳东南1/4英里的山脊。我们采取和上午一样的警戒措施——很多侦察员带着一名电话兵去察看情况。抵达目的地后，我们仍然组成实施全面防御的环形防线，因为我们和两侧的友军之间都没有联系，而且我也不想看到有什么不愉快的事情发生。据悉，敌军在翁古雷亚纳东面和东北面约半英里的主山脊上占据非常坚固的阵地。

　　在进行短暂的先期轰炸之后，我军拟于下午3点向敌军阵地发起进攻，把对方赶到山脊路弯道——翁古雷亚纳以东约一英里——以外的地方。巴伐利亚第十八预备役步兵团将沿着山脊进攻，符腾堡山地步兵营就在南面不远处。我的部队也在攻击部队中占据一席之地。

　　各个连队在西边的深沟里吃东西休息期间，我派几个侦察分队去察看下午要攻击的阵地。技术军士普费菲带10个人与最南边的侦察队一道去确认敌军在山脊路弯道向南延伸的山脊上的情况，包括对方是否就在这个地方，他们的具体位置在哪里以及兵力如何等。

　　从翁古雷亚纳山顶南面半英里的小高地的情况来看，敌军在最东面的山坡上不会有很多相互连接的阵地。我猜想，只有在高处和山谷里的阵地覆盖范围广且相互连接，山坡上的阵地不仅数量少而且相互孤立。这就是敌军的软肋所在，只要我们安排妥当，就能发动快速有效的进攻。

向北侦察的小分队报告说，他们发现了很多围着铁丝网的阵地。与此同时，普费菲在出发半小时后报告说，他们抓到75个罗马尼亚人，还缴获5挺机枪。这怎么可能呢，我们没听到那个方向有枪声啊！普费菲在电话里简要地说："敌军在我们部队露营地东南600码的峡谷里休息，没有安排哨兵，所以被我们突袭成功。我们在下坡的时候发现他们，让10个人悄悄靠近，然后劝他们投降。他们休息的时候把枪放在地上，所以不管愿不愿意，他们都别无选择。"

我把普费菲突袭得手的消息报告给施普罗瑟少校，建议他在大部队发动正面进攻的同时让我带领部队突破南坡上孤立的敌军阵地。我还建议说，如果突破得手，我们可以向山脊路弯道处发动突袭，那样我们就可以进入翁古雷亚纳以东半英里的敌军阵地后方，从而迫使敌军撤离翁古雷亚纳和山脊路弯道之间的整条防线。施普罗瑟少校把我的建议转告给旅部，后者表示同意。没过多久，我就带领二连和三连展开行动。遗憾的是，上面没有给我分配重机枪。

我们沿着普费菲的电话线悄悄向前推进，他的人在前面负责警戒。他没有发现其他敌人。我们向山谷走去，穿过茂密的落叶乔木和灌木丛。山坡很陡，我紧跟着普费菲。他带着我们一直走进奥伊托茨山谷，一路上我们一共下降了1200英尺的高度。

在离奥伊托茨山谷里的路仅有100码的时候，我跟上了普费菲，命令他从东北方向爬到山脊路的弯道处。我、豪瑟中尉和几名传令兵紧随其后。没走多远，我发现情况不太对劲就赶紧上前。普费菲在稀疏的树林里用手指了指，顺着他指的方向，我们看到大约200码外有一些罗马尼亚岗哨，这些岗哨后面就是敌军阵地。哨兵的注意力正放在山谷路两边的开阔地上。我们没有理会他们，沿着一条小路爬上树木繁茂、地势陡峭的西坡，径直向山脊路弯道处走去。

我们很有可能在向上爬的过程中就看到罗马尼亚人的阵地，所以我命令先头部队见到敌军就立即隐蔽，同时保护后续部队前进。除非受到敌军攻击，否则先头部队是不允许开枪的。我的想法是诱骗罗马尼亚人，让他们以为眼前看到的只是一个侦察小分队，以便给后续部队充足的时间爬上来并为进攻做准备。通过这样的做法，我希望能给罗马尼亚人来个出其不意。

当先头部队爬升到离谷底500英尺高的位置时，敌军从一个更高的位置向他们开火。按照命令，他们隐蔽起来但不开枪还击。我立刻安排部队做好进攻准备，三连在右，二连在左。有了茂密的灌木做遮挡，我们的准备活动没有让敌人察觉。我的进攻命令是：

"二连跨过小路进攻，但这只是佯攻，目的是诱骗敌人，利用步枪和手榴弹压制对方。要充分利用周围的掩体避免伤亡。进攻方向是沿着山坡的西面向上。与此同时，三连从右边包抄敌军阵地。我在三连这边指挥行动。"

有几个罗马尼亚侦察员进入了我们的集合地点，我们只好在完成全部准备工作之前就展开行动。击退这几名侦察员之后，我立刻命令二连进攻。他们在山坡上方150英尺处发现一个敌军阵地。在双方用步枪和手榴弹交火的过程中，我和三连向东爬了大约300英尺，经过一片浓密的杂草来到敌军的侧面，中途没有遇到任何敌人。敌军有一个排左右，他们的注意力都集中在正面的交火上。我们的进攻迫使他们放弃阵地向上撤退。我们不能向前追击，因为周围树木繁茂，视线不佳，而且前面就是二连的火力范围，所以我让三连留在原地。

像往常对待顽强抵抗的敌人那样，二连继续向前压制撤退的敌军。三连也在压制敌人，后者几乎没有时间停留就转身逃跑，但很快又被二连的步枪和手榴弹击倒在地。这一波新的攻势就是一个信号，意味着三连可以再次从右侧包抄。在8月的烈日下，这样的作战方式对战士的体能要求极高，况且他们还背着包往上爬。有几个人在这个过程中就被拖垮了。

我们接连追着敌人冲过5个阵地，这些阵地一个比一个坚固。到最后，我们只剩下豪瑟中尉和我，旁边还有10个还是12个人还在追击。我们采取稳定射击，手榴弹向侧边扔，开枪或投弹的时候相互提醒，以免误伤自己人。我们一直追，罗马尼亚人就在草木丛里一直往后跑。就这样，我们把他们从一连串用障碍物围挡的坚固阵地驱逐出去，让他们无法安身。

阵地上面的树林不是很茂密，山坡也不是很陡。我们来到一片林间空地，从右侧长满高草的斜坡上看过去，敌军的两个连正在向东北方向往山脊顶部撤退。在右面斜坡远处，罗马尼亚一个山地炮兵连正赶着牲畜转移到后方，显然是想尽快到达安全地带。我们从丛林里快速射击敌人，对方无法判断我们的人数。当敌人消失在附近的树林和起伏的地形之后，我命令豪瑟中尉带着手头所有的人继续追击。

正当我们的山地部队从树林边缘向前推进的时候，在我们左侧离林间空地西北角1/4英里的罗马尼亚山地炮兵连用榴霰弹攻击我们。一瞬间就有无数颗金属球在树林里飞过，我们赶紧躲到山毛榉树后。不久之后，二连和三连的先头部队气喘吁吁地爬了上来，我让他们隐蔽在右边一个洼地里。（见图27）

我们进攻的目标就在前面，也就是大约半英里外山脊路弯道附近的山峰线。虽然部队已经很疲劳，但既然敌人仓皇逃窜，我们就乘势追击。从翁古雷亚纳那边早就传来激烈交战的声音，巴伐利亚人和符腾堡山地营的进攻应该正在推进之中。

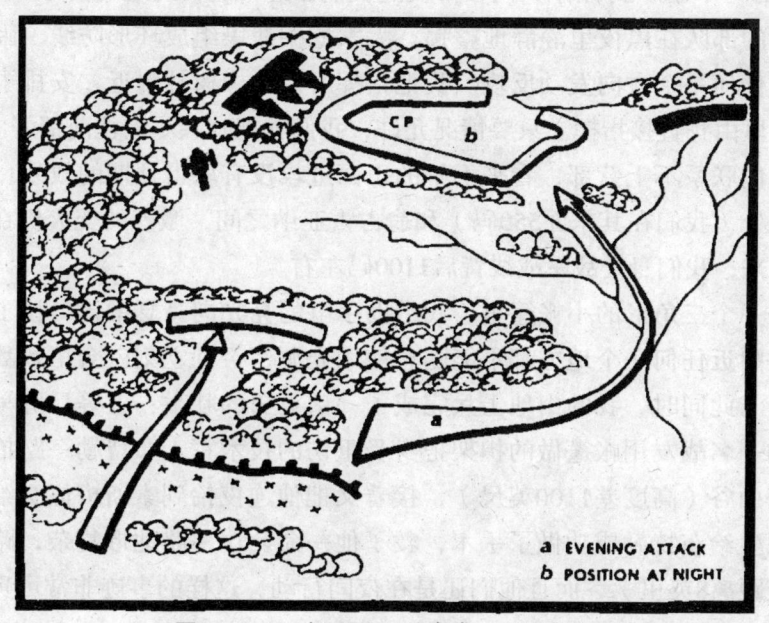

a EVENING ATTACK
b POSITION AT NIGHT

图27　1917年8月9日的夜袭　南面视角

在我们向山顶推进的路线上，敌人找到机会用步枪和机枪压制我们。即便就是这种稍纵即逝的间隙，对方的指挥官也能加以充分利用，组织手头的兵力构筑一条新的防线。

我带的两个连都没有机枪，这给我造成很大影响。敌人似乎意识到自己身处的阵地的重要性，他们利用密集的火力坚守在山顶。但利用地形一点点的凹凸不平，我们得以一步步逼近山顶和敌人。在这种情形下，谁只要露头出来就会招致敌人一阵射击。在我身后观察敌军的技术军士布特勒就是这样导致腹部受伤的。

天色已近黄昏，这对我们的推进是有利的。在天快黑之前，隆美尔部占领了罗马尼亚人所在山顶阵地西面不远的高地。我的一部分部队还占领了一个鞍状小山脊，这个山脊离罗马尼亚人的机枪口只有70码远，但足以遮蔽敌人的火力。我身边的步兵面向北边和东边构筑战线；其他人守卫在西面不远的橡树林里，面对北面和西面的敌人。

罗马尼亚人当然想利用反攻把我们从高地赶走，但我们的卡宾枪每次都把他们打回原地。由于我们成功插入山脊路一线，罗马尼亚人东西两侧阵地之间的联系就被打断。不过我们在推进和战斗过程中费尽力气铺设的电话线也被切断了，我只好用烟火向营部发送我们已经抵达目的地的信号。

我的部队在黑夜里静静地整顿，大家挖掘战壕组成环形防线，因为敌人可能从任何一个方向发动反攻。我把指挥所设在橡树林附近，安排了一个排在树林里由我直接指挥。只要情况允许，我们就把哨兵尽量往前部署。

我们联系不上营部，看来下午的正面进攻没有取得预期的效果。在山脊路弯道处（我们在其东面550码）和翁古雷亚纳之间，激烈的交火仍在继续。现在看来，我们身处敌军战线背后1100码左右。

在一个三角形的小帐篷里，我借助手电的亮光向豪瑟中尉口授了作战报告。这附近任何一个地方都不能随意使用光源，否则立刻就会招致敌人一阵射击。与此同时，我的山地士兵完成了一项英勇的壮举：上等兵舒马赫（二连）和一名战友用帐篷做的担架把身受重伤的技术军士布特勒一路抬下了奥伊托茨山谷（高度差1100英尺），接着又把他连夜抬到索斯梅佐交给医生救治。医生给布特勒成功做了手术，救了他一命。这一路地形复杂，路途遥远（直线距离8英里），而且他们还是在夜间行动，这样的事迹非常可贵，是战友情深的绝好证明。

在完成作战报告之前，我得到一个令人欣慰的消息。朝西面展开侦察的小分队联系上了巴伐利亚第十八预备役步兵团，我不用再为8月10日早晨的局势担忧了。原来，巴伐利亚人和符腾堡山地营的部队下午在炮兵的掩护下发动正面进攻，但预备役这边遭遇敌人顽强抵抗，没能按原计划推进。此后，我们这边的交战声和夜间的光亮让敌我双方都意识到，隆美尔部的进攻已经得手。为了避免战线被切断，罗马尼亚人借助夜色离开了翁古雷亚纳和山脊路弯道之间的阵地，朝东北面向延伸到斯拉尼奇山谷的山坡撤退。

午夜之前，我派人把作战报告送到翁古雷亚纳的营部，还安排人员重新铺设了一条电话线。晚上天气很冷，被汗水浸湿的衣服让我无法安睡。凌晨2点，我起身来回走动取暖。

我和豪瑟中尉走到前线观察敌军阵地。对方就在对着我们的东面的一个小高地上。高地树木繁茂，被称作橡树林，距离我们90码左右。

由于弹药供给困难，我禁止部队作不必要的射击。正因为如此，敌人表现得肆无忌惮。他们的哨兵悠闲自得地巡视周围，仿佛身处极为和平的环境。随着日出东方，哨兵的身影愈发显眼。向他们射击是很简单的事，但我想晚一些再这么做。天色大亮之后，我们可以看到东面的罗马尼亚人拉开一条很宽的战线，他们的阵地相互连接，从佩特雷山峰经过橡树林一直向北延伸。

评注：8月8日至9日夜间，敌军炮兵对充当后备军的隆美尔部的轰炸造成一些伤亡。如果部队挖掘战壕隐蔽起来，伤亡人数会更少。

8月9日，携带电话线开展的作战侦察在树木繁茂的山区取得良好的效果。借助电话线，我可以随时联系侦察员，在几分钟内就能获得情报，可以下达新的命令或者召回部分侦察员，还可以带领主力部队沿着电话线快速推进占领阵地。利用这种方式，我们可以放弃使用在山区会消耗时间的传令兵系统。当然了，这么做的前提是要有充足的电话设备。

在陡坡树林里的攻击战中，我们上方的敌人被激烈的枪声、喊叫声和手榴弹的爆炸声欺骗，他们因此把后备部队放错了地方。此后三连向侧面和后方的进攻立刻取得成效。我们用相同的方式连续拿下5个阵地，尽管最后的守卫部队有两个连那么多。我们的攻势一浪接着一浪，敌军完全没有时间重整旗鼓。

虽然敌军在人数和武器上都占优——罗马尼亚人有很多机枪和山地炮——但隆美尔部充分利用不规则的地形占领并守卫了敌军前线后方1100码的高地，敌人因此不得不连夜撤出了巴伐利亚第18预备役步兵团和符腾堡山地营对面的阵地。

进攻得手之后，隆美尔部立即挖掘战壕布置环形防线。如果没有这么做，隆美尔部就会在敌人火力攻击和反攻下遭受重大损失。最终我们有2人阵亡，5人重伤，10人轻伤。

1917年8月10日的进攻

8月10早晨快6点的时候，我们和营部之间的电话线接通了。我从副官那里得知，施普罗瑟少校带着符腾堡山地营的其他部队过来了，他对隆美尔部在8月9日取得的全面胜利给予了高度赞扬。

我把注意力转移到部队东面的情况上。那个方向的罗马尼亚哨兵在白天也是无所顾忌，有些士兵甚至在夜间挖掘的战壕边晒太阳。我们这边的情况就不同了，隆美尔部的岗哨和卫兵都隐蔽得很好，他们有严格的命令不能在任何位置暴露自己，也只有在敌军发动进攻的时候才能开火。

敌人的阵地从佩特雷（693）西面光秃秃的山坡沿着山脊向上延伸到橡树林，山脊上只有几丛灌木。橡树林看起来戒备森严，掌控着南面、西面和北面的区域。在橡树林北面，敌军在灌木丛里安置了很多卫兵，防线一路延伸到斯拉尼奇很深的峡谷里。敌军的阵地由单个的掩体和较大的据点组成，这些掩体和据点相互支持，掌控着前方光秃秃的山坡。（见图28）

图28　1917年8月10日，攻击山脊路弯道

准备工作很辛苦，也很费时间。上午我亲自给10挺重机枪做伪装，从宽阔的便道将它们部署好，以防敌人察觉。有几挺机枪安放在我军前线背后不远的高地顶端，那里有很多树木。剩余的放在南面山坡上的沟壑里。我给每一名机枪手布置相应的任务，让他们在进攻前、中、后分别按既定计划开火。我把重机枪开火的时间设定在中午12点，让最靠近山脊路弯道的那个排殿后。

快到11点的时候，隆美尔部的其他部队相继完成了准备工作。我选择橡树林南侧作为突破点，在橡树林西南90码处的洼地悄悄安置了攻击部队，也就是三连、一连、六连和一个重机枪连。我给突击队（三连）、负责佯攻的三连的几个小分队和主力攻击部队分别下达了命令。（见图29）

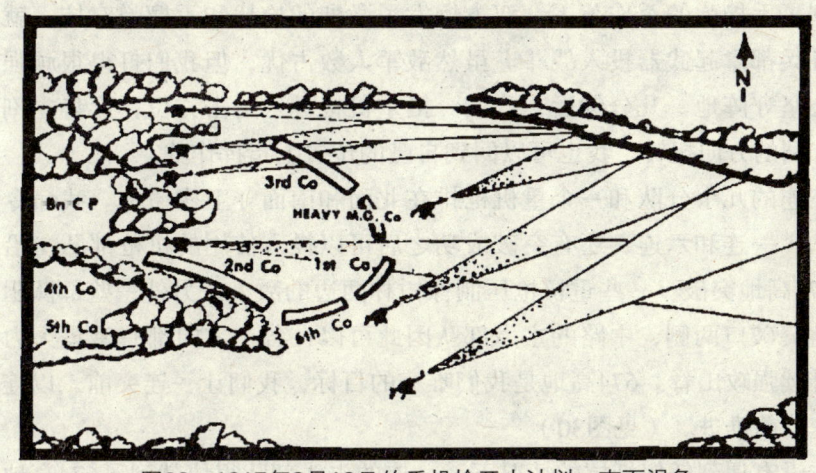

图29　1917年8月10日的重机枪开火计划　南面视角

我们在发动进攻前10分钟收到后方送来的书信，大家很快就把信件分发完毕。

12点正，我给殿后的机枪排下达了事先安排好的开火命令。几秒钟后，10挺重机枪一齐开火，射击点集中在橡树林。为了误导敌人并让其迅速做出反应，三连左翼的一个排在机枪开火的同时扯开嗓子大声喊叫，还向橡树林西北角扔了很多手榴弹。所有这些都是在有掩体的情况下进行的，以尽可能减少人员伤亡。不出所料，罗马尼亚人很快就开始还击了。

在震耳欲聋的喊叫声中，在手榴弹爆炸产生的烟雾的遮蔽下，三连的突击队迅速冲锋，从山脊路背后向橡树林西北角跑过去。刚刚从后方集中攻击敌军阵地的重机枪现在把枪头转向左右两边，把中路留出来给突击队。我和我的人紧跟在突击队身后，他们快步向前，决心完成自己的使命。三连剩余的部队和一个重机枪排紧紧跟随我们。四周爆炸声、枪声响成一片。

我们刚开火两分钟，重机枪还在咆哮，左边靠近山脊路的地方传来恶战的声音。我们的突击队突进橡树林，第一次遭遇敌人的顽强抵抗。山地部队迅速解决了这个问题，每当对方实施火力压制的时候，他们就脱离掩体向前冲锋。几个重机枪排赶到橡树林边，迅速摆好阵势，用猛烈的火力压制突击队前方不远的敌人。我有个勤务兵把子弹射进了我左边一个罗马尼亚人的头颅，他举枪瞄准的地点离我有50英尺。

我们刚刚占领橡树林，敌人就从东北方向发起猛烈的反攻。我们的重机枪都还没有来得及向前部署，留守在后方的重机枪也还没有跟上来。敌人很快就到了手榴弹的杀伤范围，双方爆发了激烈的枪战和手榴弹对抗，就连我的勤务兵都拿起武器投入战斗。虽然敌军人数占优，但我们打得很顽强，下定决心坚守阵地。几分钟后，我们一挺重机枪进入射击方位，形势立刻朝着我们有利的方向扭转，我也可以回到自己的位置上指挥作战。

三连的几个分队和一个重机枪排在北面和南面守卫橡树林。我命令剩余的部队（一连和六连，还有突破成功之后可以投入使用的机枪部队）沿着山脊向674高地突破。一些重机枪压制橡树林两边的敌人，另外一些部队阻截敌军阵地突破口两侧，中路的主力部队因此可以在各个方向都有密集火力的情况下继续强攻山脊。674高地是我们唯一的目标，我们让一连突前，以连为单位快速向前推进。（见图30）

在没有遇到任何抵抗的情况下，一连的先头部队很快就到了674高地西面1/4英里的一个小山丘。我紧跟着他们，在穿过一个小洼地的时候遭遇来自右侧的机枪攻击，我赶紧卧倒在地。子弹在地上打出一连串的枪眼，敌人射击的地点好像是在674高地东南大约900码的一个山坡上，离我将近1300码远。我旁边只有一个小土堆提供掩护，我打算机枪一停火就向前跑。就在这个时候，一颗子弹从后面钻进了我的左臂，伤口血流不止。环顾四周，我发现一小队罗马尼亚人正从我们身后90码左右的灌木丛里向我和一连的人射击。为了逃离险境，我沿着之字形路线跑到前面的小山丘上。一连的人正在这个小山丘上坚守阵地。大约10分钟之后，我们身后的部队跟罗马尼亚人展开近距离的肉搏战。指挥罗马尼亚人的法国军官嘴里一直喊着"杀了这些德国狗"，结果他近距离中枪倒在了地上。

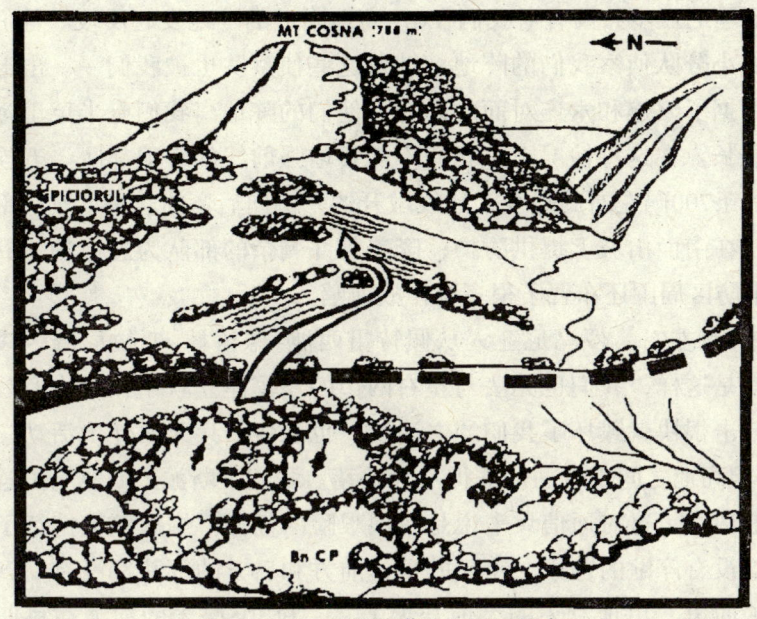

图30　向674高地进攻　西面视角

后面更远的地方也在发生激烈的枪战。罗马尼亚人从最初的惊骇中回过神来，试图利用当地的预备役部队发动反攻夺回失去的阵地。但这不由他们说了算，我们的山地步兵和军官都无比英勇，敌军的意图是无法得逞的。

一连和六连没有遇到更多抵抗就拿下了674高地。伦茨医生给我的手臂绑上了绷带。

我命令部队占领抢夺到的阵地，然后开始整顿。我的命令如下：

"阿尔丁格的重机枪排到674高地增援六连。其余的部队归我指挥，全部集中到674高地以西400码的山脊路北面不远的山谷里。"

我的伤口很疼，失血过多也让我很疲倦，但我没有放弃对部队的指挥。施普罗瑟少校已经从电话里得知我们胜利的消息。

就在这个时候，一长队人马从科斯纳山的方向沿着山脊路向我们走过来。我们着手准备防御，用铁锹挖掘战壕。我当即请求炮兵支援但没能如愿，因为所有的炮兵部队都到了前方。敌军一步步逼近。

高斯勒上尉带着符腾堡山地营剩余的几个连过来，我们分配了各自指挥的部队。隆美尔部负责守卫前线的五连、六连和阿尔丁格的机枪排以及驻守第二线的二连、三连和机枪三连；高斯勒指挥一连、四连和机枪一连。他的部队在674高地以西300码左右的地方挖掘战壕。出乎意料的是，从科斯纳山过来的罗马尼亚步兵没有对我们在674高地附近的阵地发起反攻。他们只是满足于派出小分队侦察我们的阵地，结果这些侦察队也被我们一一击退。罗马尼亚人占据了五连和六连对面的山脊，他们的阵地离我们有半英里远，阵线有2200码长。在这种情况下，我们不需要增强前线的守卫部队。五连和六连一共有一条700码左右的战线，战线敞开的一侧向后弯曲。高斯勒的部队连接着六连，在南面山坡上提供防护；隆美尔部剩余的部队为五连的北翼提供防护。整个防区周围还布置了很多层作战前哨。

下午3点左右，罗马尼亚人从佩特雷西坡–橡树林–斯拉尼奇一线撤退。但即便就是这样，我们也无法与左右两边的友军建立联系，因为罗马尼亚人猛烈的炮击很快就毁坏了我们的电话线，也让传令兵无法外出活动，还把橡树林和674高地之间山脊两侧炸得一片狼藉。我们不断派人修复与五连和六连之间的电话线，这对通信兵来说是一项艰险的任务。炮火整整持续了一个下午，丝毫没有停歇的迹象。幸运的是，前方和后方的部队都没有受到太大影响。傍晚时分，奥地利人的大炮开火了。一枚305毫米的炮弹在科斯纳山顶爆炸，后来我们才知道，那个地方有很多罗马尼亚和法国军官。令人欣慰的是，我的部队在先前的进攻和此后敌军炮击过程中伤亡人数都很少。敌军轰炸期间，我在674高地以西400码陡坡上的指挥所里准备橡树林–674高地行动的作战报告。敌人的炮火一直持续到天黑，也就是在天黑之后，我们的食物和弹药补给才运送过来。

伤口失血让我倍感疲倦，而且手臂上的绷带和裹在身上的大衣也让我活动不便。我想过放弃指挥部队，但他们身处的困境促使我继续坚守在自己的岗位上。

施普罗瑟少校手下的部队在增加，他的指挥所设在674高地西南2200码的橡树林。施普罗瑟军团的后备军（巴伐利亚第十八步兵团的部队）和炮兵联络官的观察哨也在那个地方。

夜深了。

评注：1917年8月10日，隆美尔部向罗马尼亚人居高临下的坚固阵地发起的进攻，这次进攻是在没有火炮和迫击炮支援下展开的。我们的进攻取得胜利，而且伤亡人数很少，这是因为：第一，我们在三连突破的位置集中机枪火力；第二，在第一阶段进攻前后我们都用机枪压制敌人。

8月10日，罗马尼亚人不像前一天那样忽视山坡上的阵地。当天如果我们攻击敌军在半山腰的阵地就很难取得成功，因为那里的地形是开放式的，敌人从高处很容易就能击退我们的进攻。因此，我们必须沿着山脊展开突破。

战斗侦察：8月10日夜间和11日清晨，我方对敌军阵地的仔细观察取得良好成效，敌军前线阵地的情况和卫兵的活动情况都在我们掌握之中。我们没有派出侦察兵，因为那样会打草惊蛇，让敌人对我们的进攻有所防备。敌军犯下大错，没有认真观察阵地前方的地形，还表现出完全不像在打仗的样子（岗哨暴露，卫兵在掩体外活动）。我们的突袭因此像闪电一般击中了他们。

重机枪从突破地点西边200码展开火力攻击，为三连的突击队开辟了道路。随后机枪手将枪口转移到左右两侧，为三连提供保护。接着重机枪继续打击突击队前面的敌人，为我军的进攻提供非常有力的支援。

我们在完全隐蔽的情况下利用手榴弹和喊叫声在实际突破点左侧100码的地方发起佯攻，目的是为了转移橡树林里敌军的注意力，促使他们提前部署后备部队。此举大获成功，不仅帮助了突击部队，而且没有遭受任何伤亡。

敌人很快就从东北方向朝我们在橡树林的突破口发动反击，但山地步兵们在防守中展现了优于对方的战斗能力。

罗马尼亚人的后备军占据一连串阵地后方的高地顶峰，但这些后备部队大部分没有做好防备，在我军的突破中败下阵来。不管敌军在什么地方转入防守或反攻，他们都很快被我们的山地部队打败，因为我们有5个连进入了突破口，后面还跟着加西尔的部队和另外4个连。我们突袭的兵力是足够的。

占领目标阵地之后我们就转入防守，前方的几个连在很隐蔽的情况下挖掘战壕，暴露在外的南北两翼由后备连的作战前哨保护。这个时候不适合让侦察兵作远距离侦察，因为他们很可能会受到后方罗马尼亚阵地的攻击，还可能会被那里的敌人抓获。另一方面，我们从不同的观察哨充分察看了敌军阵地。抵达目的地之后不久，我们的部队就清查了橡树林和674高地之间的山脊。部队在凹凸不平的地面挖掘战壕，敌军异常猛烈的炮火没有造成多少伤害。

隆美尔部沿着山脊的进攻迫使敌人撤离被突破的阵地，他们当天下午就撤退到新的阵地。

敌军拥有大量后备部队和强大的炮兵，而且南北两侧的地势有利于他们发动反攻，但他们的指挥官缺乏魄力，把心思都放在了防守上，不敢发动坚决的反攻。

1917年8月11日，强攻科斯纳山

前线一片寂静，我们周围甚至见不到罗马尼亚人的侦察兵。晚上将近10点的时候，施普罗瑟少校告诉我，我们旅计划在第二天上午11点在炮兵支援下对科斯纳山发动攻击，他问我有什么建议。

从地形上看，我认为从西面和西北面进攻是最理想的，因为这两个方向的山脊高处没有树林，非常有利于炮兵和重机枪提供掩护。另外，山脊路北面的地形有很多凸起部分，突击队可以从那里推进。

我的伤口还没愈合，但施普罗瑟少校让我再留在他身边一天，然后接手从西面和西北面发动进攻的部队，也就是山地部队的二连、三连、五连、六连和机枪三连以及第十一预备役步兵团的机枪一连。高斯勒上尉的突击队（第一和第四山地连、机枪一连以及巴伐利亚第18预备役步兵团的二营和三营）将从科斯纳山的南面或西南面经过647高地和692高地发起攻击。这项艰巨的新任务非常有吸引力，我欣然接受了。（见图31）

晚上我没怎么睡，因为伤口一直在疼，白天的忙碌也让我平静不下来，而且我心里还想着第二天的任务。天亮之前我叫醒豪瑟中尉，我们俩一起去了趟五连和六连，然后在清晨研究地形，准备我们的进攻计划。

我们的前沿阵地东面半英里的地方有一条山脊，敌军的阵地就设置在这条山脊上，他们的岗哨躲在树背后或者是草丛里。在路的北面，我们发现敌军刚挖好不久的阵地里有一条非常紧密的散兵线，守卫部队分组部署在附近。一直到天亮，敌我双方都没有鸣枪打破寂静。我们的阵地隐蔽得很好，敌人很难察觉到我们的动静。

不过进攻路线比我想象的要差，正前方和南面的山坡只有草没有树，我们没有地方躲避敌人的子弹。山脊路北面700至900码的地形看起来更有利，通往皮乔鲁尔峰（652）的山脊上长满了草，还散布着很多大片的浓密灌木。皮乔鲁尔峰位于五连侧翼山脊路以北一英里处，上面有很多高大的落叶乔木。

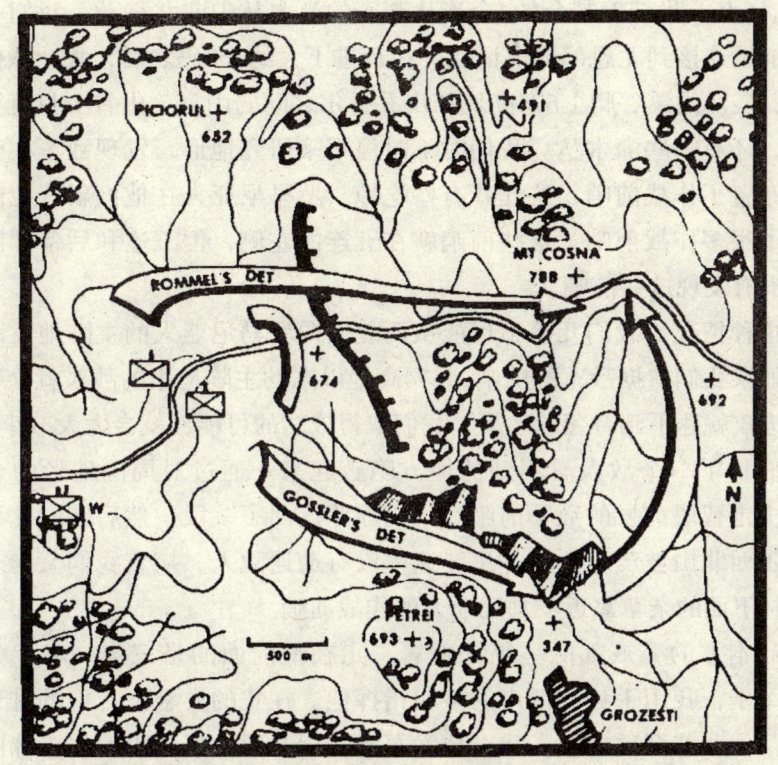

图31 1917年8月11日的进攻计划

科斯纳山轮廓分明，令人敬畏，山峰在朝阳的映射下显得格外清晰。这里就是8月11日要进攻的目的地。我们能完成任务吗？必须的！我已经忘记了手臂上的伤，因为我有6个连去对付敌人。眼前的任务艰巨且责任重大，但我信心满怀、力量十足。

我打算让已经就位的几个连从上午8点开始压制敌人，通过误导阻止他们侦察阵地西北的峡谷。与此同时，我会让参加进攻的主力部队转移到皮乔鲁尔南面，利用浓密的灌木作掩护，一直推进到山脊路北面的敌军阵地附近。一旦部队就位，我就等待炮兵在11点提供火力支援，然后在炮火的支援下撕开敌军防线，一举突破到科斯纳山。驻守在674高地的部队将在同一时间发动正面攻击。

五连、六连和阿尔丁格的机枪排都归尤恩中尉指挥。我让豪瑟中尉把我的计划告诉尤恩，交代了他的部队在进攻科斯纳山这次行动中的任务。我让豪瑟中尉留在尤恩的部队，以便同施普罗瑟军团建立联系，争取炮兵的支援。

　　清晨6点，我带着剩余的4个连从茂密的灌木丛中向北移动，我们一边移动一边铺设连接到尤恩部的电话线。在行进了大约700码之后，我让队伍向东转，沿着浅浅的溪谷爬上674高地和皮乔鲁尔之间的山脊。山脊上只有零星的几棵树，还有一些灌木丛。我们时不时停下来研究地形，发现敌军在整条山脊上都布置了作战前哨，这让我有些吃惊。罗马尼亚人在他们新阵地前方向外布置了很多作战前哨，这些前哨就在五连的左侧，但五连和后备部队的侦察兵都没有发现这些前哨。

　　照这种情况，我们几乎不可能从西北面向罗马尼亚人的主阵地发动突然袭击。如果我们占据敌军的前哨，674高地以东的主阵地里的敌人就会警觉，我军的进攻就达不到奇袭的效果，我们取得成功的可能性就会大大减小。

　　我们找了一个敌人看不到的地方隐蔽起来。通过对周围地形的全面观察，我决定智取前方的敌军前哨。我们原路返回了一段，然后转向北面走到皮乔鲁尔西北山坡茂密的丛林里，途中没有遭遇敌人。接着我们又向东转，穿过树林下面的杂草靠近罗马尼亚人的作战前哨。

　　我让本方的警戒部队呈纵深部署。走在最前面的是三连一名十分老练的技术军士，我用手势和低声的喊叫指挥他。在我的要求下，他的排长胡梅尔中尉帮他背着沉重的包。我在技术军士身后几码，后面跟着先头部队剩余的10个人，他们相互间隔10步。4个连队呈一列纵队在先头部队后面160码处跟着。我这么安排的目的在于，当我做手势让先头部队停止前进的时候，后面的几个连可以在不出声响的情况下继续前进一段路。通常情况下，半英里长的队列里需要保持绝对安静，每一名士兵都要避免制造哪怕是最轻微的声响。官兵们心里都很清楚，在通过敌军作战前哨时不能被敌人发现。

　　我们稍作停顿，接着按照信号继续前进。通过几分钟的听觉辨认，我们成功判断出两个罗马尼亚前哨的位置。在我们逐步靠近的过程中，敌人的哨兵在说话、清嗓子、咳嗽和吹口哨。敌人的岗哨相隔100至150码，但我们的视线被灌木丛挡住了。我跟着先头部队进入敌人两个岗哨之间缺口的中央，跟两个岗哨齐平，大家屏住呼吸不作声响。左右两侧的岗哨继续交谈着。我小心地让4个连走了过去，顺便铺设了一条通向尤恩那个作战小组的电话线，这条电话线也连接到施普罗瑟军团的指挥所。附近的敌人没有注意到我们的存在。

　　我们继续在茂密的灌木丛里前进，走到罗马尼亚岗哨背后皮乔鲁尔山的北坡。敌军的哨兵还在观察西面的前线。这个时候，尤恩的部队按照命令用步枪和机枪开火了。

我们和罗马尼亚人主阵地之间还有一个很深的溪谷，我们必须要在不被对方发现的情况下横穿过去。在下山的时候我们穿过几条小路，好在没有遇到罗马尼亚人。在我们右上方，罗马尼亚人的炮兵从674高地附近向尤恩的阵地发射密集的炮弹。罗马尼亚人显然怀疑我们从那个地方发动进攻，所以采取行动实施阻止。

在8月炽热的阳光下背着沉重的背包爬山让人精疲力竭，特别是重机枪手，他们背上的装备将近有110磅重。我们到达溪谷底部的时候都快到11点了，之后我们还要攀爬对面散布着高大松树的岩坡。由于地势艰险，我们的进度很慢。11点整的时候，我们的炮兵开火了。说实在的，我们都感觉炮火的威力不够，而且轰炸的也不是我们将要进攻的地方。五连和六连的火力增强了，敌军炮兵立刻展开还击。

在此期间，我们竭尽全力在爬坡。受伤的手臂大大影响了我的行进，在最难爬的地方我不得不求助于我的勤务兵。

将近11点半的时候，我们的炮兵停火了。在最前面侦察的三连那个技术军士在一片小树林里遭遇敌人袭击，按照指令，他立刻隐蔽但不还击。我命令先头部队停止前进，保护后面几个连跟上来。几个连队静静地往上爬，一直走到先头部队身后160英尺左右的山坡上。我打电话给尤恩，告诉他我打算在半小时后发动进攻。我还想打电话向施普罗瑟少校请求炮兵支援，但电话没接通。肯定是皮乔鲁尔山上的罗马尼亚侦察兵发现了电话线就把它给剪了。

在发起决定性进攻之前与施普罗瑟军团、炮兵和尤恩的部队失去联系是一件不幸的事，但恢复通信几乎不可能，即便可以也要花费几个小时，所以我必须接受这个坏消息。

我们将要进攻的敌军阵地的位置只能靠推测，我估计就在我们的侦察员受到对方袭击的地点附近。山坡的地势起伏不平，上面长着茂盛的灌木和蕨类植物，我们可以在冲锋距离内选择一个隐蔽得很好的地方集结部队。较高位置上的机枪火力支援是不可能的了，尤恩也不大可能用火力支援我们的前线，因为我们和他之间没有任何联系，我只希望他能按照之前的部署行事。

我把三连的一个排和格劳的机枪连部署在一条宽约100码的战线上。二连在右后方，三连剩余的两个排和第十一预备役步兵团的机枪一连在左后方。三支部队呈梯形分布。（见图32）

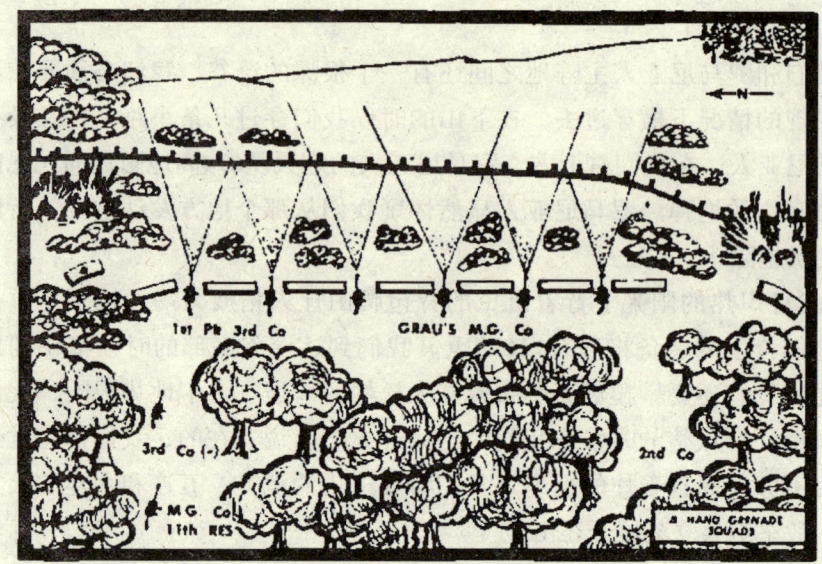

图32　备战1917年8月11日的进攻　西面视角

　　我的进攻命令是：

　　"收到我的信号之后，锋线部队（三连一排和格劳的机枪连）悄悄地匍匐前进，前往山坡的指定位置。一旦敌军哨兵或守卫部队开火，格劳的机枪连就向敌军阵地全面持续开火，大约30秒后根据我给出的信号停止射击。此时，位置紧连在一起的三连一排和其他部队悄声冲入敌军阵地。打开缺口之后，缺口两端的敌人分别由一个班的兵力控制，主力部队从中间突破至敌军的防守区域，首先占领山脊，然后准备向东南方向继续推进。为了让敌人摸不清我们的突破地点并分散其防御火力，我们要用手榴弹攻击突破点两侧的敌人。"

　　我们在离敌军岗哨100码以内的地方悄悄地商量并准备上述行动。因为我让豪瑟中尉留在了五连和六连那边，所有的部署工作都得由我一个人来完成。

　　我们在离正午还有几分钟的时候做好了准备。在这个过程中，罗马尼亚人一直没有打扰我们。在皮乔鲁尔东面山坡上，罗马尼亚人大约一个排的侦察队跨过了我们刚刚走过的小路。进攻的时机到了，我向部队发出了信号。

　　先头部队摸索着沿着山坡往上爬，但很快就遭到附近的敌军袭击。格劳的机枪连立刻全面开火予以还击。当左右两侧有手榴弹爆炸的时候，我们准备冲锋了。我们前方的机枪火力把敌军的守卫部队压制在地面，结果左右两侧的敌人就疯狂地开枪射击。我示意机枪连停火，接着山地部队就向山坡上冲锋，在没有遭受真正损失的情况下就进入了敌军阵地，抓获了几名俘虏，封锁了整个区域，然后向右冲入敌人的防区。我们的每一步都按原计划进行，如同在和平时期演习一般。

前面的灌木变得稀疏。我们继续向前推进大约100码之后，敌军用猛烈的机枪火力阻止了我们，而且火力越来越猛。敌人的机枪位于大约600码外地势最高的山上，机枪手躲在一片树林里，我们和他们之间隔着一片草地。

三连的那个排和格劳的重机枪连加入战斗，三连剩余的部队和第十一预备役步兵团的机枪连向左分散开来。树林边的敌人得到增援，很快就有数十挺机枪对着我们。我们不能继续推进了，因为前面的草地没有防护掩体，而且这个时候部队已经很疲倦，镇守目前的阵地都有困难。

敌人的后备军在炮火的支援下发起反攻，他们把主要的攻击点放在我们左侧。我们的山地部队顽强地守在原地，他们不愿放弃，利用快速射击阻止了敌人的反击。（见图33）

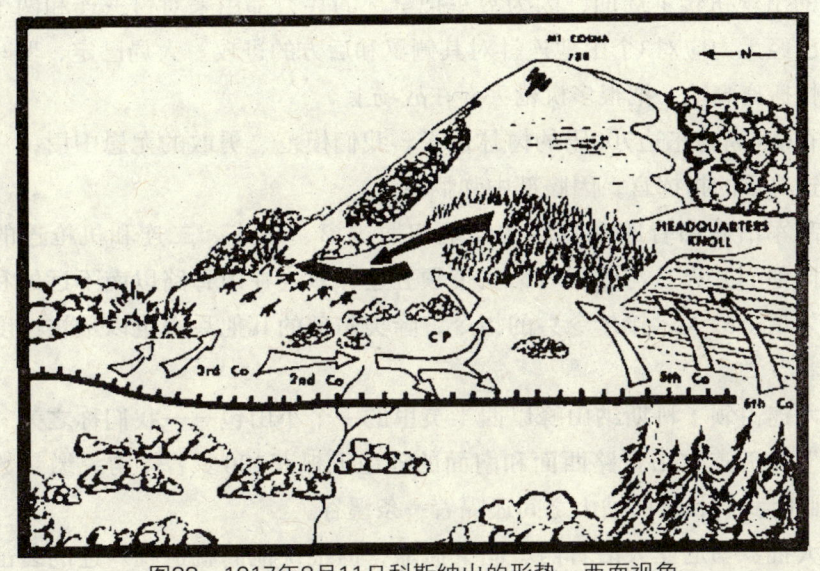

图33　1917年8月11日科斯纳山的形势　西面视角

敌人的机枪越来越多，我们的伤亡人数直线上升。随着时间的推移，我们的处境越来越危险。我在三连右侧，左侧阿尔布雷希特的重机枪排正朝敌人全面开火。二连在灌木丛右后方充当后备军，敌人的火力威胁不到他们。我该动用后备军吗？他们的火力能把局势向有利于我们的方向扭转吗？不能！我要命令撤退吗？不能。如果我们在这个时候撤退，我们的伤亡人员将会落在敌人手里，其余的人也会被驱逐到下面的溪谷，到时候罗马尼亚人就可以轻易把我们消灭。形势十分严峻，我们必须想办法克服困难或者……留在原地。

我们右边的山坡上有一些灌木丛。我脑子里萌生了一个想法：我们可以在这些灌木丛的掩护下向山上的敌人发起冲击。我决定动用最后一批后备军，向疯狂攻击我们的敌军的左翼发起突然袭击。此举可能会决定这次战斗的胜负。

我把命令传达给附近的部队之后就往回爬。几秒钟之后，我和二连一起向南快速冲锋。生死在此一举。灌木丛里有一小股敌人，他们被我们打了个措手不及，很快我们就向前推进了100多码。我们转向东面，心里祈祷着其余的部队还在抵御敌军。

正当我要指挥部队攻击敌军侧翼的时候，尤恩的小分队出现在了二连的右后方。他的部队还在执行上午的任务，正打算攻击山脊路两侧的敌人。尤恩的出现扭转了局面，因为敌军把全部的兵力都用来对付三连和两个机枪连，已经无力应对3个山地连针对其侧翼和后方的进攻。大局已定，罗马尼亚人匆忙撤离高地，把很多机枪丢弃在战场上。

在674高地东边700码的树林边缘，我们模范、勇敢的尤恩中尉，一位得到全连尊重的指挥官，因腹部中弹牺牲了。

敌军沿着山脊路和宽阔的洼地四散逃窜，三连、二连和机枪连的部队继续向他们开火。与此同时，我带领五连和六连在山脊路以南不远处和山脊最高处追击敌人。接传令兵的指令，隆美尔部的其他兵力也以最快速度跟了上来。

六连占领了科斯纳山峰以西半英里的一个小山包——我们称之为"总部山丘"。五连在山脊路西面和南面的阵地上抓获200多名俘虏，缴获数挺机枪。此时我们和科斯纳山之间还隔着一条溪谷。

大批罗马尼亚人沿着西坡向下撤退，但很快他们就遭到六连的袭击。罗马尼亚军队站在科斯纳山顶上，他们用步枪和机枪向我们猛烈射击。我们有几个人被打伤了，我出色的副官豪瑟胸部中弹。

我们的连队一个接一个抵达"总部山丘"，他们看上去精疲力竭。这不奇怪，因为他们从早上6点就开始行军、攀爬或进攻。

由于敌军占据陡峭的科斯纳山顶，让疲惫的部队发动进攻是不可行的。我决定先让部队休息，待休整过后再考虑向科斯纳山顶阵地发起攻击。二连负责休息区周围的警戒，六连的一个侦察分队带着电话线去察看进入科斯纳阵地的路线。从"总部山丘"看去，蒂尔古尔奥克纳就在我们东北面的山谷里，直线距离不超过3英里，从我们这个位置可以看到火车站里繁忙的景象。

快到中午1点的时候，施普罗瑟军团的参谋人员同后备部队（第十八预备役步兵团的二营和三营）一起到了"总部山丘"西边不远的地方。施普罗瑟少校在他位于橡树林的指挥所里关注着隆美尔部的进攻，他以为我们一举拿下了科斯纳山。

那个时候我们对高斯勒那边的情况一无所知。我打算在一个小时后继续向山顶阵地发动进攻，所以请求巴伐利亚部队用机枪为我们提供支援。我打算效仿上午成功的那次行动。施普罗瑟少校同意了。

到了约定时间，巴伐利亚第十八预备役步兵团二营向敌军阵地开火。我带领六连、三连、二连、五连、机枪三连和第十一预备役步兵团机枪一连向下爬进东面的溪谷，这里位于"总部山丘"以北100码。我们顺着侦察员铺好的电话线穿过浓密的灌木丛，从一个非常陡的山坡爬下去。没过多久我们就爬上对面的山坡，追上了六连的侦察分队。正午炽热的阳光增加了爬行的难度，我们疲惫的部队用了几个小时才到达山顶。

我们像上午那样做好防备工作，然后摸索着向上爬过灌木丛和小河沟，一步步靠近敌人。山顶的守卫部队正在和"总部山丘"上第十八步兵团二营激烈交火，上面打出的子弹在我们头顶高处呼啸。

我们可以清楚地看到，在正对着"总部山丘"上巴伐利亚人的方向、离他们大约200码的地方有一个罗马尼亚作战前哨。我们一路爬行，最终到了离山顶约80码的一个小洼地。为了不伤及我们，巴伐利亚人停止了对敌军阵地的射击，对方见状也停火了。

我十分谨慎地为进攻做准备。我让两个步枪排和6挺重机枪走在前面，让两个连分居两翼后方。进攻计划与上午相同：匍匐前进，重机枪持续开火，向两侧扔手榴弹转移敌军注意力，最后发起总攻。

我们还没完全准备好就听到从西南方向传来的卡宾枪声。枪声是从高斯勒的部队那边传过来的，我当即命令发动进攻。在一阵急促的枪声之后，山地部队突破了敌军在山顶的阵地，几分钟后又把敌人赶出了科斯纳山的西坡。敌军根本没想到我们会发动进攻，他们在各个地点都未作真正的抵抗，我们没有付出多少代价就占领了山顶。我们的战利品是几十名俘虏和几挺机枪，但敌军阵地大部分守卫部队沿着科斯纳山的东坡逃走了。东面山坡光秃秃的，我们追击敌人的时候就遭到对方猛烈的机枪攻击。这些机枪部署在科斯纳山峰以东600至700码的一条山脊上，山脊沿着692高地由北到南延伸。机枪所处的阵地防守严密，四周放置了很宽的障碍物。如果我们想在白天跨越山脊走下东坡，那就需要强大的火炮和机枪火力支援。我们必须满足于占领这里的山顶，从山顶可以看到远方罗马尼亚人的乡村风光。

我们很快就联系上了一连（高斯勒的部队），他们正从南面向科斯纳山峰（788）爬上去。我让一连加入我们，接着隆美尔部和一连就在山脊路南面的陡坡上挖掘战壕。五连和六连留在山顶和朝西北方向往下延伸的山脊路的北面。我把第十一预备役步兵团的机枪连分配给了前沿的3个连，我带着二连留在中路后方，三连和机枪三连在左翼后方。

在夺取科斯纳山约一个小时之后，施普罗瑟少校带着两个巴伐利亚营出现了。至于高斯勒的部队，我们得知他们在夺取罗马尼亚人在647高地附近的阵地之后遭遇强敌，对方在大量炮火的支援下从东面发起大规模进攻。由于伤亡惨重，高斯勒的部队只好撤下来，他们停留在满是岩石的溪谷的东面山坡上，这条溪谷从南面一直延伸到科斯纳山顶。在左面的斯拉尼奇山谷里，我们的友军匈牙利第七十师离我们还有几英里远，跟我们没有联系。到了晚上，我们看到斯拉尼奇山谷以北发生炮火交锋，还看到罗马尼亚步兵在772高地附近发动进攻。

我给晚上做了准备，首先安排侦察员去联系高斯勒的部队，然后向各连明确了各自的职责。这时我已经疲惫不堪，甚至没有精力给施普罗瑟那边写作战报告，只好向我的新任副官舒斯特尔中尉口述了白天战斗的情况。

虽然很累，但晚上我没有休息多长时间。午夜前一小时，六连那边传来密集的手榴弹爆炸声，接着是喊叫声、步枪声和机枪声。没等六连报告情况，我就带着三连赶过去反击。但等我们赶到的时候，六连已经把问题解决了。

刚才发生什么事了？罗马尼亚侦察兵突袭六连，但被警觉的士兵击退。不过在进攻的过程中，第十一预备役步兵团机枪连有几名士兵被俘了。

评注：8月11日的作战计划是建立在清晨个人实施侦察的结果上的。按照惯常的做法，我们会在重机枪的支援下跨过山脊路发动进攻，但由于地形开阔，这种做法被否决了。在开阔的地形上发动进攻很快就会被敌人发现，我们不仅会被敌军击退，而且很可能会遭受重大损失。

罗马尼亚人从前几天的战斗中吸取了教训，他们在主阵地周围布置了作战前哨。不过我们在推进过程中作了周密的观察，发现了这些前哨的所在。

只有带着一支纪律极其严明的部队，我才敢在白天悄悄穿过敌军前哨。

在山地展开此类侧敌行军，时间和空间的估算是非常困难的。

由于电话线在关键时刻损坏，我们在进攻过程中没有得到炮兵的配合，原本他们是可以为隆美尔部完成艰巨任务提供强大支持的。

我们突破成功之后陷入困境，最终依靠后备部队克服困难。我们向敌人的侧翼和后方发起冲锋，很快就将局势扭转过来。在这个过程中，事先交代给尤恩的"进攻日程表"发挥了极其重要的作用，因为后来尤恩也和我们失去了联系。

当罗马尼亚人逃跑的时候，我们不仅向他们射击，还派遣部队紧追不放，但很快就被高处的敌军阻止了。

在疲倦的突击队休息期间，一个侦察小分队察看了进入科斯纳山顶阵地的路线。电话线又一次发挥了关键作用。

不管是中午突破敌军阵地，还是夜间突破山顶阵地，都是在缺乏后方火炮和重机枪支援的情况下进行的，只有突击队前沿的机枪为突破口提供掩护。敌军守卫部队的火力再一次转移到了手榴弹部队身上，我们在突破过程中几乎没有伤亡。

罗马尼亚人后方阵地的守卫部队接纳了中午后撤的和后来从科斯纳山顶撤退的敌军，他们还阻止了我们的追击。

1917年8月12日的战斗

午夜过后，一轮满月升上天空。侦察兵报告说，高斯勒的部队在科斯纳山顶附近，其左翼离山顶东南半英里左右。这支部队伤亡惨重，请求支援，因为敌军就在600码外的坚固阵地里。

凌晨1点，我和手下几名军官出去侦察阵地右前方的地形。我想让一个连填补我们右翼与高斯勒部之间的缺口，还想把我的阵地往前推进到针对科斯纳以东敌军阵地的攻击距离内，但施普罗瑟少校不同意我这么做。他命令两个巴伐利亚营在天亮的时候突破科斯纳山东北的敌军阵地，让我指挥的山地部队跟在第二线，等待利用我方最远可达尼科雷斯蒂的成功突破。

天还没亮，敌军就从西北方向——也就是左后方——发射密集的炮弹，开炮的位置是斯拉尼奇山谷远端的高地。飞溅的弹片对我们没有多少影响，但炮弹在松软的土地上炸出了直径达20至26英尺、深度接近10英尺的弹坑。大块大块的泥土散落在100码的区域内，睡觉是不可能的了。每当炮弹逼近，我们就得挪地方。敌军的炮火更加密集，东面和北面的炮兵将目标锁定在科斯纳山，山顶周围成了炮弹的海洋。

快到天亮的时候，归施普罗瑟少校指挥的匈牙利的两个营来到山顶。其中一个营刚到达就展开行动，从我的部队穿了过去，在没有接到命令的情况下就去攻击东面的罗马尼亚阵地，结果伤亡惨重，还促使敌军加大了轰炸的力度。

我带领手下的五连、三连、二连、机枪三连、一个匈牙利步枪连和一个匈牙利机枪连离开了危险区域，这让我倍感欣慰。巴伐利亚的两个营走在我们前面，他们要在天亮之前突破科斯纳山东北的罗马尼亚阵地。一旦他们突破成功，通向平原的路就会打开，奥伊托茨山谷南北两面的罗马尼亚山地阵地就会加速崩溃。

我们排成长队从科斯纳山顶以下600码的地方穿越西面的山坡，途中不时遭遇罗马尼亚人各种口径的炮弹袭击。我们一路走着，炮弹冷不丁就在身边落下。不过早晨的空气凉爽，我们的心情也很愉快。在草木稀疏的一个陡坡上走了半小时之后，我们到了从科斯纳山顶向北延伸到491高地的山脊。东北面陡峭的山坡上长满了高大的冷杉树，左下方是小片的冷杉林。透过冷杉林，我们可以鸟瞰罗马尼亚人在科斯纳山东北面的阵地，那就是两个巴伐利亚营需要突破的地方。那个地方有很多精心挖掘的战壕，战壕前面放置了很多宽大的障碍物。光秃秃的山脊上有很多连接通道通向东面山坡的树林。我们和敌军阵地之间隔着一条河谷，河谷往东北方向逐渐变宽，两侧的山坡长满了灌木。

目前为止，我们还没有拿下敌军阵地。在北面1200码至1600码的地方，我们看到巴伐利亚营的部队就在罗马尼亚人阵地的正前方，他们正和对方的守卫部队激烈交火。

我们在路上遇到第十八预备役步兵团的一些伤员，他们说前面的情况不太好。他们先头的那个营突然遭遇敌军阵地，在对方轻武器的攻击下损失惨重（大约300人受伤），直接导致突破敌军阵地的行动宣告失败。

了解到这些情况之后，我让部队就地休息。我打电话给施普罗瑟少校——我们沿途都铺设了电话线——向他汇报了目前科斯纳山北面的情况。我在电话里提出，由于巴伐利亚部队的进攻失败，我们唯一的办法就是利用炮兵的强大支援去攻占敌军在科斯纳山东北面的坚固阵地。少校答应我在上午提供火炮支援，不过前方没有炮兵观察员，所以我就自告奋勇从现在所处的这个好位置指导炮兵。

我们研究了悄悄进入洼地的可能性，但找不到隐蔽的推进路线，因为周围树木之间的距离很宽。我通知炮兵在11点半的时候发起首轮轰炸，到时候我的部队就以间隔20步的纵队下山。我的想法是先发起一阵急促的炮击，然后率领步兵冲击科斯纳山顶东北500码的阵地。

射击校准是一个缓慢的过程，到最后我终于让奥地利的一个榴弹炮连将靶心对准罗马尼亚人的阵地。但没想到的是，由于位置调整和弹药紧缺的关系，上级命令炮兵当天不能再开炮。这个时候隆美尔部已经抵达洼地的东南端，但遭遇罗马尼亚人猛烈的炮击，毕竟700个人下山是很容易被发现的。我们到了离敌军障碍物约300码的一片灌木丛里，渐渐远离了他们的视线。好在下山的过程中只有一个人受了轻伤。我下山走到部队所在的地方，沿途看到他们已经铺好了电话线。

我们的情况不太乐观。没有炮兵足够的支援，我们无法攻击已经有戒备的敌军，因为他们的阵地非常坚固，四周都安装了铁丝网。大白天从科斯纳山陡峭的东北坡撤退同样不可取，因为敌军很容易看到那个方向的情况，他们随时可以动用炮兵和机枪给我们一顿痛击。我们的人可以跑下山，但到爬坡的时候速度会很慢，到时候就成了罗马尼亚大炮和机枪的靶子。一旦敌军决定用大炮和迫击炮轰炸低洼地，我们的重大伤亡就不可避免。

尽管形势对我们不算有利，但我仍然决定在缺乏炮兵支援的情况下进攻罗马尼亚人的阵地。我知道我的人有能力完成任务，再说了，主动出击总比坐以待毙好！我派出老练的侦察员察看敌军设置的障碍物及其隐藏的阵地。为了能在敌人突然实施轰炸的情况下冲锋，我让部队穿过灌木丛，向上转移到离敌军阵地200码以内的地点，在那里的小冲沟里为进攻做准备。机枪连安置在山坡右上方，他们可以从那个位置为我们提供火力支援。侦察员带回来的情报不算太坏，敌军没有意识到我们将要发动进攻。我正要让机枪连就位的时候，施普罗瑟少校打电话给我下达命令：

"俄国人已经从斯拉尼奇山谷向北突破，现在估计要到我们后方。隆美尔部和两个巴伐利亚营迅速撤退到科斯纳山以西半英里的山脊。"

军团的参谋干事正向山脊那边走，我的任务是向巴伐利亚第十八预备役步兵团一连和三连传达上面的命令并掩护他们撤退。

白天从低洼地撤军是非常困难的，因为我们这个位置完全处于敌军的视线范围内。敌人一旦看到我们撤退，他们就会用机枪和火炮攻击我们，或者向我们发动进攻。这两种情况都会让我们遭受重大伤亡。相比之下，我不怎么担心俄国人，因为我要在他们之前赶到山脊上。如果是他们先到，我们就必须发起快速、猛烈的冲锋将他们驱赶下山。

在符腾堡山地营沃纳中尉的指挥下，我派匈牙利的两个连沿着科斯纳山的东北坡（正处在阴影下）向上爬到山顶。我带着另外4个连在灌木丛里寻找一条最好的出路，首先走向491高地，然后转向"总部山丘"。我们快到491高地的时候，有几个人被罗马尼亚人的机枪打成轻伤。

我们刚到491高地附近，我就让三连占据山脊（788高地-491高地）下端，争取联系上两个巴伐利亚营。我还派了一名军官向巴伐利亚营传达施普罗瑟军团的命令，但电话中途就断了。不过很巧的是，我无意中听到关于491高地的一段对话。从对话里判断，军团总部收到最新的情报之后对形势的判断比半小时前要乐观一些。

于是，我让二连取捷径转移到从"总部山丘"向北延伸的山脊。他们将在"总部山丘"以北600码处组织山脊防线，对斯拉尼奇山谷方向展开警戒和侦察。我命令三连以外的所有部队行进至"总部山丘"，我自己留在三连这边。在接下来的一个小时，两个巴伐利亚营成功摆脱了敌人。

看到巴伐利亚人达到目的之后，我迅速带领三连向科斯纳山进发。一连和六连还在科斯纳山顶，敌军更加猛烈的轰炸已经把那里变成各种弹坑的海洋。我让三连留在山顶提供增援，接着向"总部山丘"报到，请求去医院接受治疗，因为我身上完全没有力气，感觉不能再继续指挥部队了。我左手臂上的绷带从早上到现在都没有换过，我决定放弃指挥我的几个连，到指挥部休息一下。周围一片漆黑，这是一个暖和的夏日夜晚。

1917年8月13日至18日的防御战

快到半夜的时候，施普罗瑟少校把我叫到指挥部，那里有很多军官等着。施普罗瑟少校告诉我，我们的情况很不妙。匈牙利第七十师（包括皇家第三骑兵连、第一骑兵连和洪韦德一连）的一些部队报告说，下午俄国人和罗马尼亚人的部队已经突破他们师部署在斯拉尼奇山谷内和以北的防线，正准备向南推进到科斯纳山–翁古雷亚纳山脊。我们必须要考虑这样一种可能性：在某种情况下，施普罗瑟军团会被切断，因为我们在离翁古雷亚纳不远的后方没有部队。他让我谈谈自己的想法。

我的观点是，敌军很可能会在夜间对科斯纳山–翁古雷亚纳一线发动进攻，他们最早会在天亮的时候行动，离现在只有4个小时。不过这条线上有我们的5个营，应该足以抵御敌人的攻势。守住这个阵地对整个战局至关重要。我们投入那么多人力、物力和鲜血才攻占那片区域，决不能仅仅因为一些让人担忧的消息就把阵地拱手相让。

我提议立刻实施以下部署：

"山地营负责守卫科斯纳山、'总部山丘'和一直延伸到674高地的山脊。其余几个营攻占并守住674高地和翁古雷亚纳之间的山脊。所有的部队都向斯拉尼奇山谷派遣侦察兵和警戒部队。"

关于山地营的部署，我提议：

"由机枪增援的作战前哨和一个步枪排驻守科斯纳山南段；山顶的弹坑场放任不管；向东南方向和东面展开侦察；一个步兵排和一个重机枪排驻守'总部山丘'，防止敌人占领科斯纳山顶；各派一个排驻守科斯纳山和674高地之间向北延伸的两条山脊；向北部署侦察和警戒兵力；剩余的所有连队在'总部山丘'西南不远处集结，由指挥官直接指挥。"

施普罗瑟少校采纳了我的提议，还让我负责符腾堡山地营那个区域的守卫，因为那个地方就是我带领部队攻下的。局势的严峻性、对山地部队将士的关心以及艰巨任务的刺激，这些因素促使我再次扛起重担。

口头命令一传达，部队就立刻开始重新部署。我带着以下这些部队负责科斯纳山那个区域的守卫：步枪一连、二连、三连和六连，符腾堡山地营的机枪三连，以及拥有6挺重机枪的第十一预备役步兵团三连。

军团的指挥人员现在沿着翁古雷亚纳东北一英里的山脊路弯道退回到橡树林。我和几位连长详细讨论了总体形势，重点谈到了符腾堡山地营肩负的任务。讨论完之后，我快速下达了如下命令：

"三连立即从科斯纳山转移到'总部山丘'，派一个轻装排带着第十一预备役步兵团三连的6挺轻机枪到科斯纳山换下一连。这个加强排驻守森林覆盖的南侧山脊，向科斯纳山以东的敌军阵地展开侦察。如果遭遇敌人进攻就尽可能坚守，只有在敌军实施包围的情况下才能退守到'总部山丘'。我会在晚些时候给排长下达口头指令。"

"三连的另一个排和阿尔布雷希特的重机枪排在'总部山丘'挖掘战壕驻守，为科斯纳山的弹坑区和西坡提供火力掩护。白天他们要阻止敌人穿过科斯纳山的光秃部分，以免敌军威胁到左翼的作战前哨。"

"二连驻守'总部山丘'以北700码的小山丘向斯拉尼奇山谷展开侦察，夜间通过侦察兵与科斯纳山的作战前哨保持联系。二连要在科斯纳山西北坡点起大篝火以迷惑敌人并转移其炮火。这些篝火要持续燃烧一整夜。"

"增补一个重机枪排的加强五连驻守674高地东北半英里的山丘，为全面防御做准备。该连向斯拉尼奇山谷展开侦察，与二连、674高地周围的友军和皮乔鲁尔的部队保持联系。为了迷惑敌人并转移其炮火，该连在'总部山丘'西北半英里的低洼地点燃大火并使其持续燃烧一整夜。"

"三连的一个排、阿尔丁格的机枪排、符腾堡山地营的一连和六连、第十一预备役步兵团三连进入'总部山丘'与西北方向1/4英里处的下坡之间的后备区域，朝格罗泽斯蒂方向展开警戒和侦察。更详尽的命令将在稍后传达。（见图34）"

"指挥所设在'总部山丘'以西60码处。通信排负责铺设电话线到作战前哨和二连、五连。"

在指挥官们重复他们命令的同时，部队开始全面动起来。巴伐利亚部队和洪韦德部队开始后撤，符腾堡山地营紧随其后。睡觉是不可能的了，因为针对各支部队下达的命令必须根据形势的发展就地下达。我们花了3个小时才把部队部署完毕。科斯纳山上和"总部山丘"西北的低洼地里燃起了篝火，各支部队之间也已建立了联系。后备军开始休息，驻守阵地的部队则挖掘战壕。侦察兵没有反馈紧急情报。

图34　1917年8月13日的科斯纳山阵地部署情况　西面视角

　　我的助手是副官舒斯特尔中尉和行政官沃纳中尉。接近5点的时候，几名炮兵观察员（包括匈牙利中尉才德勒）走了过来，我和他们一起走向科斯纳山的作战前哨，在太阳刚刚从地平线升起的时候来到阿尔高尔的那个排（三连）。按照之前下达的命令，阿尔高尔把他的排部署在由科斯纳山顶向南延伸的尖角山脊上。这个排之所以这么部署，目的是要把侧翼安置在山峰以南约200码的茂密树林边缘。透过迷雾，我们可以看到罗马尼亚人的阵地。这些阵地在一条宽约350英尺的光秃山脊上，离我们有半英里左右。我们看到敌军守卫部队头盔反射的光线但听不到枪声，我们的人总算有机会在刚刚挖好的散兵坑里睡一会儿，只留下哨兵严密注视敌军的方向。阿尔高尔这个排前方的山坡向东迅速下降，上面长着很多灌木。山脊本身及其西坡有很多大树，几乎没有可供掩护的灌木丛。

　　我正和炮兵观察员讨论紧急齐射和扰乱性射击的时候，几个哨兵报告说："罗马尼亚人正组成散兵线离开阵地向科斯纳山进发。"没过多久，敌军就用机枪向科斯纳的山脊线猛烈开火，还让炮兵大肆轰炸"总部山丘"。我向本方的炮兵部队走过去，请求他们向科斯纳山以东的敌军阵地实施扰乱性炮击。这个时候，从科斯纳方向走过来的敌人越来越多。接着又有人报告说："作战前哨线正前方发现大量敌军，他们正从右侧爬上山脊。"那个方向传来的密集的手榴弹爆炸声、卡宾枪声和机枪声证实了这一点。由于东面陡峭的山坡警戒措施不足，部队请求我们实施报复性还击。我用电话命令三连的后备排和阿尔丁格的机枪排立即赶赴前方增援作战前哨，接着又向军团方面请求紧急齐射。我去前线巡察了一周，看到罗马尼亚人在山脊上构筑了一个据点，正向我们的作战前哨实施侧面攻击。不过对方所有的正面进攻都被我军击退，我们的炮兵也在轰击罗马尼亚人在光秃山坡上大批的增援部队。在左面，来自"总部山丘"的机枪和步枪密集火力阻止敌人跨越科斯纳山的山顶和西北坡，同时保护了位处左翼的我军作战前哨。

我命令技术军士阿尔高尔在援军到来之前不惜一切代价坚守阵地，说完我就跑回去催促路上的增援部队。敌军还在密集轰炸"总部山丘"，我在那里遇到正要动身的两个排，我们一起快速向前跑去。战斗的声音比之前响了很多，我们希望阿尔高尔挺住！

我们在"总部山丘"和科斯纳山之间的鞍状山脊上遇到第十一预备役步兵团三连的一些轻机枪手，他们是阿尔高尔那个排的人。显然前线的局势太过严峻，不过我没有过多考虑他们的感受，不由分说带着他们一起向前赶。

在鞍状山脊以东100码的地方，我们看到阿尔高尔的整个排向我们走过来。阿尔高尔报告说，大批罗马尼亚人沿着山坡冲上来，右下方还有敌人在猛烈射击，所以他只好放弃阵地。

我肯定不会这么轻易就放弃科斯纳山，我立刻组织部队发起反冲锋。阿尔丁格中尉带着两挺重机枪进入右侧的树林就位，向阿尔丁格之前驻守的山脊持续射击。与此同时，我们爬上山脊，穿过茂密的灌木来到山脊线。到了山脊线，我们一起向前冲锋，把不知所措的敌人从山脊一路向东驱逐，顺便攻占了右下方的山岬。（见图35）

但罗马尼亚人没有屈服，他们还在负隅顽抗。我们清楚地听到敌军指挥官从下方的拱形山坡上传达命令，很快双方就在几个不同的地点爆发手榴弹对抗。由于山坡很陡，我们扔出的手榴弹没有在下方125码的罗马尼亚人中间爆炸，而是落到了更远的地方。要想用卡宾枪射击，我们就得露出头和肩膀，这在如此短的距离内是非常危险的。我们的伤亡人数开始上升，伦茨医生在前线忙得不可开交。

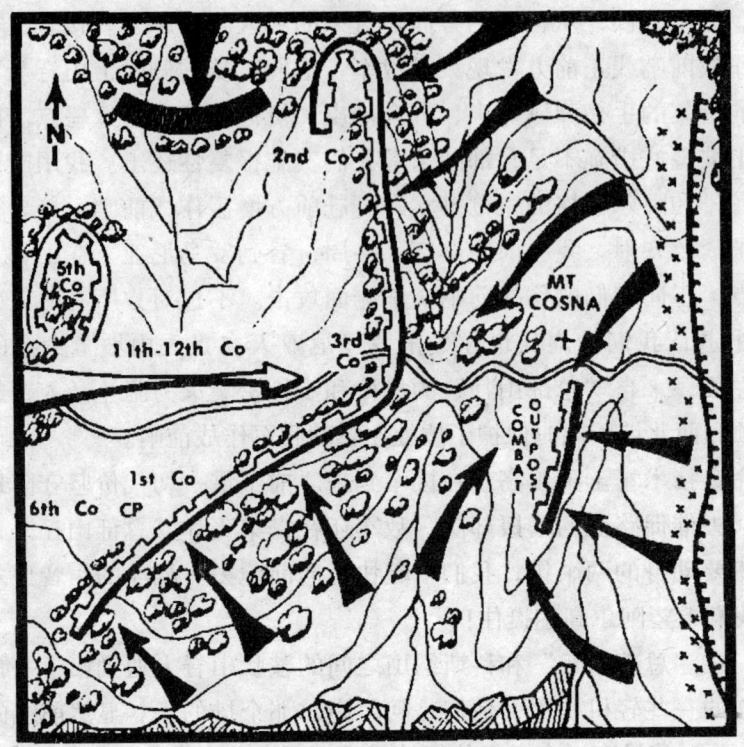

图35　1917年8月13日，守卫科斯纳山

　　山地部队作战十分英勇，很多伤员在包扎好伤口之后重新投入战斗。各个地点的山地士兵就地发起反攻，彻底摧毁了周围所有的敌军据点。艰苦的战斗持续了几个小时，双方都有很多伤亡。正当敌军提升火力轰炸"总部山丘"的时候，我们的子弹和手榴弹渐渐不够用了。如果我想守住作战前哨，这时候就该为他们增援兵力、子弹和手榴弹，但"总部山丘"和作战前哨之间的电话线被打断了。为了尽快解决问题，我让三连长施特尔雷希特指挥部队，命令他不惜一切代价坚守阵地。给他交代完我就快速返回"总部山丘"，这时三连的那个排和阿尔布雷希特的重机枪排几乎用光了所有的弹药，而敌军正从科斯纳山的弹坑区威胁作战前哨的左翼。我的几个后备连（符腾堡山地营一连和六连，还有第十一预备役步兵团三连）主动守卫"总部山丘"的南坡，因为他们收到消息说，大量敌军正从格罗泽斯蒂穿过峡谷向上逼近"总部山丘"。

　　还没等我整顿好这几个连的部队，我们就收到报告说，大批罗马尼亚部队正从南北两个方向朝"总部山丘"和科斯纳山之间的鞍状山脊逼近，我们的作战前哨已经放弃科斯纳山，正在"总部山丘"上撤退。接下来的几分钟（我手头仍然无兵可用），战斗的声音不断逼近"总部山丘"。面对来势汹汹的敌军，山丘上的三连步兵正往后退。他们在撤退过程中还带着阵亡和负伤人员（包括胡梅尔中尉），因为他们不想让任何一位活着或死去的战友落在敌人手里。手榴弹和机枪子弹都用完了，卡宾枪子弹越来越少，他们面临敌军的两面包围。

由于弹药短缺，我们很难阻止敌人对山丘发起的进攻。为了守住阵地，重机枪手已经在使用手枪和手榴弹，我身边仅剩的几名传令兵都被用在了受到威胁的地点。整条前线都在爆发激烈的战斗。就在这个时候，我发现"总部山丘"西北700码的低地树林里出现大批罗马尼亚人。我立即打电话给二连和五连，告诉他们新出现的敌军正威胁他们的侧翼和后方。

各个方向的战斗都很激烈，撤退是不可能的了。假如我们的弹药全部耗光，"总部山丘"的情况将会如何？现在主动权掌握在敌军手里，我们整个营都有可能陷入极其艰难的境地，整条防线有可能会崩溃。我们不能让这种事情发生。我们和军团之间还有电话联系，我当即打电话报告了我军的处境，请求立即增援，包括支援轻武器和弹药。最后我还强调说，增援的时间一刻也不能耽误。接下来的半小时难熬得无法形容。在最后的紧要关头，巴伐利亚第十八预备役步兵团的十一连、十二连和一个重机枪排出现了。十二连和重机枪排在"总部山丘"就位，我让十一连在山丘以西300码的山坡上充当后备军，顺便把指挥所也设在那里，因为从那个位置可以看到整个战场的情况。

我让后备连向前沿阵地补充子弹和手榴弹，命令所有不在战斗状态的部队都拿出铁锹全力挖掘战壕。从科斯纳山高处打过来的机枪子弹对"总部山丘"和山脊上的人影响尤其大。我把阿尔丁格的重机枪排从前线上撤下来，把他们放在指挥所附近的一个防守区。另外，我还建立了弹药补给点，有序地组织起了我的补给体系。

双方争夺"总部山丘"和"俄国山丘"的战斗持续不断地进行了几个小时。敌人连续派出新的部队冲击我们薄弱的防线，罗马尼亚炮兵对"总部山丘"西面不远的山坡展开的猛烈轰炸阻断了我们与前线之间的联系，也炸断了我们的电话线。但前沿的巴伐利亚人和符腾堡部队都坚守他们的阵地，我们自己的炮兵在白天也向各个受到威胁的地点展开紧急轰炸，给了我们有力的支援。罗马尼亚人起初成批量地扑上来，但在受到炮击之后就四处散开了。

数量众多的敌军现在正在"总部山丘"西北半英里的洼地里到处乱转。为了对付他们,我让几个炮兵连做好饱和轰炸准备,在收到我的信号之后就开火——这可能就是在几分钟之后。虽然有了炮兵的密切配合,我在前方仍然缺乏为炮兵提供信息的观察员,我还需要与炮兵指挥所建立电话联系。

接近中午时分,"总部山丘"前面躺着大量的罗马尼亚伤亡人员,不过我们的十二连和第十八步兵团也遭受了重大损失,不得不依靠十一连的兵力加以补充。随后我们又动用十一连的兵力填补山地二连的空缺。

我们在"总部山丘"和"俄国山丘"上实施防御部署,采取的措施包括:前线布置少数卫兵;在敌军威胁较大的几个方位附近找到掩体集结强大的反攻部队,其任务是击退任何试图突破我军防线的敌人。这种类型的防御适合我们当时所处的地形。

第十八步兵团的十连下午来增援,我命令他们挖掘一条连接"总部山丘"和指挥所的通道。

罗马尼亚人把他们攻击的重点转向了"俄国山丘"。在山丘上,胡格尔的排在罗马尼亚人使用过的旧阵地上组织全面防御,但数量是他们10倍的敌军从北面和东面对他们展开了猛烈攻击。那些阵地是罗马尼亚人花了几周才修筑的,他们此刻正一而再再而三地想把阵地夺回来。阿尔丁格的重机枪排从指挥所方向破坏了敌军从西面向胡格尔部发起的所有进攻,二连也英勇地坚守自己的阵地。

战斗没有任何停歇的迹象,几乎毫无间断地持续到傍晚时分。此时我已经是第三次命令部队向前线补充弹药了。透过重炮炸出的烟雾(防御火力中使用了305毫米口径的大炮),我们看到越来越多的罗马尼亚人走下科斯纳山坡朝我们冲过来。二连报告说,他们战斗减员很严重,被迫从"俄国山丘"撤退。我当即派第十八步兵团十一连剩余的兵力过去增援。与此同时,我命令两个重机枪排准备对"俄国山丘"实施破坏性打击。这些准备工作完成后,我命令二连立刻撤离"俄国山丘"。不出所料,敌军大规模冲上光秃的山丘。我们的重机枪排此时一起开火,敌人如成熟的麦子一般纷纷倒下,幸存者以迅雷不及掩耳之势逃离危机四伏的山丘。没过多久,得到增援的二连就夺回阵地,顺便得到了短暂的喘息机会。

一段时间之后,我们观察数小时的罗马尼亚部队开始从"总部山丘"西北半英里的低洼地沿着南面的山坡向上爬。先前做好准备的炮兵此时派上用场，他们干脆利落地把敌人赶回了低处的树林里，准备迎击这股敌人的二连、十二连、十五连和3个重机枪排因此没有派上用场。

在战斗过程中，前线不断传来各种消息，副官和行政官应接不暇。他们既要请求火力掩护，又要保障弹药、作战物资和食物供给，还要向施普罗瑟军团汇报战斗情况。我们和危险地点之间以及与施普罗瑟少校的指挥所之间各自铺设了两条电话线，通信兵一直不知疲倦地修复线路。他们的工作相当危险，因为他们所在的区域几乎不间断地面临机枪和火炮射击。

虽然遭受重大伤亡，罗马尼亚人到晚上还在继续发动进攻，但他们没能夺回一寸土地。夜色渐深，战斗开始平息，前线传来伤员的痛苦呻吟。我们的担架手想出去抬伤员，但在敌人的火力攻击下不得不返回来。

我认为敌人在8月14日还会用更多的炮兵和步兵发动进攻，但我们不能再承受像8月13日这样的伤亡。因此，我命令部队利用夜间不长的这段时间加固阵地，在几个不同的地点重新组织防御。我在地上向连长和排长们（他们有些人没有此类战斗经验）画出主抵抗线的轮廓，告诉他们如何修筑防御工事。晚上我们得扑灭几个地方的火场，另外我们在设定步枪和重机枪射击点的时候还要考虑到敌人会从科斯纳山高处攻击这些地点。天黑前赶到前线归我指挥的志愿军二三三连就负责这些工作。

直到午夜前不久，各支部队才在分配给自己的位置上热火朝天地干起活来。回到指挥所的时候我已经疲惫不堪，但热腾腾的食物一下肚，我的感觉就好多了。睡觉是没机会了，因为天亮之前需要处置伤员，还要给前线的几个连和补给站补充弹药；各个连都需要补充作战物资；通信排要铺设两条电话线到炮兵引导中心；我还要向施普罗瑟军团报送8月13日的作战报告。

凌晨4点，我们终于完成所有的工作。我想睡会儿觉，但感觉太冷了，只好放弃。我带上沃纳中尉在黎明的亮色下察看夜间劳作的成果。我已经超过5天没找到机会脱下鞋子，我的双脚因此肿得厉害。我也没有机会更换左手臂上的绷带或者换下血迹斑斑的外衣和裤子。我感觉自己很虚弱，但由于肩负重任，我不想返回医院。

8月14日拂晓，一个洪韦德步兵连带着轻机枪来到前线，我让他们去换下一连和三连，然后让一连和三连在指挥所西面不远的地方充当后备军。第十八步兵团的十一连和十二连分别接手了"总部山丘"阵地和横跨山脊路的阵地。我让第十八步兵团的十连留在"俄国山丘"以西300码的树林里，他们负责警戒的岗哨向斯拉尼奇山谷的方向朝北面和西北面延伸。我们已经做好准备，感觉可以重新投入战斗。

整整一个上午，罗马尼亚人的大炮一直在猛烈轰炸我们在"总部山丘"上的阵地、山脊路和"俄国山丘"，但对我们几乎没有造成伤害。我们各个方位的部队都在继续加固阵地，罗马尼亚人在中午时分的一次猛烈进攻因此被轻易击退。

"俄国山丘"上的二连损失惨重，攻击他们的是位于大约一英里外开阔地上的罗马尼亚炮兵连。我们这边没有炮兵观察员，所以我们的坐标修正信息只能通过电话告知橡树林里的炮兵控制中心。但我们所有要让敌军炮兵停火的努力都付诸东流。敌军加固了他们在科斯纳山西坡的阵地，他们的伤员还在我们前方呻吟。我们在8月14日的伤亡不大，15日也是安静的一天。趁着这个间隙，我让两名制图员重新制作了一幅比例尺为1∶5000的科斯纳山地形图，还在上面标注了坐标方格。我让人给军团的炮兵指挥官和炮兵观察员都送去同样的简略图。炮兵方面复制了很多幅图，好让所有的炮兵连都有图可用。坐标方格或简略图极大地方便了山区或林地的炮火修正，因为仅仅借助地图往往很难在这些地方找到可视的瞄准点或目标。比如说，我可以告诉炮兵："请求向65和66方格紧急齐射。"如果炮火出现偏差，那只要这么说就可以了："之前请求向65和66方格的紧急齐射打进了74和75方格。"这样就可以把炮火调整到想要的区域内。部队和军团内部的作战情报也可以相应简化。比如："234a方格内发现罗马尼亚炮兵。"

8月15日夜间，沃勒中尉指挥的迫击炮连来到前线，实施夜间侦察后就开始安放他们的迫击炮。高斯勒上尉过来替我的班，因为我已经有一个星期没有休息过了。不过部队的指挥权还在我手里。下午四连也过来增援，我手下的兵力由此增加到16个半连，数量甚至超过一整个团。

第十一预备役步兵团在我们右侧，但我们左侧处于空白状态。旅里要建立一条连贯的战线，但部队数目不足以实现这一点。斯拉尼奇山谷两侧的山坡地势陡峭、树木繁茂，要守住山坡需要大量的兵力。

在一段时间的酷热之后，8月16日出现了强劲的雷暴雨。雷声在山峦之间不断回响，大雨从低垂的云层倾泻而下。我们指挥所西面罗马尼亚人原先使用过的阵地上有顶棚，我们的参谋人员和后备军就在里面躲雨。但没过多久这个地方就被水淹了，大家只好从里面出来。我们来到外面，全身湿透，四周电闪雷鸣。突然之间，敌军各种口径的火炮一起开火，炮声盖住了雷声。前沿阵地传来激烈的步枪声、机枪声和手榴弹的爆炸声。罗马尼亚人想在暴风雨里突袭我们！"肯定是这样的！"我心里开始嘀咕：前线是否挺住，还是已经被攻破了？雨水击打在我们脸上，能见度只有几码远。我要等待战场报告吗？不，现在就行动！

"总部山丘"是焦点位置。几分钟之后，我就到了山丘西面不远的一个点。六连的将士跟着我，他们上好了刺刀，准备发起反攻。我们的炮兵对罗马尼亚人大规模进攻的区域展开地毯式轰炸。我和参谋人员之间连有电话线，我和所有的部队都可以通话。罗马尼亚人的进攻全面崩溃，当夜幕降临的时候，混乱的战事终于在滂沱大雨中结束了。在遭受重大伤亡之后，敌军终于从我军阵地前方的区域撤退。

战斗结束后，我回到指挥所，结果发现我们搭帐篷的地方已经被炮弹夷为平地，我只好把指挥所向右移动了300码。罗马尼亚俘虏生了一堆火，我们就围在篝火旁烘干身上的衣服。我们的心情很不错！

评注：8月13日，符腾堡山地营的任务是守卫科斯纳山的部分地区和西面不远的高地，这项任务十分艰巨。由于两侧都没有自己人，山地营不仅要应对敌军强大的正面攻击，还要准备应付来自两侧的进攻。另外，光秃秃的山脊两边地势崎岖不平，还长满了树，有利于敌军推进到攻击距离。还有，罗马尼亚人的大炮呈半圆形对着符腾堡山地营。

在这样的情况下，纵深防御和强大的后备军是必要条件。

我们在天亮之前就得向南面、东面和北面展开侦察，以便确定敌人的进攻意图。另外，我们阵地前方的地面凹凸不平，必须时刻保持密切的观察。一旦出现疏忽，敌军就可能乘虚而入，作战前哨就发生了这样的情况。

作战前哨附近的战斗非常艰苦。哨兵们可以从科斯纳山的尖角山脊上向敌军所在的开阔地射击，但他们的火力无法覆盖前面不远处地势陡峭、树木繁茂的拱形山坡。另外，他们的警戒措施也不完备，罗马尼亚人就是在这个地方为白天的大规模进攻做好了准备。敌军的进攻完全出乎哨兵的意料之外。

从"总部山丘"射向光秃山顶和科斯纳山树木稀疏的西坡的机枪和步枪火力为作战前哨的左翼提供了很长时间的保护，只有到了"总部山丘"上弹药耗尽的时候，敌军才在科斯纳山站稳脚跟。

在快速组织重机枪排提供火力支援之后，我们得以在伤亡不大的情况下夺回作战前哨的最后一条战线。其间突击队的火力和机动非常协同。

作战前哨沿线的战斗和为争夺"总部山丘"展开的战斗充分表明，焦点作战区域的弹药很快就会耗尽。在此类情况下（特别是在山区），要在第一时间提供弹药补给。除此以外，营级单位必须储备好弹药和近距离作战武器。营里的补给点必须随时掌握前线的弹药情况，一旦需要就必须启动补给。我们在8月13日的战斗中在补给方面做得不错。

在8月13日的激烈战斗中，我们迫切需要后备军。没有他们的支援，阵地是保不住的。一次又一次，主战场的人员损失都要靠后备军补充，弹药和近距离作战武器也是靠他们运送到前线的。作战期间，一个后备连挖掘了一条把营指挥所和战斗焦点区域"总部山丘"连接起来的坑道。如果没有这条坑道，我们在运送补给物资的时候肯定会遭受重大伤亡，因为敌人可以从科斯纳山高处向我们射击。

即便在防御战初期，符腾堡山地营也在主战区呈纵深梯队部署。五连、二连和部署在"总部山丘"的部队可以互相提供火力支援。战斗期间，作战中心区域（"总部山丘"和"俄国山丘"）的后备部队增加了防区的深度。把全部兵力都放在前线是错误的做法，因为前线伤亡最重，如果守卫部队都在前线，伤亡就会更加惨重。毕竟，对于敌军而言，突破一条线并不难。

8月16日与炮兵之间的合作令人非常满意。当然了，如果我们有炮兵联络人员或前沿观察员的话，我们会取得更喜人的战斗成果。在防御期间制作的方格简略图很有价值，这种图就相当于今天的平板仪或绘图板。

1917年8月19日，第二次强攻科斯纳山

经过几天的激烈战斗，我们左侧的友军（第七十洪韦德师）成功向斯拉尼奇山谷以北推进。有鉴于此，我军计划在8月18日从奥伊托茨山谷和斯拉尼奇山谷两侧继续发动大范围进攻。我们将再次进攻科斯纳山，其中的目标之一就是占领东面的阵地。另外，指挥部还想实施突破。这次对科斯纳山展开的进攻，我们在右侧有马德伦军团（第二十二预备役步兵团），在左边有施普罗瑟军团（符腾堡山地营和第十八步兵团一营）。8月17日，我受命为施普罗瑟军团的前线部队做好全面进攻准备，还要帮助马德伦军团的团级和营级指挥官们了解他们的作战地形。为了完成任务，我从早到晚一直在走路。

我回到指挥所的时候得知，罗马尼亚人在强大的预备性炮击之后从斯拉尼奇山谷向皮乔鲁尔发动了进攻。也就是说，他们这次进攻是从我军阵地的左后方发起的。对付他们的是巴伐利亚第十八预备役步兵团，从战场上传来的声音判断，罗马尼亚人正取得节节胜利。我这支部队的侧翼和后方眼看就要受到威胁，我担心我们与军团之间的联系会被切断。为防万一，我立即让部分后备军（两个步枪连和一个机枪连）赶赴674高地附近隐蔽在灌木丛里做好反击准备。为方便保持联系，他们在行进过程中铺设了连接到我的指挥所的电话线。不过后来军团总部那边通报说，皮乔鲁尔那边的巴伐利亚军已经阻止了进攻的敌人，所以我的后备军没有派上用场。

攻击科斯纳山的计划推迟了一天。8月17日至18日夜间，右手边的几个连从前线被换下来，转移到第二线。8月18日，二连和第十八步兵团的部队把罗马尼亚人赶出了"俄国山丘"以北600码的山脊。在这个下雨天，我和德国、奥地利炮兵观察员一起巡视"俄国山丘"周围的地形，进一步完善8月19日进攻科斯纳山北部时的炮兵支援计划。

8月19日天亮之前，施普罗瑟军团的突击部队在"总部山丘"西北的河谷里集结，新的进攻集团由此组成。我指挥的突击部队包括一连、四连、五连、机枪二连、机枪三连、一个陆军突击队和一个工程兵排。高斯勒上尉在

第二线指挥二连、六连和机枪一连。施普罗瑟军团手头还有第十八步兵团的一营可以使用。

我的部队在"俄国山丘"西边不远处的灌木丛和小树林里集结，施普罗瑟军团的其他部队在往西更远的地方集结。敌军在科斯纳山顶往西北延伸到491高地的山脊上修筑了连贯的壕沟系统，并在壕沟外围放置了障碍物。用望远镜仔细观察，我们可以看到部分敌军阵地和灌木丛中间的障碍物。（见图36）

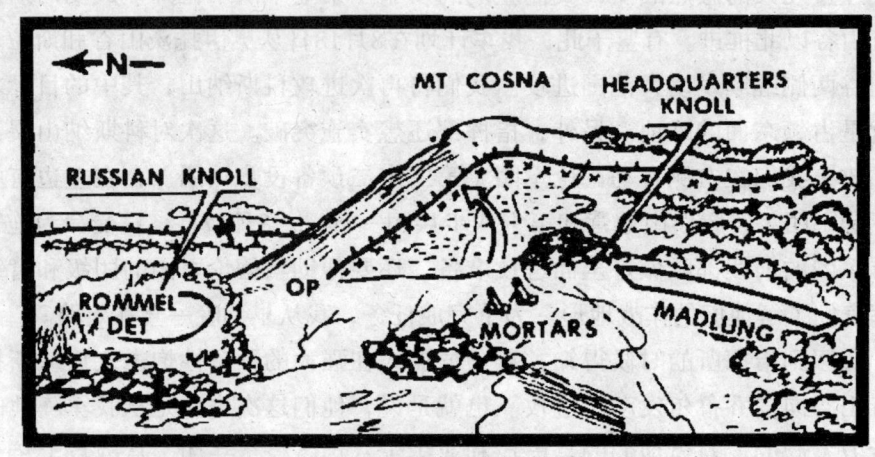

图36　1917年8月19日科斯纳山的形势　西面视角

根据师部命令，我们要在一个小时的轰炸之后攻占这个阵地。再经过一个小时的轰炸，我们还要拿下科斯纳山顶以东半英里那个特别坚固的阵地，也就是我们在8月13日攻击过的那块阵地。我打算在炮兵轰炸期间就突进到敌军在科斯纳山的阵地，在阵地里推进一小段之后再将炮兵攻击目标转移到罗马尼亚人的第二个阵地，然后向其发起进攻。

8月19日是夏季里天气非常好的一天。清晨，科斯纳山周围没有战事，突击部队隐蔽在灌木丛里。接近6点的时候，我让技术军士弗里德尔（五连）带着10个人和一个电话班出发，向他们说明我的进攻计划，交代给他们如下任务：

"在灌木丛和低洼地的掩护下，弗里德尔的侦察队从'俄国山丘'爬过去，穿过溪谷向东走，进入那边的洼地（我用手指向洼地所在的位置），面向计划突破的地点，察看敌军阵地前方的障碍物。带上铁丝钳，在推进过程中通过电话班与指挥所保持联系。"利用高能望远镜，我给弗里德尔指出了计划中的突破点以及可能采取的推进路线。

半小时后，我看到弗里德尔的侦察队爬上了科斯纳山的西坡。与此同时，我在突破点附近的战壕里发现了罗马尼亚哨兵。我和侦察队之间的电话线运转正常，所以我可以随时告诉他们上方敌军阵地的情况，还可以随时通报他们离敌军阵地还有多远，指引他们走到计划中的突破点。没过多久，侦察队就到了敌军阵地的障碍物附近。

罗马尼亚哨兵可能是看到或听到侦察队的动静，他们在战壕里变得不安起来。我见状就让侦察队回撤到离敌军铁丝网200码的地方，同时让沃勒中尉的迫击炮连从我们后方的阵地向前方的突破点开火。很快炸弹就在敌军岗哨附近爆炸，敌人要么卧倒隐蔽，要么逃离危险区域。在沃勒的炮兵连继续开炮的时候，我命令弗里德尔在离轰炸地点50码远的地方剪断铁丝网，开辟一条通道。他们很快就完成任务，敌人没有制造任何干扰。

预备性轰炸定于11点开始，我们9点整沿着弗里德尔用电话线标注的路线前进。"俄国山丘"东面向下延伸到溪谷的山坡处在阳光的照射下，而且山坡上的灌木丛不足以给我们提供掩护，所以罗马尼亚人很快就发现了我们，开始用机枪向我们扫射。我们加快速度前进，拉开彼此间的距离，但还是有人伤亡。另一方面，科斯纳山拱形的西坡可以遮蔽敌人的火力，对方没有观察那个方位。

当我带着先头部队找到弗里德尔时，他们已经把铁丝网剪到最后几根了。在部队推进过程中，留在后面负责观察"俄国山丘"的沃勒中尉一直向我汇报敌军阵地的情况。在我的要求下，他时不时对敌军进行骚扰性炮击。

我带领部队到达距离预定突破点50码的地方，开始研究是否可以从更靠近预定突破点的地方发起进攻。此时高斯勒的部队正沿着我们右边的河谷向上走。现在时间是10点半，第十八步兵团一营还在向上爬。我计划在炮兵预备性轰炸开始后不久就发动进攻，所以我必须加快进攻准备。

整个机枪二连和五连的一个排将诱骗和转移敌军的注意力，用火力压制我们攻击对象上方阵地的敌军守卫部队。机枪二连和那个排要做好隐蔽，匍匐进入预定地点，接到命令才能射击。他们的左翼正好在铁丝网缺口上方。这支部队开火之后几秒钟，弗里德尔的突击队就沿着铁丝网通道展开进攻，突破敌军阵地并阻断突破口两侧的火力。我带着五连剩余的人、洛伊策中尉的重机枪排和剩余的其他兵力紧跟在弗里德尔后面。在一次突破得手后，我带着五连径直向前冲，对两侧的情况不予理会，然后攻占东北方向的山脊。

跟在我后面的是机枪三连、步兵一连和四连、陆军突击部队和工程兵排。
（见图37）

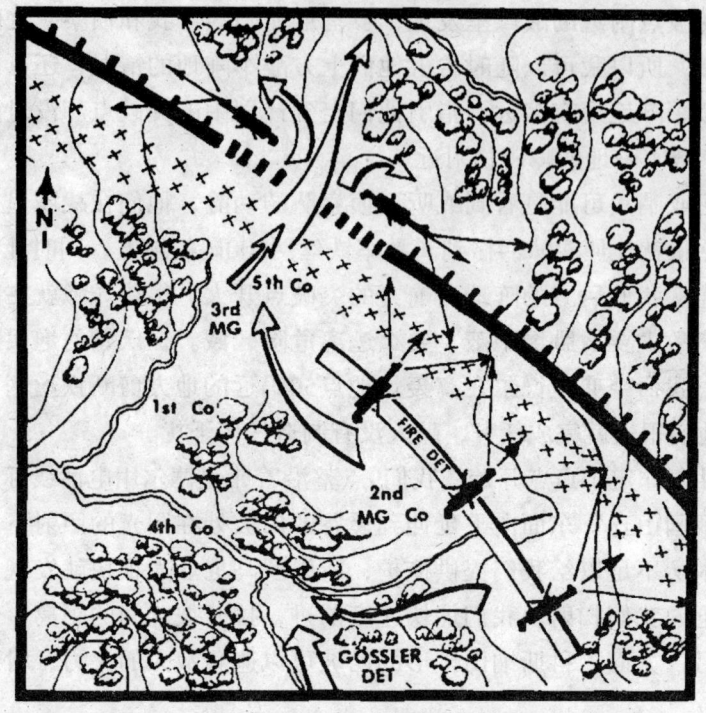

图37　1917年8月19日，突破科斯纳山的山坡

　　洛伊策那个重机枪排的任务是，从突破点向右侧（上坡）和左侧（下坡）扫射敌军阵地。其他所有的兵力都在原地待命。负责诱骗敌军的部队尽快跟着我们进入占领的阵地；我和高斯勒上尉说好，他的部队跟在我后面；第十八步兵团一营负责对付科斯纳山上从我们的突破点向491高地方向延伸的敌军侧翼；营里剩余的兵力充当后备军。

　　在我们完成进攻准备且其他部队占据各自阵地之前，我们的炮兵就开始轰炸科斯纳山上的阵地。210毫米和305毫米炮弹炸得泥土四溅，泥土和灌木四处洒落。山地部队的官兵对兄弟部队如此有力的支援感到由衷的高兴。

　　按照事先安排，位于14号方格的突破点是没有炮弹轰炸的，我们的迫击炮部队在这方面做了很好的准备工作。炮兵开火5分钟后，我发出信号让部队开始进攻。

　　上面负责开火的部队一齐射击，紧接着弗里德尔的突击队穿过铁丝网的通道进入敌军阵地，随后我手下的前沿部队开始行动。手榴弹在我们身边爆炸，巨大的响声掩盖了右上方的枪声。我们冲破烟雾，几个箭步就冲进了敌军战壕。弗里德尔的突击队干得非常漂亮，但不幸的是，走在最前面的英勇的技术军士被罗马尼亚一名骑兵上尉用手枪打死了。山地部队的官兵们继续强力突击，在近距离战斗中攻下了守卫部队的战壕，俘获那个上尉和10名士兵。接着突击队向两侧分开，阻断左右两边的敌军火力。我第一个到达敌军战壕，身后的部队立刻跟进。右上方的敌军守备部队还在抵抗，他们可能是遭遇我们从那个方向发起的攻击。附近的地形高低不平，加上地面草木茂盛，这些敌人看不到我们已经攻入他们的阵地。他们没有看到，我们一个接一个地快速进入他们防御系统的缺口之中。

　　战场一片混乱。手榴弹四处爆炸，机枪和步枪在灌木丛里交叉射击，重型炸弹在附近爆炸。突击队在敌军阵地打开了一个约40码宽的洞口，并用火力阻断两侧的敌人。摧毁敌军沿山坡修筑的阵地轻而易举，但我按照原计划把这项任务留给了后续部队。根据原计划，五连已经穿过灌木丛向东北方向最近的一个山脊冲过去。没过多久，洛伊策中尉发动重机枪扫射山坡上下的敌军卫兵，我就带领五连轻松进入敌军防区。副官向军团方面宣布我们突破成功，请求将大口径炮的目标转移到科斯纳山以东位处施普罗瑟军团所在区域的敌军阵地。

　　我们在敌军防区继续推进，挫败罗马尼亚人的后备军，抓获100多名俘虏，其他人逃跑了。在追击敌人的过程中，几枚305毫米炮弹落在我们周边，在松软的土地上炸出巨大的弹坑，足以容纳完整的连队。这些炮弹没有对我们造成伤害，但我们因此变得更加小心。我们继续推进到出发线东北1/4英里处的山脊，下一个目标在我们下面很远的地方，离我们大概有700码。罗马尼亚的几个连在前面的河谷匆忙逃窜，德国炮兵在向他们发射炮弹。

　　我当即命令一个重机枪排向撤退的敌军开火，还命令剩余的部队进入河谷追击敌军。通过电话——我们在推进过程中一路带着电话线——我请求炮兵轰炸76、75、74、73、72、62、52和42号方格。按照我的原计划，我打算在短暂的轰炸之后强攻第二个罗马尼亚阵地。但事态的发展出乎我的意料！

　　几分钟的简要安排和电话交谈之后，很快德军的炮弹就飞向下面的河谷，几挺重机枪也射向敌人，他们沿着一条小路向灌木丛里的新阵地仓皇逃跑。机枪在这么近的距离射击，其后果可以想象。我们可以趁敌人慌乱之际利用强势追击拿下第二个阵地，但我怀疑这么做是否合适，因为到时候我们会进入本方炮兵的轰炸区域。不过我们刚刚逃过自己人的305毫米炮弹，前面

的情况应该不会更糟。（见图38）

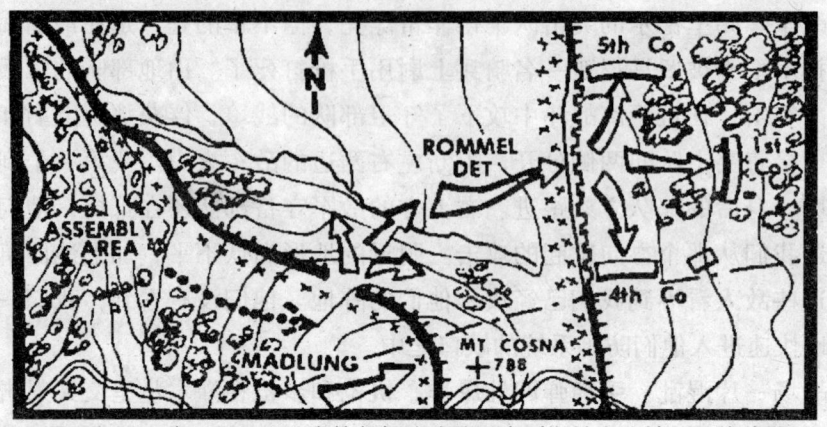

图38　1917年8月19日，隆美尔部攻陷敌军在科斯纳山北坡的二线阵地

我们以最快速度跑下山。榴弹炮在轰炸河谷，重机枪还在打击敌人。敌军穿过铁丝网的狭窄通道向他们的阵地快速奔跑。很快我就和先头部队一起追到了敌人身后。在激战正酣之际，我们全然不顾左右两侧和身后落下的德军炮弹。敌人拼命往前跑，我们没有遇到任何阻拦，他们还不知道我们离他们有多近。一路上有很多罗马尼亚伤亡人员躺在地上。重机枪把枪口转向左侧，我们快速通过障碍物，很快进入了敌军阵地。经过短暂的步枪和手榴弹交火，守卫部队逃之夭夭。我当即对到达的几个连作出部署：

"一连在东，五连在北，四连在南。每个连负责把敌军阵地推出160码，然后就地组织防御，同时积极侦察前方情况。"

几分钟后我收到消息说，各支部队都已到达预定地点。右边的四连前面，罗马尼亚守卫部队尤其顽强，他们甚至发动反攻试图夺回失去的阵地，但他们是不会得逞的，因为山地部队不会让出自己的战利品。东边和北边的罗马尼亚人正在撤退，甚至炮兵也在以最快速度撤离他们在山脊背后的阵地。马德伦军团所在的科斯纳山那片区域的敌军仍然在抵抗。

在右手边，敌军已经驻守他们的二线阵地。在反击宣告失败之后，他们就一门心思坚守当前的这些阵地，但他们的防御系统在正前方和我们左侧出现巨大的缺口。如果投入所有可用的后备部队，我们可以轻松突破敌军防线。

我们很快就同军团总部有了电话联系。信号兵的工作非常出色，他们一点都不比突击队逊色。我立即向军团方面汇报了前方的情况，请求军团派遣所有后备部队增援并让炮兵停止轰炸敌军的二线阵地。这时候我才知道，科斯纳山上靠近马德伦军团右侧的敌军阵地还没被拿下，但军团方面答应迅速派遣高斯勒的部队和第十八步兵团的一营过来。

我必须充分利用手头可用的兵力，而且不能忽视敌人从科斯纳山或南面发起反击的可能性。工程兵排受命加固四连的阵地，四连顺势把前线向东延伸到森林覆盖的小山丘。一个重机枪排从那个山丘向尼科雷斯蒂附近（距离2800码）的敌军炮兵扫射，迫使后者拔腿就跑。在东面，一连的侦察兵紧追逃下山穿过小树林的敌军。在北面，陆军突击队将敌军阵线一路推到了五连的战线上。部队推进的速度很快。在同一个方向两英里以内就是蒂尔古尔奥克纳。小镇本身也处在猛烈的炮火下，我们可以看到火车站里长长的列车旁边停着排成长队的车辆。我们可以在30分钟后抵达小镇，一举切断大批敌军的补给线。

我焦急地等待高斯勒的部队和第十八步兵团一营的到来。来自军团的情报显示，这两支部队早就已经出发了。时间一分一秒地过去，但还没人过来。战斗的声音从我们右后方传过来，敌我双方还在为占领科斯纳山展开争夺。截至目前，我们已经抓获500名俘虏，缴获几十挺机枪。从我们成功拿下敌军二线阵地到现在已经过去了两个多小时，北面的罗马尼亚人正从惊恐中缓过神来，开始逼迫突击部队后退。与此同时，萨图尔诺地区的罗马尼亚炮兵向四连所在的区域发射了数百枚炮弹，但大多数炮弹都打高了，落在了科斯纳山北坡上。南面的敌人没有反击，但他们的机枪一直在开火，我们在前沿阵地和连接通道里不得不小心防范。四连那边偶尔会有手榴弹爆炸，但敌军没有什么收获。

高斯勒的部队在下午4点到达（在我们最先发动进攻4个半小时之后），这个时间恰好有一批罗马尼亚人从背面发起强势反攻，我们不得不让六连填补一连和五连之间的空缺。在缺乏充足的后备兵力的情况下，我们不可能对山谷发动进攻。经过一番近距离搏斗，敌军在北面的攻势被击退。

18点30分，军团总部传来消息说，马德伦军团已经拿下科斯纳山（南部），正沿着峡谷向东进攻敌军的二线阵地。

快天黑的时候，我们看到后方临近尼科雷斯蒂和萨图尔诺的地方出现数量庞大的罗马尼亚步兵。与此同时，几列火车离开蒂尔古尔奥克纳向东驶去。我们联系上了第二十二预备役步兵团，他们的左翼攻占了692高地上的罗马尼亚阵地。我希望我们第二天就可以突进到平原上，所以把我的部队部署在一条向东延伸的前哨阵线上，并派出侦察兵直抵尼科雷斯蒂。北面还有一支强大的敌军在同六连和五连对抗。

一直到半夜我都没有坐下来休息的机会，因为我要照看部队的物资补给和弹药补给，还要撰写我的作战报告。在这些事情都完成以后，我和高斯勒上尉躺在一个帐篷里睡下了。

评注：1917年8月19日，我们对相隔半英里的两个用铁丝网加固的罗马尼亚阵地发起进攻，这对符腾堡山地营而言是一项不同以往的任务。每次进攻都是在炮兵轰炸一小时后发起的。在炮兵持续轰炸第一个阵地期间，山地部队突入两个阵地，几乎没有伤亡。紧接着，将士们沿着一条700码长的战线冲进第二个阵地，抓获500多名俘虏。这为后来向东展开的突破行动铺平了道路，毕竟罗马尼亚人在科斯纳山以东的低地里不大可能有第三个部署了守卫部队的坚固阵地。

遗憾的是，我们取得的大胜没有得到充分的利用，因为后备部队来得太迟，而且数量太少。

由于地形的关系，我们需要采用非常规的战术。在突破科斯纳山顶下方不远的敌军阵地之后，我们觉得可以轻松突破敌军在西北方向陡坡上的阵地，主要是因为我们可以得到来自"俄国山丘"的重机枪火力支援。

先头部队应该在最短的时间里突进最远的距离，而且在突破过程中不能分散精力，这一点至关重要。有了这个前提，我们在进攻第二线的时候就可以将各支部队集中在一起，等后备军抵达后就可以形成最大的合力。

大炮、迫击炮和重机枪之所以能协同作战，是因为我们事先做了充分的准备工作。甚至在火炮实施预备性轰炸之前，迫击炮连就开始压制敌人，这为弗里德尔的突击队剪通铁丝网创造了条件。炮兵对第一个阵地的轰炸迫使敌军在隆美尔部突破时掩蔽，而机枪连和五连的一个排攻击突破口以外的敌人，阻止他们干预突破行动。

德军对敌军第一个阵地展开猛烈的预备性轰炸，迫使大量罗马尼亚后备军匆忙逃往第二个阵地。隆美尔部利用这个情况实施强势追击，一路突进到敌军阵地，紧跟在密集火力攻击下的敌人身后。这么做是有风险的，因为本方的炮火不可能很快就转移，山地部队有可能会被自己人伤到。

重新转入防御

8月20日凌晨3点，敌军动用大量炮兵实施密集轰炸，重新开启争夺科斯纳山的战斗。大量重型炮弹落在指挥所和后备部队附近，我们被迫撤退危险地区，到山峰北面半英里的河谷里躲避。敌军火力稳步加剧，重点轰炸被我们攻占的科斯纳山东边的阵地，因为他们认为我们就在那个地方。我很庆幸那边只有几个人在战壕里，因为敌军很快就把那块区域炸得面目全非。

早晨7点，敌军开始向一连占据的低地前哨推进，河谷里开始聚满罗马尼亚人。六连报告说，据他们观察，敌军在为进攻他们那个方位做准备。敌人的意图已经很明显，我们确信罗马尼亚人想夺回前一天失去的阵地。我们是时候转入防御了。

我们必须在崎岖不平、树木繁茂的地面构筑一条连贯的防线，没有掩体可用的北侧尤其需要保护。我决定不去驻守罗马尼亚人用过的阵地，因为整整一个上午这些地方都在遭受炮击，这些地方也都在罗马尼亚人的攻击范围，而且他们对各个地点都了如指掌。如果坚守这些阵地，我们势必要遭受重大伤亡。转移部队劳师动众，而且我们可用的时间不多，但我还是决定把山坡上的前沿阵地向东转移到树林里。

我当场传达了一些必要的指令。各个连开始挖掘战壕，一连的作战前哨则尽量拖延敌人的时间。在松软的土地上挖战壕不难，后备部队也在帮助前线部队挖掘阵地和连接通道，为的就是在作战前哨被逼退进阵地时可以让一切准备就绪。罗马尼亚人的先期进攻被轻易击退，他们开始在离我们50码左右的地方挖掘战壕。敌军炮兵要轰炸我们的阵地；但最终不得不放弃，因为那样可能会炸到他们的自己人。无奈之下，对方的炮兵只好继续轰炸山脊上罗马尼亚人使用过的阵地。

我对东线（一连和四连）没什么可担心的，但北面和西北面的情况就不同了，因为我们在那边的防守有一个巨大的缺口。

我们左面的友军（第十八预备役步兵团一连）在科斯纳山东北面的山坡上，在从491高地向山顶延伸的山脊上，罗马尼亚人因此利用河谷一路爬到我军阵地后方。目前为止作为后备军的三连不得不去填补五连左翼和第十八步兵团一营之间的缺口。缺口处地形复杂，能见度差，而且敌军数量庞大，但三连仍然顽强坚守。随着时间的推移，战斗进行得越来越激烈。仅仅一个白天，敌人就向我们发动了至少20次攻击。有时候他们会在一阵轰炸之后展开进攻。罗马尼亚人用半圆形的阵线围着我们，我们不得不让后备部队四处救险。敌军的炮火把山脊炸得满目疮痍，但山地部队的意志没有动摇。我们一共有20人伤亡，相比对方算是很少的了。

可能是因为连续几天都处于亢奋状态，此刻我全身乏力，只能躺着给部队下达命令。到了下午，我因为发高烧开始胡言乱语。我总算认命，我是无法再行使部队的指挥权了。晚上我把指挥权交给高斯勒上尉，跟他讨论了当前的局势。天黑之后，我沿着山脊路穿越科斯纳山，回到了"总部山丘"西南1/4英里处的军团指挥部。

面对罗马尼亚人的进攻，符腾堡山地营始终坚守自己的阵地，直到8月25日由第十一预备役步兵团换防，由此充当师级后备军。

争夺科斯纳山的战斗让年轻的部队付出了惨重的代价。我们在两周之内有500人伤亡，60名英勇的山地部队士兵永远躺在了罗马尼亚的土地上。虽然最主要的目标没有实现，我们也没有摧毁敌军的南翼，但面对奋勇、顽强且装备精良的敌人，山地部队很好地完成了上级安排的每一项任务。时至今日，每当回想起担任这批部队指挥官的日子，我的心里都充满自豪与喜悦。

在科斯纳山度过艰苦的一段日子之后，我在波罗的海之滨休养了几个星期，这次休养让我再次精神抖擞。

评注：在1917年8月20的防御战中，为了避开罗马尼亚人的炮火，我们的主抗击线转移到了前方山坡森林覆盖的区域。这么做非常明智，因为在后期战斗过程中，敌人没能向这条隐蔽的主战线实施轰炸。我们利用作战前哨且战且退的时间修筑主要的防御阵地，后备部队也为前线部队挖掘隐蔽的连接通道。这些壕沟发挥了重要作用，部队在其中运送各种补给物资，还在较为安全的情况下转移伤员，其间只出现很少的伤亡。准备工作完成后，后备军在指定地点挖掘战壕驻守。

8月20日的防御战中，由于敌军攻击点多，我们的后备部队频频派上用场，四处救险。在出现危险的地点，后备部队必须全面驻守主战场。

我们尽可能地避免向前线本身增援后备部队。

第五章

托尔曼攻势（1917）

第十二次伊松佐战役^[1]的排兵布阵

10月初，我在奥地利克恩滕州美丽的乡村重掌我那支部队的指挥权。此前，符腾堡山地营受命从迂回曲折的马其顿来到这里。我们在科斯纳山损失的人员已经得到补充；此外，由于一种新型轻机枪的引入，步枪连的火力得以大幅增强。为了适应和熟悉这种新式武器，我们在休养营地的时间都用来训练使用这种枪支。

对于陆军统帅部要分配的任务，我们一无所知。会不会是去伊松佐战线？

自从1915年5月参战以来，意大利军队的主要作战目标就是夺取的里雅斯特。在两年的战争中，伊松佐河下游沿岸已经爆发了10场战役。在此期间，奥地利军队节节败退。在第六次战役中，意大利人在戈里齐亚附近的一条河东岸建立了一个据点，还占领了戈里齐亚市。（见图39）

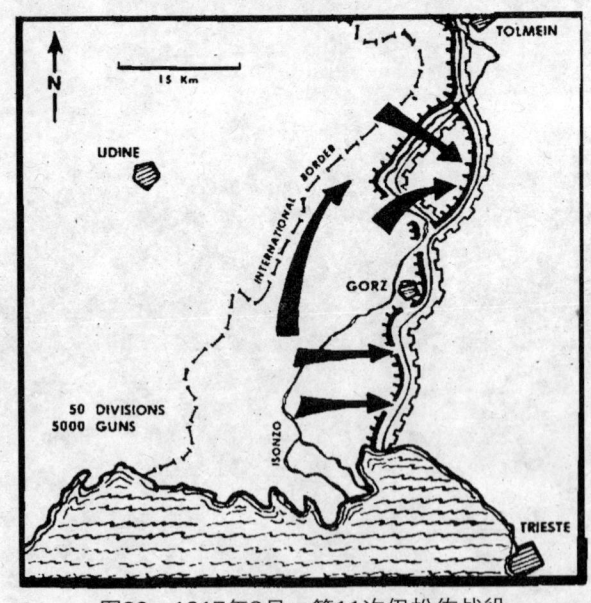

图39　1917年8月，第11次伊松佐战役

[1]　在美国称为卡波雷托战役。——编者注

　　1917年8月，第11次伊松佐战役开始，路易吉·卡多尔纳将军按照西线模式展开攻势。在500门炮的支援下，50个师向戈里齐亚和波罗的海之间的狭窄战线发动攻击。借助得当的战术，奥地利部队消弭了意大利人最初取得的胜利，但在战役的第二阶段，意大利人穿越伊松佐河中游，占据了拜恩西扎高原。好在我们的盟军在高原上付出巨大的努力，遏制住了敌人的进攻。这次全面进攻一直持续到9月初，此时事态已经平静下来，但卡多尔纳开始为第12次伊松佐战役做准备。在伊松佐河中游以东新近占领的地域极大地改善了意大利人在下一场战役中的前景，而他们想要攻占的目标的里雅斯特已然近在眼前。奥地利人感觉自己应付不了这次新的攻势，所以他们请求德国帮助。虽然已经向西线战事（弗兰德斯和凡尔登）投入了大量兵力，但德国统帅部仍然派出了一支由7个有作战经验的师组成的部队。德军和奥地利军队在伊松佐上游发起的联合攻势旨在缓解局势，其目的是要把意大利人赶回到帝国边界那一边，如果可能的话要赶回到塔利亚门托河对岸。（见图40）

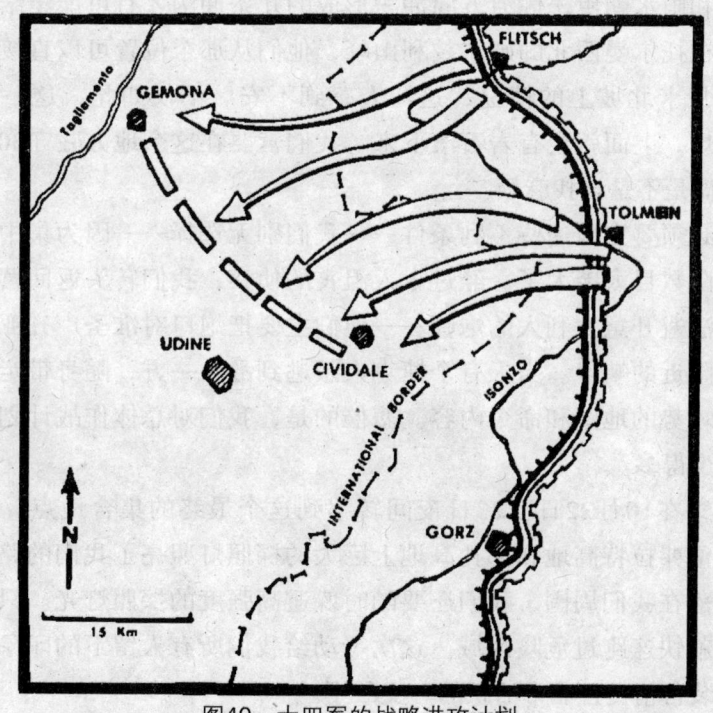

图40　十四军的战略进攻计划

　　符腾堡山地营加入新组建的十四军，隶属阿尔卑斯军团。10月18日，我们从克拉尼附近的集合区域向前线进发。在伸手不见五指的夜晚，施普罗瑟少校的军团（符腾堡山地营和符腾堡第四山地榴弹炮分队）途径比绍弗拉克和萨利罗格，于10月21日抵达克内扎，途中屡次遭遇滂沱大雨。由于敌军在空中展开侦察，我们每次都必须在天亮之前赶到目的地，到达目的地之后，人和牲畜都必须隐藏在极不舒适、设施极为简陋的地方。这样的行军对伙食不佳的部队是很大的考验。

我的部队由3个山地连和1个机枪连组成，我常常和我的助手步行走在队伍最前面。克内扎位于托尔曼附近的战线以东大约5英里的地方。10月21日下午，施普罗瑟少校及其分队指挥官视察了为进攻指定的集合地点。这个区域位于托尔曼以南一英里的布泽尼卡山（509）的北坡，山坡的地势朝伊松佐河方向急剧下降。

意大利人的炮兵从地势高、视野好的位置向我们战线后方到处发射炮弹，他们似乎有用不完的弹药。我们营——现在已经有11个连——的部署相当困难，因为分配给我们的区域地势高低不平，几乎无法通行。只有堆满碎石的山坡和雨水朝伊松佐河方向冲积形成的几条冲沟才有可能集结部队。敌军的位置在托尔曼西北的姆尔兹利山峰，他们从那个位置可以直接看到几乎整个布泽尼卡北坡上的情况，这让人感到不安。不仅如此，这一区域一旦有炮弹爆炸，上面就会有岩石滚下来。我们营要在这个地方驻守30个小时左右，这么做是不是自找麻烦？

我们必须要克服这些不利条件——我们别无选择——因为集中在托尔曼盆地的部队数目太庞大了。经过令人沮丧的侦察，我们转头返回营部，途中还要想办法避开意大利人的炮弹——他们主要把炮口对准圣卢齐亚和巴扎迪马德雷亚附近的峡谷。当天有个捷克人叛逃到敌人一方，随身带走了很多有关托尔曼攻势的地图和命令内容。悲催的是，我们对总体作战计划的了解比这个人还少得多。

我们营在10月22日至23日夜间转移到这个最终的集合地点，途中意大利人在科洛弗拉特高地和耶扎高地上巨大的探照灯照亮了我们的路。密集的炮弹频频落在我们周围，我们还要随时躲避高强度的探照灯光。只要灯光扫过，我们就快速跑过危险区域。这次行动给我们所有人留下的印象是，我们面对的是装备精良且非常活跃的一支敌军。

由于地形复杂，我们只好把驮运物资的牲畜留在布泽尼卡山的东坡上。午夜刚过，我的部队带着充足的机枪和弹药来到碎石坡的集合地点。负重爬坡非常累人，我们放下身上背的东西长舒一口气——能够毫发无伤地抵达目的地，这是一件令人高兴的事。但好好休息是不可能的，因为接下来的几个小时我们必须抓紧时间挖掘战壕隐蔽起来。我给各个连划分区域，参谋人员和两个步枪连在20至40码宽的碎石坡西边驻守。碎石坡被一条小路一分为二，从西北方向看过来是看不到全貌的。另外两个连驻守在向东100码的一条窄冲沟里。所有官兵全力挖掘战壕，及至拂晓，山坡上已经看不到人影。大家给散兵坑盖上灌木和树枝，在里面补充一下睡眠。

但平静的时光很短暂，意大利人的重炮很快就找到我们，炮弹炸开的石块从我们身边一路滚进伊松佐河。我们又一次没法睡觉，怀疑敌人是否察觉我们在夜间的准备工作，是不是正在修正炮火的准星。假如敌军对这个陡峭的山坡实施密集轰炸，后果将不堪设想。

炮火持续了几分钟之后就停了，但在15分钟后转移到了另一个地方。我们总算可以得到短暂的平静。

意大利人的炮火把主要攻击目标转向伊松佐河流域。他们的重型火炮轰炸了托尔曼附近的设施和道路，轰炸造成的场面在白天一目了然。与意大利人不同的是，我们的炮兵在轰炸的时候经常有间隔。我很担心手下官兵的安全，感觉一天的时间过得很慢。

在西边几步远的地方，我们从阵地中间的小路附近可以清楚地看到敌军在山谷里的阵线。这条线在托尔曼以西1.5英里的地方穿越伊松佐河，然后从河流南面沿着圣丹尼尔东边不远处一直延伸到沃尔查克最东边。敌人的阵线似乎修得很好，特别是铁丝网。我们还想研究敌军的其他阵地，但昏暗的天气影响了能见度。

据悉，意大利人的第二条阵线在塞利谢地区——托尔曼西北6英里——穿过伊松佐河，从河流南面跨越赫夫尼克高地向耶扎延伸。敌军第三条也可能是最强大的一条阵线构筑在伊松佐河以南的一系列高地上，沿着马塔尤尔（1641）、姆尔兹利（1356）、高罗比、库克（1243）、1192高地和1114高地一线，然后朝西南方向急弯，经过克拉布扎罗伸向胡姆山。这些阵地都是从空中拍摄的照片上看到的。据说这些防线之间的地面上还有零星的据点。（见图41和图42）

十四军的部队部署如下：克劳斯军团在弗利齐做好准备（皇家二十二步兵师、"雪绒花"师、皇家五十五师和德国骑兵师），冲击点设在萨迦上方的斯托尔。

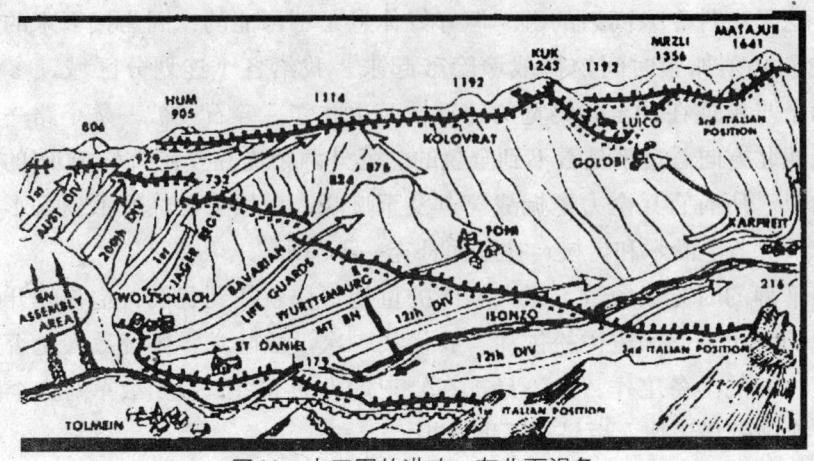

图41　十四军的进攻·东北面视角

　　在托尔曼附近和托尔曼以南桥头阵地的施泰恩军团（十二步兵师、阿尔卑斯军团、一一七步兵师）是进攻主力。十二师将向伊松佐河流域两侧的卡尔弗莱特突破；阿尔卑斯军团将攻占伊松佐河南面高地——特别是1114高地、库克和马塔尤尔。

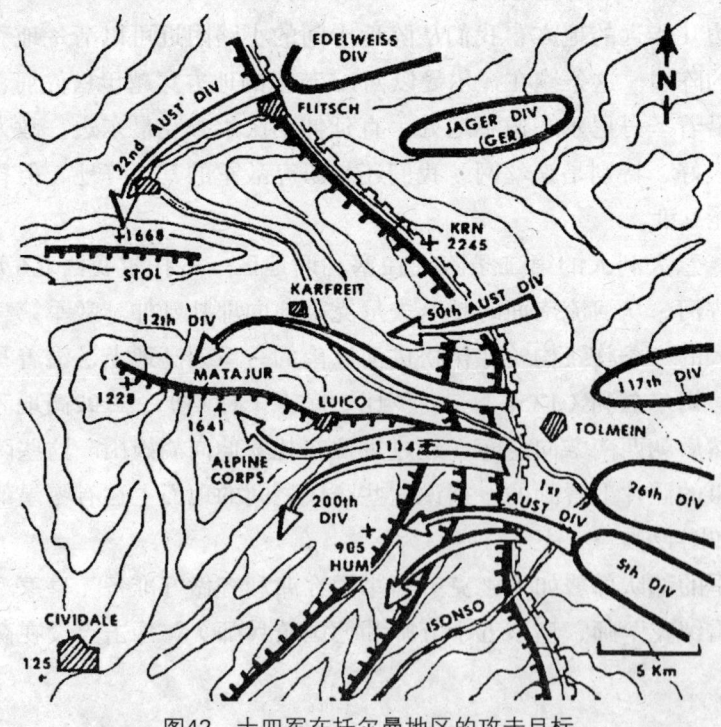

图42　十四军在托尔曼地区的攻击目标

　　在南面相邻的地方，贝雷尔军团（二〇〇和二十六步兵师）部署在耶扎和圣马尔蒂诺，面向西维达勒。

　　在南面更远的地方，斯科蒂军团（皇家一师和第五步兵师）将攻占耶扎以南的阵地，然后是格罗博查克和胡姆山。

　　阿尔卑斯军团所在的区域是伊松佐河北面的桥头阵地，巴伐利亚卫兵和第一骑兵团在那里把前线上的奥地利人换了下来。

　　骑兵团的进攻目标是：沿途经过科瓦克、赫夫尼克、1114高地和科洛弗拉特山脊最终通向高罗比的路。

　　第一骑兵团的目标是：沃尔查克以西的高地、732山丘和1114高地东南面。

　　符腾堡山地营的任务是保护骑兵团右翼，拿下佛尼附近的炮兵，然后跟随骑兵团进入马塔尤尔。

　　10月23日傍晚，天气变得阴沉，空气里有一层薄雾。天色一黑，托运物资的牲畜就把食物带到了集合地点。吃过饭之后，大家都回到散兵坑睡觉，好为未来几天的进攻积蓄力量。但半夜过后天上下起了雨，我们只好起身遮盖帐篷。这分明是适于进攻的天气！

　　评注：在托尔曼，即便是向敌军方向的行军和为进攻所做的准备工作也让部队消耗了很多体能。冒着飘泼大雨，我们拖着疲惫的身躯走过了卡拉万克山脉，直线距离63英里。白天部队在逼仄的空间里躲避敌人的空中侦察，吃着简单、少量的食物。尽管如此，部队的士气仍然高涨。在3年的战争里，部队已经学会了在攻坚克难的同时保持韧劲。

　　10月22日至23日夜间向集合地点行军过程中，机枪连和山地连的士兵们带着很多机枪子弹带。科斯纳山的战斗让我们认识到，在山区补给弹药是何等困难。

　　由于集合地点面临敌人的猛烈炮击，部队在夜间挖掘战壕并在天亮前把战壕伪装起来。

　　白天没办法给集合地点的部队运送补给物资，所以天黑之后才有热食物送上来。

第一天进攻：赫夫尼克和1114高地

1917年10月24日，目前为止一直沉寂的我军炮兵在凌晨2点开始实施预备性轰炸。这是一个漆黑的雨夜，托尔曼两侧一千个炮口在闪烁。在敌军所处的区域，连续不断的爆炸声在山间回响，声音之大堪比最猛烈的雷暴雨。我们呆呆地看着和听着如此壮观的场面。意大利人的探照灯穿不透厚厚的雨帘，敌军炮兵没有像我们想象的那样对托尔曼周围的区域实施阻绝性轰炸，只有几门火炮对德军予以还击。这是一个振奋人心的好消息。在半梦半醒之间，我们回到自己的掩体，听着本方的炮火渐渐平息。

破晓时分，我们的轰炸力度加大了。在圣丹尼尔附近，重型炮弹摧毁阵地和障碍物，爆炸产生的烟雾时不时会遮挡敌军的设施。我军的火炮和迫击炮越来越疯狂地咆哮，但敌军的还击火力却很弱。

天亮之后不久，符腾堡山地营出发了，我们走在大雨里，周围能见度很低。施普罗瑟的参谋人员跑在最前面，随后的隆美尔部沿着充满鹅卵石的山坡向伊松佐河走去。到下面之后，我们跟在巴伐利亚骑兵团右翼后面走到伊松佐河陡峭的岸上。

有几枚炮弹落在行进的队伍两边，但没有造成伤害。队伍到了前线附近。我们全身湿透，冻得发抖，都希望行动不要推迟。但时间一分一秒过去，我们仍然没有收到进攻命令。

在进攻开始前的最后一刻钟，我军的炮火更加猛烈。密密麻麻的炮弹在我们前方几百码的敌军阵地爆炸，阵地上空笼罩着水雾和灰色的烟。低沉的积雨云笼罩着赫夫尼克和科洛弗拉特山顶。

快到8点的时候，我们前方的突击队离开他们的位置向敌人走去。守卫的敌军已经被炮弹炸得晕头转向，他们要么没看见我们的人，要么未作任何抵抗。我们占据了大片区域，用来为进攻做准备。

8点整！火炮和迫击炮还在密集轰炸敌人。在我们前方，骑兵团发起了进攻。我们在他们右翼后方紧跟着到了右侧的前线，占据了圣丹尼尔周围的阵地。敌军剩余的守卫部队从废墟中举着双手走向我们，表情充满恐惧。我们穿过宽阔的平原地带向赫夫尼克的北坡冲过去。赫夫尼克山的一些尖坡上有人用机枪向我们扫射，不时影响我们的推进速度，但我们在这片开阔地上的进攻没有停止。

骑兵团向赫夫尼克的东坡推进，我们的目标则是东北坡。施普罗瑟少校和他的参谋人员在士兵们前面朝这个方向进发，但士兵们背着背包、机枪和弹药，所以行进的速度不是很快。

我们到达179高地，赫夫尼克山坡上的树木保护了我们的左翼。（见图42）

整个隆美尔部都到了有树木掩护的山坡。根据施普罗瑟少校的指令，我们作为赫夫尼克北坡上符腾堡山地营的先头部队继续沿着小路向佛尼进发。一连的士兵在技术军士塞策尔的指挥下形成尖兵队，其余的部队相互间隔150码跟上。机枪一连的一个排跟着尖兵队，接着是参谋人员、一连、二连和机枪一连其余的部队。我和新副官施特莱希尔走进队伍当中，在尖兵队后面几码跟着。

我们走的小路很窄，两边长满了灌木，敌人应该没有走过这条路。小路两侧的山坡非常陡，树木很繁茂，秋天的树叶还没有掉落。我们在灌木丛里只看得见几码外的东西，几乎见不到山谷。山坡上有几条很深的溪水流向伊松佐河。德军重型炸弹的爆炸声在山谷和左后方回响，我们猜想骑兵团就在我们左后方。我们前面的山坡安静得有些不自然，敌人随时可能会出现。我们在山林里没有任何炮兵支援，只能依靠自己。

尖兵队很小心地走着，不时停下脚步仔细听前面树林里传来的声音，然后又往前走。但即便我们这么谨慎也枉然，因为敌人早就埋伏好了。当我们走到824高地以东1000码的地方时，我们突然遭到机枪的近距离打击。我收到报告说："前方铁丝网背后的阵地有敌军，尖兵队有5人受伤。"（见图43）

山坡很陡，草木旺盛，敌军在挖好的战壕里严阵以待，我们在没有炮兵支援下发动进攻是没有希望的，那么做只会造成巨大的伤亡，所以我想到别的地方试试运气。

目前的尖兵队还在和敌人交火，我就命令一连的另一组士兵组成新的尖兵队，让他们沿着敌军阵地前方200码左右一条满是石头的河谷爬上南面的山坡。我打算从左翼和上方包围敌人，我把这个想法告诉了施普罗瑟少校。

爬坡的过程很艰难，我和施特莱希尔中尉在新的尖兵队后面40码跟着，紧跟在我们后面的是一个重机枪组，几名士兵肩上扛着拆卸的机枪组件。

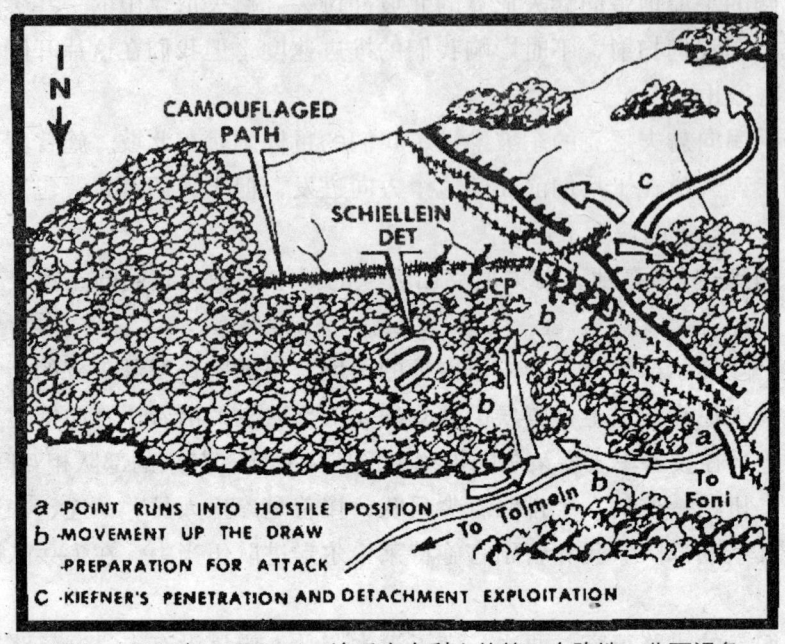

图43　1917年10月24日，渗透意大利人的第二个阵地　北面视角

　　就在这个时候，一块大约100磅重的岩石从上面滚下来。河谷只有10英尺宽，躲避很难，逃跑更是不可能。我们心里很清楚，只要谁被这块石头砸到就会被碾成肉泥。就在这千钧一发的时刻，所有人都快速紧贴河谷左侧。那块岩石左碰右撞从我们旁边滚下了山，居然没有擦碰到任何一个人。

　　原本有人以为是意大利人滚动大石头来砸我们，但我们高兴地得知，那块石头是尖兵队不小心弄掉下来的。

　　再往上爬的时候，另一块石头砸掉了我右脚靴子后跟上的铁片，还从我的脚上压了过去。接下来的半小时，我的脚疼痛难忍，只能依靠两个人的帮扶继续前进。

　　最后，我们终于把陡峭的河谷甩在了身后。此时，大雨里的我们都成了落汤鸡。穿过繁茂的草木，我们继续沿着山坡向上爬，途中仔细聆听四周的动静。

　　眼前的树林渐渐稀疏。从地图上看，我们的位置应该在824高地以东半英里的地方。我们小心翼翼地走到树林边缘，发现那里有一条伪装过的小路沿着山坡往东延伸下去。在这条小路的那一头，我们看到山坡山有一片连贯的用铁丝网加固的阵地，阵地一直连到莱策峰方向。这个阵地好像没人，德军的炮火也没光临这里。我的决定是：我们的左翼贴着树林边走，在重机枪集中扫射之后发动突袭。这里的情形同1917年8月12日至19日在科斯纳山发起进攻前的形势非常相似。

重机枪排从隐蔽的树林里提供火力掩护，我在离敌军阵地障碍物60码树林里的一个小洼地里部署进攻。山地部队的作战纪律很好，我们在大雨里安排部署的时候没有弄出大的声响。远处，伊松佐河谷里传来战斗的声音。在靠近左后方的山脊上，骑兵团好像也在激烈战斗。但在我们周围和附近的草地上却是一片宁静。

我们不时会看到几个敌人在阵地内和后面走动，眼前的敌人显然没有意识到我们的存在。德军的几枚炮弹落在了我们左后方600码远的地方。45分钟之前，我们在通往佛尼的小路两边看到过一个阵地。从方向上判断，现在我们面前的这个阵地肯定跟那个阵地是连在一起的。我猜想，眼前这个阵地应该是意大利人二线阵地的一部分。四周的草木很茂盛，我们要想再悄无声息地前进是不可能的了。部队已经做好准备——我该下达进攻命令吗？只要越过60码的灌木丛，我们就能走到铁丝网附近！但只要敌人有那么一点点警觉，我们就不可能轻易取胜。

树林边伪装过的小路让我想到一个主意。这条小路或许就是敌军阵地联络圣丹尼尔前线、赫夫尼克东坡的守卫部队或者赫夫尼克附近的炮兵观察哨的通道。我们走过来的这段时间，小路上一直没看到意大利人。小路蜿蜒曲折，南端做过伪装，里面的隐蔽性很好。如果我们沿着小路朝意大利人阵地的方向往上走，对方很难判断来者是敌是友。只要敌人中途不干扰，我们沿着小路可以在30秒内进入敌军阵地。如果行动迅速，我们可以不费一枪一弹就抓获敌军的守卫部队。这是属于勇敢者的任务！如果敌军奋起抵抗，我们就必须在机枪连的火力掩护下发动准备好的进攻。

我选调二连的一等兵基夫纳去执行这项任务，他是一个真正的巨人。我让他带着8个人假装成从前线回来的意大利人沿着小路向上走，进入敌军阵地抓捕小路两边的卫兵。执行任务期间他们尽量不开枪，也不扔手榴弹。假如他们跟敌人交火，我们整支部队都会为他们提供火力掩护和支援。基夫纳领会了我们的意思，开始挑选跟他同行的人。几分钟后，基夫纳带着他所谓的巡逻队走上了伪装过的小路。他们有节奏的脚步声渐渐消失在远处——这招能成功吗？我们焦急地听着，做好进攻或掩护的准备。只要枪声一响，我们的三个连就倾巢出动。又一次，时间在焦急的等待中一分一秒地过去，我们听到的只有雨点打在树上的声音。不久有脚步声过来，一名士兵小声报告说："基夫纳的小分队攻占了敌人的一个防空壕，抓获17名意大利人，缴获1挺机枪。守卫部队没有察觉。"

我当即带领整个隆美尔部（二连、一连和机枪一连）沿着小路走进敌军阵地。在基夫纳成功突破前不久加入我们的希莱茵部（三连、六连和机枪二连）跟着我们。突击部队静静地扩大突破口，在路两旁各拉开了50码距离。在这期间，藏在防空壕里躲雨的几十个意大利人被经验丰富的山地部队抓获。由于我们有足够的掩体，山坡上远一些的敌人没有察觉到我们这6个连的动静。

接下来我要在两种策略当中做出选择：要么逼退敌人的阵线，要么朝赫夫尼克峰方向展开突破。我选择了后者，因为一旦我们占领山顶，摧毁敌军阵地就易如反掌。我们向敌军防区渗透得越深，对方的守卫部队就越不可能做好戒备，战斗也就越容易。我们不担心左右两翼的交火，因为符腾堡山地营的6个连有能力保护自己的侧翼。进攻的命令如下："继续向西推进，白天的行动没有时间和空间限制，我们在附近和后方有强大的后备军。"

我把机枪一连的位置往前提，因为一旦部队遇到困难，我要有一股随时可以投入使用的火力。重机枪手身上的装备有90磅重，他们决定了部队爬升的速度。机枪手们很不容易，只有那些背着类似负重在类似天气条件下爬过高山的人才能理解他们的感受。

我们长达1000码的队伍在大雨里前进，一路上穿过一片又一片灌木丛，经过很多隐蔽的洼地与河谷，占领一个接一个阵地。敌人没有发起有组织的抵抗，我们通常从后方直取他们的阵地。没有投降的敌人丢下武器，慌不择路地逃往下方的树林。我们没有朝逃跑的敌人开枪，以防惊动上方阵地里的敌军部队。

我们在推进过程中不断受到我军炮兵的威胁。我们没有使用光信号转移他们的炮口，因为那么做会暴露自己。在此期间，德军一枚重型炮弹炸开的岩石弄伤了我们的一个人。

我们的战利品包括一组被汽油弹袭击过的210毫米火炮，炮手都已经逃得无影无踪。大炮旁边堆放着大量炮弹，嵌入岩石的防空壕和弹药库都完好无损。再往上300英尺，我们看到一组中等规模的大炮，这些大炮都放置在绝对防弹的岩石框架内，岩石上留有一些小洞口，但炮手们也都不见了。

上午11点，我们到了从赫夫尼克山峰向东延伸的山脊上；在那里联系上了骑兵团三营的部队。我们和他们一起沿着通向赫夫尼克峰的山脊走了一段路，途中遭遇德军的猛烈轰炸。骑兵团停下来休息，等待炮兵转移他们的攻击目标。我带领自己的部队向赫夫尼克北坡进发，并于中午抵达山峰，途中没有遭遇敌人的任何抵抗。我们看到缺乏组织的意大利人成群结队地走着，俘获了他们当中的很多人。雨停了，低垂的云层渐渐散去。我们时不时可以看到1114高地和科洛弗拉特山脊的情况，那里的大炮正向赫夫尼克山狂轰滥炸。看来我们已经被1114高地上的意大利人发现了。为了避免无谓的伤亡，我让两支部队向北离开危险区域，还根据上级命令让他们清查赫夫尼克和佛尼之间的敌军火炮藏匿点。侦察部队占据赫夫尼克南坡和山峰西南300码的纳赫拉德山脊。我们用粉笔标示沿途得到的战利品，到现在已经有17门炮，其中包括12门重炮。另外我们还用意大利果酱和做好的饭菜大饱口福。

骑兵团下午3点半左右来到纳赫拉德山脊，我带着手下的两支部队加入了他们。半小时后，骑兵团三营（3个步枪连）开始沿着伪装过的主路经由1066高地爬向1114高地。因为我们的任务是保护他们的右翼，我带着6个连尾随他们。隆美尔部在前，西莱茵部在后。

我和施特莱希尔中尉走在队伍前面。天气晴开了，科洛弗拉特山脊、1114高地和1114高地连接耶扎的山脊的轮廓格外清晰。目前我们没有受到敌人干扰。下午5点左右，骑兵团在接近1066高地的地表岩层时遭遇袭击，两个连在小路东面的峭壁下隐蔽。

我命令隆美尔部隐蔽好，从小路右侧走到与三营几个连的第二线平齐的位置。接着，我和施特莱希尔中尉开始观察1066高地附近的区域。（见图44）

我们在这里遇到骑兵团十二连的部队，他们正和大批敌军交火，敌军的位置在1114高地西北600码的山上的一系列紧密相连的阵地上，还有些是在1114高地上。从这些阵地可以俯视周边区域，看上去都像是用铁丝网加固过。十二连右翼附近的小路右侧也有一些意大利人。

我立刻让特里比希中尉的一连向前走，命令他们消灭1066高地西南区域内小路右侧的敌人。这个连干净利落地完成了任务，我们没有付出任何代价就拿下了阵地。我们抓获的俘虏有7名军官和150名士兵。

与此同时，二连和机枪一连按照我的命令清理1066高地以西的战壕、防空壕和观察哨。西莱茵的部队上来之后就到1066高地西北100码、我们刚刚完成清理的岩石山顶下方充当后备军。

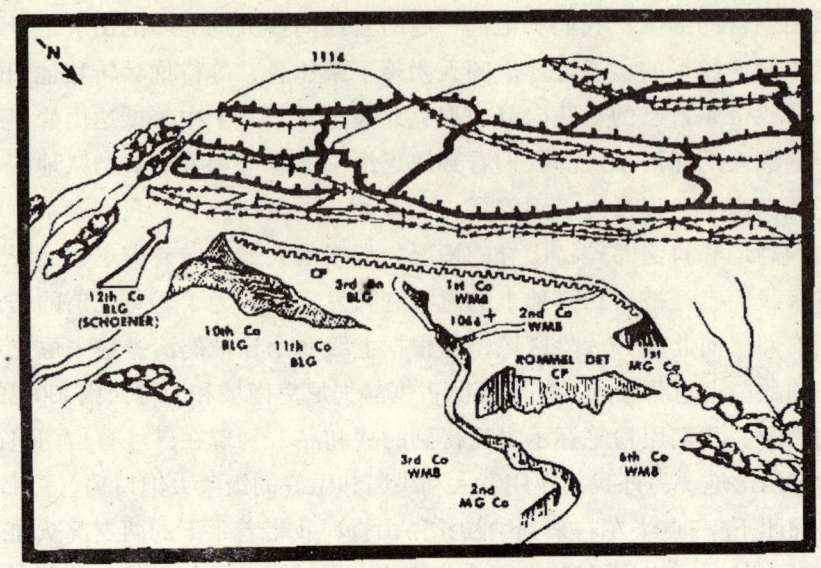

图44　在1114高地前方　东北向视角

　　我和施特莱希尔向骑兵团十二连的右翼走过去。我们觉得他们的位置更适合近距离观察1114高地的情况，另外我们还想跟骑兵团三营建立更紧密的联系。在离1066高地大约50码的前沿阵线上，我们遇到三营的几名军官。他们说，有一支侦察队正向距离最近的一个敌军阵地爬过去，他们走的是通向1114高地和1114高地西北600码那座山之间的鞍状山脊的峡谷。侦察员的前景不妙，他们前方的敌军若无其事地在长满草的山坡上走动，还在铁丝网前面用机枪向四面八方扫射。这支守卫部队戒备森严，没有任何想要举手投降的意思。

　　我和施特莱希尔中尉以及骑兵团三营的军官一致认为，1114高地和西北方向600码山上的阵地都有大批负隅顽抗的敌军守卫，我们只有在炮兵的配合下才能攻占这些阵地，而目前为止这些地方都没有遭受过炮火袭击。我用战地望远镜仔细观察敌军阵地的情况，但1114高地上的一挺机枪在向这边射击，我只好频频卧倒躲避。

　　天色渐渐暗下来，一连想在1114高地西北600码的山头拿下更多的敌军阵地，但没能成功。我手下的符腾堡山地营为晚上的事做准备，一连和二连受命在夜间展开作战侦察。一连背后有一个意大利人使用过的炮兵观察哨，我就把它当作隆美尔部的指挥所。我和施特莱希尔中尉跟骑兵团三营的军官讨论了进攻1114高地和科洛弗拉特山脊的作战计划。那个时候骑兵团的十连和十一连还没有投入战斗，我们对骑兵团十二连在1114高地取得的胜利也一无所知。

晚上7点，刚刚过来的骑兵团指挥官康特·波特墨少校让我去骑兵团三营的指挥所找他。他的指挥所在1066高地附近的一个防空壕里，距离我的指挥所100码。我向他报告了我的6个山地连的部署情况，他让我把自己的部队交给他指挥。我冒昧地跟他说，我接受的是施普罗瑟少校的命令，他随时可能会到我的指挥所来。据我所知，施普罗瑟少校的级别比波特墨高。波特墨听了很不高兴，他禁止我的部队向西转移或者朝1114高地推进，他说只有骑兵团可以这么做。为了息事宁人，他接着跟我说，在骑兵团10月25日攻占1114高地后，符腾堡山地步兵营可以占领和守卫这个阵地；或者我们可以在他们向西冲击的时候在第二线跟着他们。我告诉他，我会把他的做法向我的指挥官报告。之后他就让我离开了。[1]

我返回指挥所的路上不是很高兴。在第二线参加战斗对我们山地部队而言毫无吸引力，而且我要为自己的部队争取绝对的行动自由。最终我决定等施普罗瑟少校过来再说。

晚上9点，我们营的军需官奥滕里特中尉来到我们的指挥所。他在骑兵团三营指挥所参与了10月25日进攻计划的讨论，然后从骑兵团十二连来到我们这里。这次进攻是针对科洛弗拉特山脊的，进攻计划包含炮兵支援。奥滕里特告诉我，施普罗瑟少校与瓦伦伯格的部队一起继续攻击佛尼，并在天黑之前突破得手。他还报告说，第十二步兵师在伊松佐流域取得明显进展。我把1114高地的情况以及我们与骑兵团之间的关系告诉他，催促他尽快把情况汇报给施普罗瑟少校，并请求施普罗瑟少校在天亮之前来1066高地（带不带瓦伦伯格的部队都可以），帮助我的部队恢复行动自由。奥滕里特中尉欣然接受了我交代的事，但这项任务其实并不容易，因为天色已晚，他途经的区域并没有完全处在我军控制之下。

10月24日至25日，符腾堡山地营的部队在1066高地度过了一个寒冷的夜晚。我们的衣服被雨水打湿了，山上还吹着冷风。前沿的几个连派出去的巡逻兵又带回来几十名俘虏，他们是在敌军设置的障碍物前方抓到这些人的。但巡逻兵都没能成功穿越障碍物进入最前面的敌军阵地。意大利哨兵非常警

---

[1] 参见1930年出版的《伊松佐战役》第一册和第二册当中包含的政府文档。

惕，他们随时可能会使用手榴弹和机枪。

进入深夜，骑兵团三营告知我们，1066高地北边的后备连在东北坡的左侧投入战斗，但他们没有联系上正在732高地附近展开进攻的第一猎兵团。他们没有告诉我们，肖纳的那个连（第十二骑兵连）已经占领1114高地。[1]

我朦朦胧胧地睡在木板床上，心里想着重新发动进攻的可能性。正面攻击？我感觉，如果从我们新近占领的阵地继续进攻，那我们就需要炮兵的全面配合，因为敌军在科洛弗拉特的防御系统十分强大。但遗憾的是，炮兵在10月25日清晨之前不可能给予我们这样的支持。另外一个问题是，骑兵团不愿意同符腾堡山地营共用攻击前线。

如果我们不愿等待耗费时日的炮兵火力准备，就可以考虑突袭渗透尚未处于攻击之下的第三条意大利战线。西线的阵地或东南面的阵地都可以考虑——这两个阵地距离焦点方位1114阵地都只有1000余码。在西面，意大利人的第三条线掌控着向上延伸至科洛弗拉特山脊沿线的库克山的台阶式岩架。如果我们在这个方位进攻得手，下方1114高地上的阵地必将受到影响。对于求战欲望强烈的符腾堡山地营来说，这样的行动肯定有吸引力。在东南面，敌军的阵地设在1114高地的下坡上，突破那边的阵地对山顶的形势可能不会产生多大影响。不过向东南方向发动进攻原本就是不可能的，因为我们的位置在骑兵团的右侧。至于西向的进攻——骑兵团的指挥官不是已经禁止符腾堡山地营在那个方向的任何行动了吗？

这是一个平静的夜晚，其间只有一阵手榴弹爆炸声打破了寂静。

清晨派出去的侦察兵没有得到比前一晚的巡逻兵更多的收获，他们也被机警的意大利人打了回来。骑兵团三营没有告诉我们，形势在一夜之间发生了变化。清晨5点，施普罗瑟少校在一片漆黑之中来到我的指挥所，符腾堡山地营其余的部队（四连和机枪三连）紧跟在他后面。我把1114高地的情况、我们和骑兵团之间的关系以及我的进攻计划都告诉了他，向他请求使用4个步枪连和两个机枪连。

---

[1] 费迪南德·肖纳因攻占1114高地有功被授予蓝十字战功勋章，二战末期成为陆军元帅。肖纳是一个极其强硬的人，他在进攻1114高地期间一直让部队强行军，一名士兵甚至因此疲劳致死。二战期间他以冷酷出名。在芬兰北部指挥挪威山地军团期间，他告诫自己的部队铭记一个口号："北极地区根本不存在。"后来在东线作战的时候，他的铁腕做法招致同胞的怨恨。1974年当他去世的时候，西德政府暗中禁止开展任何纪念活动。——原出版者注

施普罗瑟少校同意我针对意大利三线阵地的行动计划，但只给我两个步枪连和一个机枪连，不过承诺在行动得手后会派部队增援。在我为手下新的部队制定行军计划的时候，施普罗瑟少校与骑兵团指挥官达成了谅解。

评注：圣丹尼尔的意大利阵地是在战场前沿的一条连贯战壕，那里有防空壕、掩体和牢固的铁丝网。在一线阵地和二线阵地之间有一些相互独立的机枪掩体和据点。前沿阵线的伪装做得不是很好，一线和二线阵地之间的设施也看不清楚。

德国炮兵的轰炸摧毁了前沿阵线，几乎消灭了敌军的守卫部队，仅剩的几挺机枪也没能阻止我们的全线进攻。如果意大利人在一线和二线之间部署大量机枪，德军的进攻就有可能被阻断。要想摧毁纵深的现代防御阵地，强大的预备性轰炸是必要条件。

我们的尖兵队在陡峭、多树的山路上遭遇意大利人的第二条阵线，尖兵队有5人阵亡。如果拉大士兵的间距，我们就能减少伤亡。在罗马尼亚的时候，哥萨克部队在开阔地行军时两名尖兵之间的距离超过200码。一旦第一个人出事，第二个人就能及时报告。步兵的尖兵队也要这么做，尖兵队的指挥官必须克服群聚心理，让他的人尽量分散。

在通往佛尼的路上，意大利人第二个阵地的卫兵非常警觉，但在东南半英里处，同一个阵地的卫兵就不是很警惕。所以说，主阵地仅仅安置警觉的岗哨是不够的，还要在前沿区域派出巡逻兵频繁巡逻，特别是在坏天气里和在地势不平、有掩体的地方。

10月25日黎明之战的战斗序列如下：在弗利奇盆地进攻的克劳斯军团在10月24日夜里沿着山谷走到萨加，并于10月25日早晨开始攻击斯托尔。（见图45）

在伊松佐河流域，十二师——阴雨天气影响了敌人从山上向山谷射击的效果——在10月24日途径伊德尔斯科和卡尔弗莱特进入克雷达和罗比奇附近的纳蒂索内山谷。埃希霍尔茨军团（两个营和一个炮兵排）改变方向朝卢伊科通道进发。10月25日早晨，十二师的少数部队（施尼贝尔的那个连）爬上了马塔尤尔山丘北面的突出部分，埃希霍尔茨的部队则与数量超出他们很多的意大利军队激烈交火。

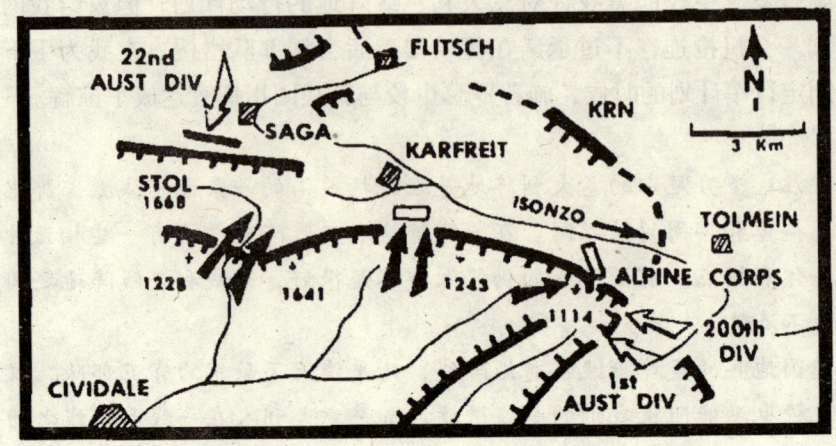

图45 1917年10月25日黎明的形势

在阿尔卑斯军团，巴伐利亚步兵骑兵团和符腾堡山地营在1114高地上的第三个意大利阵地战斗。肖纳的连队（骑兵团十二连）占领了山顶，但意大利人坚守他们在四周的阵地，试图利用反攻夺回失去的阵地。二〇〇师第一猎兵团还在732高地附近为争夺第二个意大利阵地而战。

二〇〇师的第三猎兵团已经拿下耶扎，第四猎兵团在争夺497高地以西的第二个意大利阵地。

斯科蒂军团和帝国皇家第一师拿下第一个和第二个意大利阵地，到达奥斯特里-克拉斯-普斯诺-斯雷德涅-阿弗斯卡一线。

小结：除了1114高地上的一小部分以外，伊松佐河以南高地（马塔尤尔、姆尔兹利、高罗比、库克、1192高地、1114高地、拉西梅和胡姆山）上的第三个意大利阵地都还在意大利人手里。阵地里的守卫部队是新派驻的，拥有充足的后备军。德军的炮火没有威胁到这个地方。

1917年10月25日，第二天进攻
——科洛弗拉特阵地的突破

1917年10月25日天刚蒙蒙亮，我带着步枪二连和机枪一连从1066高地附近的岩石山顶西面出来。我们朝西北方向艰难爬下一道狭窄、陡峭的山隘，走到下方150码左右的一片浓密灌木。警觉的敌人很快发现了我们，他们用机枪打伤了我们的几个人。我们快速冲向灌木丛里的安全地带，在那里与隆美尔部的三连会合。在我们上方——1114高地——我们听到激烈的战斗开始了。

在离开之前，我向所有的连长详细讲述了我们的计划。我向西移动，沿着山脊陡峭的北坡向上爬，直到抵达科洛弗拉特阵地正下方200至400码处，那里距离1114高地周围的散兵线大约1.25英里。然后我会根据地形寻找一个点，等待机会向意大利人的三线阵地发起突击。在机动过程中我们不能被敌人发现。

路德维希中尉的二连派出了尖兵队，我用手势直接指挥他们行动。在尖兵队身后30码左右是参谋人员、副官、传令兵和电话兵。电话兵一路铺设电话线，帮助我们与1066高地上施普罗瑟少校的指挥所保持联系。再往后50码就是呈纵队行进的步枪二连、机枪一连和步枪三连剩余的部队。

上午我们还在喝咖啡，现在只能吃意大利果酱，穿着湿衣服过夜之后行军的感觉也很不好。随着天色越来越亮，我们左后方1066高地和1114高地附近的战事感觉越来越激烈了。但我们顾不得这些，悄无声息地穿过一片又一片灌木，走过一个又一个山坡。刚开始的时候，崎岖不平的地形和浓密的草木让我们可以在敌军阵地下方600英尺左右安全行走。但走到后来，蜿蜒的科洛弗拉特山脊上障碍物背后的敌人有很好的视野，我们不得不耗费大量时间和精力绕道走向山谷。上方敌军障碍物中间和前面，有很多哨兵密切注视着我们走过的山坡。一旦有人发现我们，我的计划能否取得成功就成了未知数，甚至可能彻底泡汤。

行军途中我时不时让部队停下来，亲自察看附近的情况，看看能不能采取更近的路线逼近敌人的阵线。这次行动很大程度上要取决于找到合适的地点。我们非常小心地走过几个很深的山涧，最后走上一个长满草的山坡。我们不仅要避开左侧和上方敌军的视线，还要避开前方和后方敌军的视线，因为我们只能凭借猜测来判断上方高地看到的山坡范围。就我们看到的情况而言，上面连贯、高大的障碍物表明，敌军的阵地非常坚固。我们爬得越高，灌木就越稀疏，最后我们只能依靠山坡上水流形成的很多狭窄冲沟隐蔽自己。

我们行进了一个多小时，来到一个与1066高地直线距离1.5英里左右的地方。一路上我们都没有遇到敌人袭击，但现在我们可以听到1114高地方向传来急促的机枪声。是骑兵团开始进攻了吗？

朝阳慢慢升起，这将是一个晴朗的秋日。在我们上方的暖阳里，敌军加固的山丘就在科洛弗拉特山脊上。我们周围一片死寂。尖兵队蹑手蹑脚地爬过一片灌木，进入敌军障碍物下方大约200码的一个低洼地。正当我在考虑是否以及如何穿过前方100码左右的一个光秃的尖山脊时，我听到身后传来轻微的动静。我转过头看到二连的一些步枪兵跳进小路下方尖兵队刚刚走过的灌木丛里。（见图46）

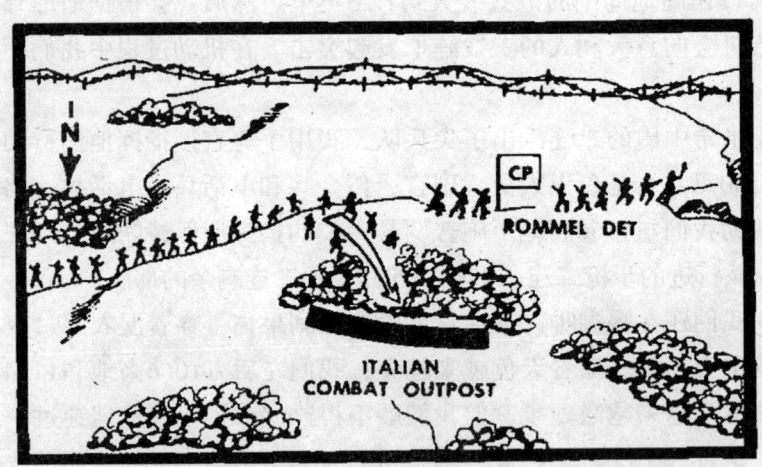

图46　1917年10月25日，突袭意大利人的作战前哨　北面视角

什么情况？二连的排头兵发现山坡下沿的一个灌木丛里睡着几个意大利人。几分钟之后，我们的排头兵就清理了一个由40个人和2挺机枪组成的意大利作战前哨。我们的士兵在整个过程中没有开枪，也没有大声说话。一些敌军哨兵飞也似的跑下山，好在他们慌乱之中忘了用枪声和喊叫声警示上方阵

地里的卫兵。我也让我的人不要向逃跑的敌人开枪。

显然，这个敌军作战前哨的任务是防止我们从伊松佐河方向朝科洛弗拉特山脊上的阵地发动突然袭击。我们下方300英尺左右的地方很可能还有其他的前哨，但他们显然把注意力放在了山谷，绝不会想到我们会从1066高地向西推进。

守卫敌军阵地的主力部队很安静。此时此刻，我们突袭科洛弗拉特阵地的计划很有希望获得成功。我们可以抄近路到上面，而且最让我欣喜的是，山脊上任何一个阵地里的敌人都不可能看到我们尖兵队现在所处的洼地深处。我决定放手一搏。

我们把俘虏转移到后方，命令尖兵队沿着洼地远端爬到离敌军阵地障碍物100码以内的地点。从我们现在所在的位置可以勉强看到铁丝网桩的顶部。在部队为突破集结的同时，尖兵队可以负责警戒。我非常谨慎地让部队以连为单位先后走进洼地，让他们彼此靠近躲在敌人看不到的方位。洼地面积很小，官兵们在里面挤得够呛。我很快把自己的意图告诉各个连的指挥官，然后我们就移动到尖兵队身后的位置。附近的山坡很陡，而且拱形的角度很大。

我们前方的敌军阵地静悄悄的，但左前方的战斗声越来越大。

我的副官施特莱希尔中尉自告奋勇去察看前面的障碍物，看看中间有没有通道，必要的话就剪断铁丝。我给了他二连的5个人和1挺机枪，告诉他除非万不得已不能开枪。施特莱希尔带着他的人向前爬了过去，路德维希中尉派了几名步兵在后面跟着。

电话班接通了我们跟施普罗瑟少校指挥所之间的电话。我在电话里报告了这边的情况，告诉他我决定从1192高地东边半英里的一个点突入敌军在科洛弗拉特的阵地。我还请求说，一旦我们突破成功就立即派兵增援。这个请求得到了批准。施普罗瑟少校在他的指挥所用望远镜关注我们的整个进程，他告诉我说，1114高地前方的情况唯一出现的变化是，大批意大利军队在攻击骑兵团。也正因为如此，骑兵团在炮兵支援下提前发起了进攻。

我放下电话，刚咬了一口意大利白面包就听到有人报告说："侦察队已突破，收获枪支和俘虏。"敌军阵地一片死寂，没有传来开枪的声音。我当即以最快速度实施突破计划，带领整支部队向前推进。只要耽误一秒钟时间，眼看要到手的胜利就可能泡汤。

我们使出浑身力气爬出洼地，穿过陡峭的山坡。很快我们就到了敌军阵地，通过障碍物穿过阵地。出现在我们面前的是一组意大利重炮的炮管，施特莱希尔的人正在清查大炮附近的防空壕，大炮旁边站着几十个意大利俘虏。施特莱希尔中尉报告说，这些炮手是在洗澡的时候被他抓住的。

我们现在是在一个狭窄的鞍状山脊里。光秃秃的科洛弗拉特山脊沿线有很多防御工事，还有很多通道连向北面山坡上的坚固阵地。途径卢伊科-库克-1114高地通往克莱的主路就在我们南边100码的地方。为了避开地面和空中侦察，这条路被伪装得很好。

隆美尔部三分之一的部队都到了鞍状山脊，大家因为爬陡坡气喘吁吁。科洛弗拉特的守卫部队还不知道我们进入他们的阵地。他们还在睡觉吗？我们已经从50码宽的鞍状山脊里抓到很多俘虏，照此判断，敌军阵地里肯定有大批人马。还有几秒钟我们的命运就能见分晓。

我命令：

"隆美尔部封锁东面，同时向西面延伸。"

"技术军士施巴德林格带领二连的一个机枪班到北面山坡和山脊路上封锁敌军阵地的东翼，同时掩护向西推进的隆美尔部尾翼。"

"路德维希中尉带领二连从北面山坡的西向突破敌军阵地，开枪的时间尽可能拖后。"

"步枪三连、机枪一连和我一起沿着山脊路朝西面往下走。施特莱希尔中尉和他的人负责行军警戒。"（见图47）

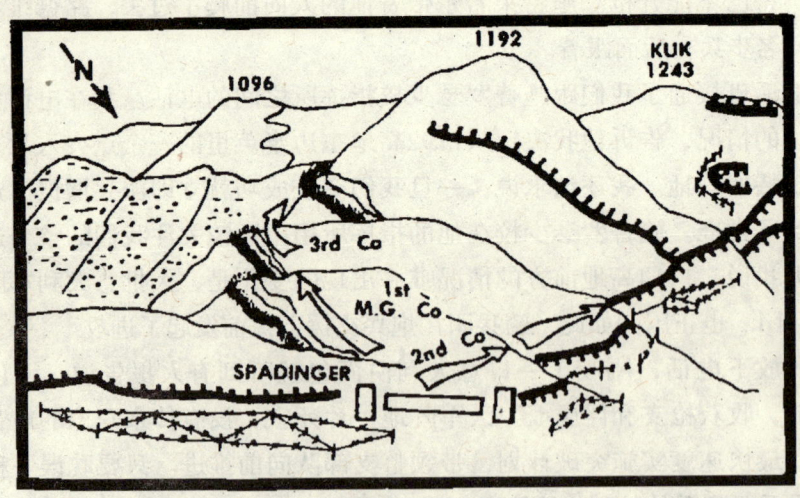

图47　1917年10月25日，渗透科洛弗拉特山脊上的阵地　东北视角

"大家全速前进！"

　　所有各支部队都士气高涨，大家小心翼翼地执行任务。在很有才干的路德维希中尉的带领下，二连的突击队从一个防空壕跑向另一个防空壕，从一个岗哨冲向另一个岗哨。大多数敌军是在防空壕里被发现的。一名山地士兵就可以让敌军从防空壕里出来，解除他们的武装，然后把他们集合在一起。在敌军的岗哨里，哨兵还在观察河谷。放眼望去，高6000英尺左右的一连串山峰映衬着伊松佐河，在清晨的阳光下形成一幅迷人的图画。

　　二连士兵突然出现在岗哨背后，哨兵们顿时就傻了。和我们进攻前在作战前哨抓获的俘虏一样，这些哨兵也没来得及拉响警报就束手就擒。俘虏的数量迅速增加，很快就有几百人之多。

　　主力部队在山脊路上也向前推进了很长的距离。因为有伪装，我们在行动过程中没有被东西两侧的敌人发现。我们攻占了放置在岩壁里的一些火炮发射阵地。1114高地附近战事激烈，但我们这边非常安静。我们的突然出现让敌军措手不及。我最初的目标是突袭大规模的后备军，然后从后方解决二连在北坡上遭遇的敌人。

　　但事态的发展出乎我的意料。

　　我们渗透科洛弗拉特阵地10~15分钟后，三连的尖兵队在沿着山脊路走向1192高地东边300码的鞍状山脊时遭遇敌人四面八方的射击。

　　施特莱希尔的侦察队已经抵达这个鞍状山脊，此刻他们正受到1192高地南坡上的机枪袭击，从1192高地东南坡向北推进的意大利步兵也在向他们施加压力。两面受敌之下，侦察队只好从1192高地的东北坡撤退。

　　沿着山脊路向下走的步枪三连和机枪一连也被来自1192高地的重机枪火力拦阻。我们的机枪部队快速就位，但他们无法压制对手。敌人的机枪射穿伪装，路的左侧也被其火力覆盖。在此情况下，我们很难从路的一侧向上发动攻击，因为我们要穿过陡峭但没有掩体的科洛弗拉特山脊的南坡。不久之后，我听到从右侧前线传来越来越激烈的交战声，那个地方应该是二连的所在。手榴弹的爆炸声此起彼伏，接着就是山地部队的卡宾枪声。看来大家都在火线里。

　　我看不到其他地方的情况。如果我们走到路右边光秃秃的山丘上，1192高地上的敌人肯定会用重机枪攻击我们。二连能挺住吗？他们只有80支卡宾枪和6支轻机枪！如果二连溃败，敌军就能轻松夺回他们在北坡上失去的阵地，然后切断我们剩余的部队，释放我们抓到的俘虏。从敌军火力情况看，对方的人数不少。仅仅几分钟时间，形势就变得对我们不利，而且情况变得非常严峻。现在我们要做的是抵御数量占优的敌军，守住之前快速推进得到的阵地，而最急迫的任务是去拦阻西边的路，以最快速度支援处境危险的二连。

我们和二连之间有一条最短的路线，但敌人无数挺机枪正向这边地面的突出部分疯狂扫射。如果我们跨过路面向西攻击1192高地，这些机枪同样也会攻击我们，进攻得手的机会不大。我要采取其他办法才行。

我让正在攻击1192高地的一个机枪排和三连的一些步枪兵去西面拦阻山脊路，我自己带着步枪三连的其他人和机枪连沿着山脊路向东跑，回到我们最初突破意大利人阵线的1192高地东边半英里的鞍状山脊。我们走的路上有很多伪装，东西两侧的敌人都没有发现我们的行动，更不可能对我们实施精确打击。敌人只是漫无目的地四处扫射，这种扫射对我们的行动没有造成什么影响，最终我们顺利来到鞍状山脊。

能干的施巴丁格和他的8个人压制着敌军阵地靠东面的意大利人。在经过他那个位置的时候，我再派了两个班的兵力增援他。我们穿过二连清查过的意大利人的阵地向西急行军，在行进了160码之后遇到两名山地士兵，他们在阵地和铁丝网之间的区域里看管着大约1000名战俘。我命令他们立刻把俘虏转移到铁丝网下面的山坡上，还给他们留了几个小分队。他们立刻就完成了任务！意大利人用机枪从东西两侧向高地扫射，俘虏转移的速度因此加快了很多。

在我们前方几百码的地方，二连所处的位置附近的交火声猛然激烈起来。手榴弹接连爆炸，机枪不断咆哮，卡宾枪连续射击。我让两个连的兵力迅速跟上我，然后在1192高地东面400码的一个山丘上察看情况。

二连驻守东北坡上的几段战壕，数量有他们5倍——意大利人整整一个后备营的兵力——的敌人从西面、南面和东面包围过来，最前面的敌人离二连只有50码远。二连的后方是意大利人又宽又高的障碍物，所以他们不可能向北面的山坡撤退。面对数量庞大的敌人，二连的战士们奋勇抵抗，用连续不断的射击阻止敌人发起冲锋。如果敌军冒着枪林弹雨发起冲锋，二连就会被消灭。我该让刚刚过来的步枪兵散乱地开枪吗？不行！

我很快就意识到，只有我们整支部队从侧面和后方对敌人发动突然袭击才能解救二连，到时候敌军和人数处于劣势的山地部队之间的近距离战斗将决定我们的胜败。

最前面的部队上气不接下气地跑过深战壕，后面跟着机枪连的排头兵，但机枪还没组装好。我只用了几句话就给各位指挥官说明情况和安排任务。

我们把三连集合在战壕左边的一个浅河谷里。机枪手在右边的洼地里迅速组装好一挺重机枪，报告说他们已经做好战斗准备。接着另一挺重机枪的机枪手气喘吁吁地赶过来，河谷里的三连也做好了进攻准备。（见图48）

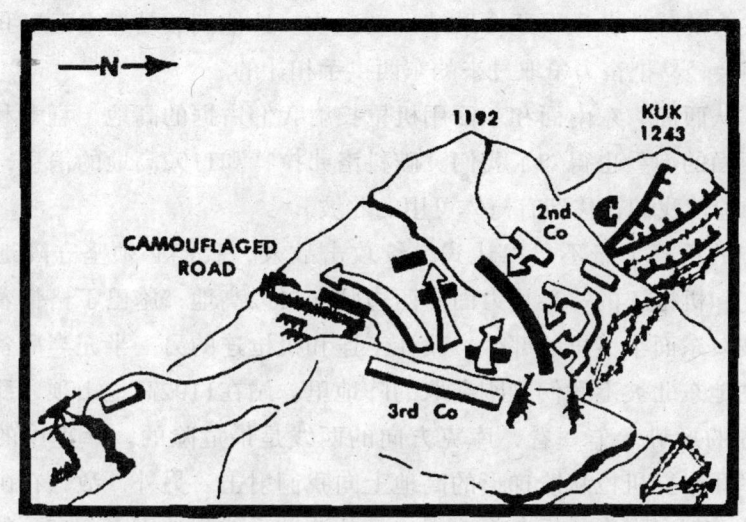

图48　1917年10月25日，进攻1192高地　东面视角

我等不到第二挺重机枪组装就位了。数量庞大的敌人在其指挥官的催促下纷纷从100码外的战壕里爬出来，一步步逼近被围困的二连。我发出信号，命令步枪三连和机枪一连发起攻击。第一挺机枪立即从他们在右侧的隐蔽位置向敌军开火，紧接着第二挺机枪也开火了。与此同时，左侧的山地部队向敌军侧翼和后方强势冲锋，周围喊杀声响成一片。突袭敌军侧面和后方的做法立竿见影，意大利人停止攻击二连，转过身把枪口对准三连。二连见状就从战壕里出来，开始攻击敌军右翼。受到两面夹击的敌军被逼入一个狭小的空间里，无奈之下只好缴械投降。在我们逼近到只有几码远的时候，意大利军官们准备拔出手枪自卫，但他们也被制服了。正在兴头上的山地士兵们不想放过这些军官，我赶紧出面干预救了他们的性命。1192高地东北300码的鞍状山脊上投降的敌军有整整一个营，包括12名军官和500多名士兵。至此，我们在科洛弗拉特阵地上抓获的战俘增加到了1500人。

我们占领了1192高地的山顶和南坡，缴获意大利人又一个重炮连。

但我们这次行动可谓喜忧参半，因为部队遭受了重大伤亡。除了几名伤员之外，奋勇当先的一等兵基夫纳（二连）——前一天在赫夫尼克表现尤其勇敢——和技术军士克诺伊勒（三连）在近距离战斗中牺牲了他们年轻的生命。

接近9点15分的时候，隆美尔部已经占领了科洛弗拉特阵地半英里的区域，其中包括1192高地和向东延伸的一片区域，敌军的主阵地因此被打开了一个大缺口。敌人用当地的后备部队发起一次反攻，但被我们成功击退。为了夺回失去的阵地，敌军还会继续发动进攻。让他们放马过来吧！我们山地部队是不会轻易把奋力争取过来的东西拱手相让的。

敌军从西面、东南面和东面用机枪扫射我们占据的高地。意大利人在胡姆山和西面的炮兵也得知了我们突破科洛弗拉特和1192高地的消息，他们的重磅炸弹迫使我们转移到有掩体可用的北坡。

现有的后备力量不足以让我继续攻击敌人，我们必须坚守阵地等待援兵。二连和机枪连的一半兵力面向西边驻守1192高地；施巴丁格带着一个排拦阻突破口东面半英里的部分；我让三连和机枪连的另一半充当后备军，留在1192高地东北坡上我们刚刚夺取的阵地里。站在1192高地山顶，我仔细察看了周围的形势。乍一看，库克方向的西线是最危险的。库克山的东北坡上，敌军几十挺机枪从阶梯形的高地上向我们射击。另外，敌人在山顶部分和东南坡上都有强大的后备军。很快，几波散兵线就从库克山东面的山坡上向我们逼近。我估计对方的兵力在一到两个营。南面的胡姆山就像一座蚂蚁山，黑压压一片都是敌人，敌军的炮兵也在开火。从西维达勒向胡姆山延伸的山脊路上，两个方向的车辆在不停穿梭。山脊路两边都有密集的敌军阵列向前线移动。在东边，我们可以鸟瞰朝1114高地方向缓缓下降的科洛弗拉特山脊。1114高地的南坡和西南坡上，数量庞大的敌军部队清晰可见，他们好像在发动进攻。一个长长的车队从克莱运送后备部队过来，把他们放在1114高地的西坡上。还有一些敌军沿着山脊路和在山丘之间行走，他们从东边向我们逼近。种种迹象表明，敌军是要从两个方向同时攻击我们。（见图49）

评注：1917年10月25日突袭科洛弗拉特阵地的行动之所以取得成功，是因为意大利人没有密切注视他们第三个阵地前面的区域。当初罗马尼亚人在科斯纳山也屡次犯下同样的错误。

另外，阵地的守军也没有做好战斗准备。所有人都认为阵地安全无虞，其实阵地离1114高地的作战地带只有1.5英里远。在这样的情况下，山地部队刚开始就轻松突破了敌人的防线。

意大利后备营发动的猛烈反攻被二连微弱的火力拦阻，但如果我们没有在关键时刻成功打击侧翼和后方的大量敌军，二连就可能被消灭。这次进攻如果投入的兵力太少或者仅仅从侧翼发起攻击，那将是错误的。

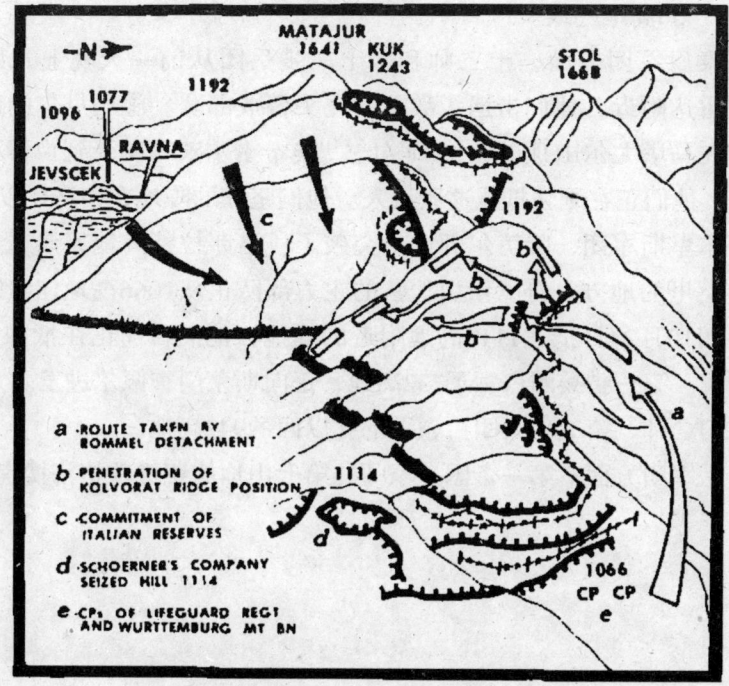

图49　敌军后援部队在库克山集结　东面视角

在成功突破科洛弗拉特阵地（1917年10月25日9点15分）之后，我军的战斗序列如下：（见图50）

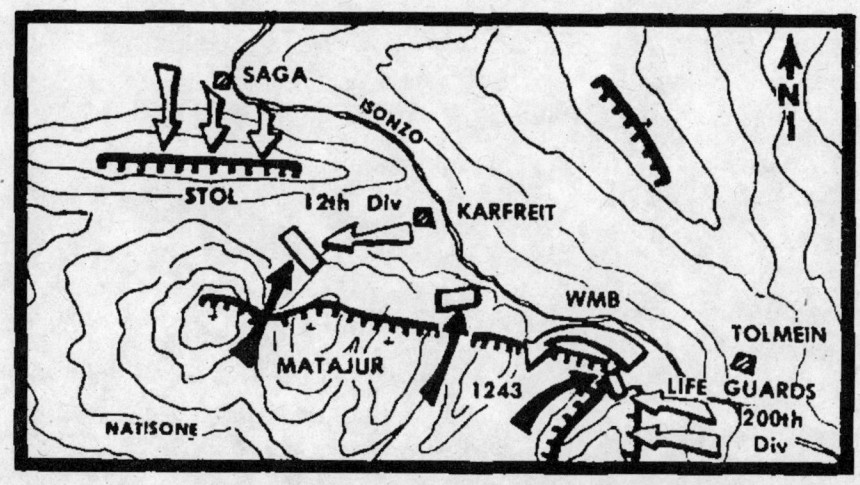

图50　1917年10月25日，托尔曼地区的形势

克劳斯军团和第一帝国军团从萨加分三路进攻，他们的目标是斯托尔（1668）–1450高地一线。

在施泰恩军团方面，十二师和六十三步兵团从前一天晚上开始就在罗比奇和克雷达附近，他们击退了敌军的先头警戒部队。施尼贝尔的部队报告说，他们在马塔尤尔山顶以北100码处。[1]埃希霍尔茨军团受到卢伊科通道敌军的攻击，他们正在顽强抵抗这股敌人。他们坚守的阵地在格洛比以北。

在阿尔卑斯军团，隆美尔部成功突破了科洛弗拉特阵地，渗透到1192高地以东半英里的地方。符腾堡山地营的主力部队正从1066高地向1192高地进发。骑兵团10月24日抵达1114高地附近的阵地，他们目前正在抵御意大利人猛烈的进攻。第一猎兵团占领了732高地，正向斯莱门查佩尔进发。

在二〇〇师，第三猎兵团占领了耶扎以西的942高地。

斯科蒂军团方面：第一帝国皇家师的第七山地旅正进攻格洛博卡克。

---

[1]　施尼贝尔中尉错把德利亚科隆纳山当成了马塔尤尔山。

进攻库克山，封堵卢伊科—萨沃尼亚山谷，打通卢伊科通道

敌军从库克山东面的山坡上源源不断地向前推进，但出乎意料的是，他们在中途停了下来。难道他们只是想拦阻我们，还是他们在准备新的攻势？事实证明是前一种情况，因为敌军步兵开始在库克山东面的山坡上分上中下三条线挖掘战壕，这些战壕连接着北面山坡上的阵地。如果这些部队在大量高位机枪的支援下发动进攻，我们的处境就危险了。但敌人选择了防守，战斗渐渐也平息，这是我最希望看到的结果，因为我知道施普罗瑟少校正带领符腾堡山地营的主力部队向1192高地赶过来。

随着越来越多的部队到达1192高地，我打算进攻库克山上的敌人。我们不能让敌军有充足的时间挖掘战壕，因为一旦他们站稳脚跟，我们就很难把他们赶走。现在我就要抓紧时间为计划中的进攻做好准备。

为了达到出其不意的效果，我没有让我的人开枪干扰敌人挖掘战壕。话又说回来，山上到处是石头，敌人挖战壕本来就很困难。由于营部在行军途中，我就通过1066高地上的交换台向阿尔卑斯军团总部报告情况，告诉他们这边的行动结果以及我打算在援军抵达1192高地时继续进攻的意图。此外，我还向阿尔卑斯军团的参谋梅尔上尉阐述了我的进攻计划，请求他安排两个重炮连予以支援。我的请求得到批准，几分钟后我就联系上了托尔曼附近一个炮兵连的火力控制官。我们商定，重炮连将在11点15分至11点45分之间轰炸库克山宽阔的东坡和东北坡上的阵地。有了炮兵的支援，我就指望重型炮弹炸开的大量石头滚滚而下了。

现在我要做的是部署步兵火力支援。我让二连的轻机枪和整个机枪一连到1192高地的南北两个坡上就位，库克山上的敌人是看不到他们的。我打算使用较小兵力的突击队发动进攻，自动武器负责压制库克山上的敌人。我给每一挺机枪都安排了特定的目标。

施普罗瑟少校在10点半到达1192高地东边不远的鞍状山脊，他带了步枪四连和六连以及机枪二连和三连过来。我向施普罗瑟少校汇报了当前的形势和我们为进攻库克山所做的准备，请求他指派必要的部队参与进攻。在仔细察看敌军阵地之后，施普罗瑟少校部署霍尔中尉的六连逼退1114高地方向科洛弗拉特山脊路上的敌人。我的进攻计划得到批准，除了步枪二连、步枪三连和机枪一连以外，步枪四连和机枪二连、三连都归我指挥。没过多久，我就做好了进攻的全部准备工作。

到了11点，路德维希手下的全部火力部队（6挺轻机枪、二连、机枪一连）都在1192高地南北两个山坡上隐蔽起来，随时准备向库克山上的守军开火。由二连两个班组成的一支突击队在1192高地北坡上就位，三连两个班组成的另一支突击队在南面山坡上准备推进。一旦我军开火，这些突击队的任务就是攻占库克山和1192高地之间的鞍状山脊，然后在炮兵和机枪的强力支援下从北坡或东南坡的河谷向库克山的守军阵地推进。我想让这些突击队摸清敌军阵地的情况。步枪三连和四连、机枪二连和三连充当后备军，隐蔽在1192高地东面不远的鞍状山脊里。根据突击队的进攻情况，我会让后援部队到南北两个山坡上投入战斗。

我们正准备发动进攻的时候，骑兵团的先头部队到了1192高地东面的鞍状山脊。此前骑兵团二营等待炮兵支援未果，就从1114高地向科洛弗拉特山脊发起进攻，但他们的攻势被1114高地西北500码阵地里的意大利人用大规模防御火力阻断。骑兵团随后沿着符腾堡山地营走过的路线在科洛弗拉特山脊北面的山坡上行军，他们上方是1114高地和1192高地以东半英里的鞍状山脊之间的敌军阵地，这些阵地仍有敌军坚守。骑兵团在这里遇到了隆美尔部抓获的俘虏，这些俘虏由几名山地士兵看管转移。

11点15分，托尔曼盆地里的重炮开火，炮弹落在意大利人在库克山东坡上新修的战线上。随着炮弹爆炸，岩石接连滚下山。这就是进攻的前奏！1192高地上的机枪部队投入战斗，南北两个坡上的突击队发起冲锋。我怀着焦急的心情用望远镜关注战事的进展。（见图51）

面对我们的机枪扫射，敌军开始还击，一场机枪对抗在我方1192高地守军与意大利人在库克山的守军之间爆发。枪炮声震耳欲聋！炮弹一枚接一枚在敌军阵地爆炸，飞溅的弹片和滚落的岩石将考验守军的神经。敌军在胡姆山的炮兵加入到战斗中来，但他们没能在1192高地的南坡上找到有利可图的目标，因为机枪手们隐蔽在挖好的战壕里，炮火对他们的影响很小。在右下

方的北坡上，路德维希那个连的突击队沿着敌军阵地一路突进，手榴弹的爆
炸声此起彼伏。意大利守军顽强地守卫每一个角落，虽然我们的部队是向下
进攻，但攻击进展缓慢。

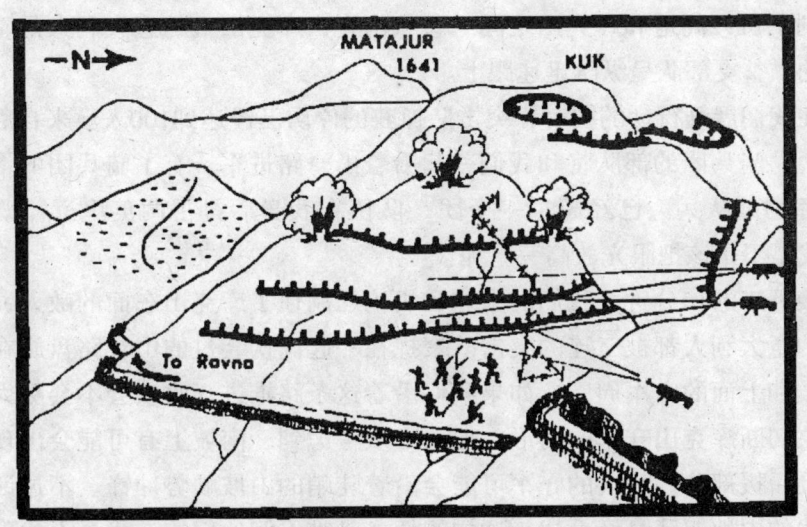

图51　1917年10月25日，进攻库克山　东面视角

1192高地南坡上的情况就不同了。三连的突击队从炮位里跳出来，沿着
伪装过的路面向前推进，很快就从我的视野里消失了。敌我双方的机枪在他们
头顶上扫射，但他们紧贴伪装，没有遭受精确打击，很快就到了1192高地和库
克山之间的鞍状山脊。从这个位置出发，他们冒着我军的炮火和山上滚下来的
岩石向山顶的敌人爬过去。我的观察队伍密切注视着他们的一举一动。

我们的炮兵准头很好，炮弹接连在意大利人的阵线上爆炸，在三连的
突击队最接近敌军的地方，我们的机枪提升火力打击敌人。很快敌军阵地就
在突击队的手榴弹射程内，我们的一些人开始向几乎完全暴露的敌人挥动手
绢。这招立刻发挥作用，一些敌人开始从阵地走出来投降。

现在是时候发起主攻了。我手头有4个连的兵力，我给4位连长命令如下：

"南侧的突击队带着俘虏爬上库克山。隆美尔部带领4个连沿着库克山东
南坡向上进攻。机枪三连和步枪四连、三连以及机枪二连沿着伪装过的山脊
路迅速跟上。"

"1192高地的火力支援部队以最大火力支援，一旦情况允许就跟上突击
部队。"

我们沿着伪装路面向前冲。假如库克山上的敌人警惕性高的话，他们就

会看到我们的行动。但种种迹象表明，对方的注意力都集中在了我军在1192高地的机枪和他们面对的手榴弹对抗上。

双方的火力都很密集，但只有少数子弹射向了山脊路。我们没花多长时间就到了1192高地和库克山之间的鞍状山脊，库克山上的意大利人是看不到这里的。整支部队呈纵队迅速跟上。

在我们展开行动的同时，突击队抓获的俘虏已经达到100人。来自后方的报告说，骑兵团的部队将和我们一起沿着山脊路进军。有了骑兵团的增援，我指挥的部队兵力已经超过一个团，队伍在我身后排了两英里远。既然如此，我是不是该把眼光放高一些呢？

接下来的15分钟，我们的火炮和机枪压制住了库克山东面的敌人，侥幸逃脱的意大利人都被三连的突击队聚拢在一起。伪装过的山脊路盘旋在库克山南坡和上面的守军周围，如果我们沿着这条路推进，收获会不会更大？我在想象切断库克山守军的情形，但我必须考虑到，南坡上有可能会出现敌军的大批后援部队，敌人的守军可能会沿着陡峭的山坡顺势冲锋。不过话说回来，我的山地部队身经百战，这样的任务是难不倒他们的。我毫不犹豫地向前推进，继续向敌人发动进攻。

我的目标在拉夫纳附近，这是库克山西南坡上的一个小山村。我带领先头部队一路向下冲，格劳的机枪连跟在尖兵队的几名步枪兵后面。机枪手们扛着武器，一路气喘吁吁、挥汗如雨。这样的急行军很累，更何况他们从进攻一开始就扛着机枪，但他们都知道，他们必须使出身上最后一点力气。

山脊路向拉夫纳方向延伸，到现在这个位置仍然伪装得很好。路面嵌入库克山几乎光秃、地势陡峭得山坡上，上方山坡上的敌军看不到路面的情况，他们全部的注意力仍然集中在与1192高地之间的战斗上。我们在路上的视野也不开阔，即使到了拐弯的地方最多也只能看到100码远。右边垂直的石墙挡住我们的视线，左边又有伪装挡着。不过如此狭窄的视野对我们来说是一个优势。

我们在路上时不时会遇到敌人，有时候他们之间的间隔只有几码远。这些敌人要么站在路上，要么在路上走着，对我们的到来没有任何防备，在举枪瞄准之前就都被我们擒获。只要暗示他们放下武器然后用手势向东面比画一下，这些俘虏就乖乖地从我们身边向1192高地走去。他们都被我们的突然出现搞懵了。（见图52）

图52　在伪装路面上目瞪口呆的敌人

　　我们一路向前冲，途中经过炮兵阵地、补给车队和敌军的步兵阵列，但我们没有停留，敌人也没向我们开枪。在我们右后方和上面的山坡上，1192高地和库克山守军之间的战斗仍在继续，偶尔有几颗子弹从我们头上的高空飞过。库克山上的意大利人还在等待德军沿着1192高地的山坡拉开战线向他们发动常规的步兵攻击。

　　山路左侧的伪装在快要到拉夫纳的地方就没有了，我们的视野一下子开阔了很多。在右前方的山坡上，原本光秃秃的地面长着几排灌木。意大利人会在灌木丛里还是在灌木丛背后？拉夫纳村头的房子离我们大约300码。左下方的山坡上有几个农场，农场背后就是森林覆盖的1077高地。我们再次加快脚步，没有遭受敌人攻击就到了拉夫纳村。

　　时间到了中午，南坡上阳光暴晒。难怪拉夫纳的守军没有发现我们，他们肯定以为自己离前线还很远。直到我们闯进一些农房和谷仓他们才反应过来，惊慌失措地往卢伊科和托波洛山谷方向逃去。他们用来驮运物资的牲畜也四散跑开了。让我们没想到的是，这个过程中没有出现一声枪响，库克山的南坡看上去死气沉沉。看来，我们原本以为驻守在山坡上的敌军已经去增援针对1192高地的战斗了。

拉夫纳守军的最后一部分人可能是负责驱赶驮运牲畜的士兵，他们也从村子西面不远的小山丘上逃往卢伊科方向。我带着先头部队紧跟着他们到了小山丘，那里的视野很好，特别是西向的视野。（见图53）

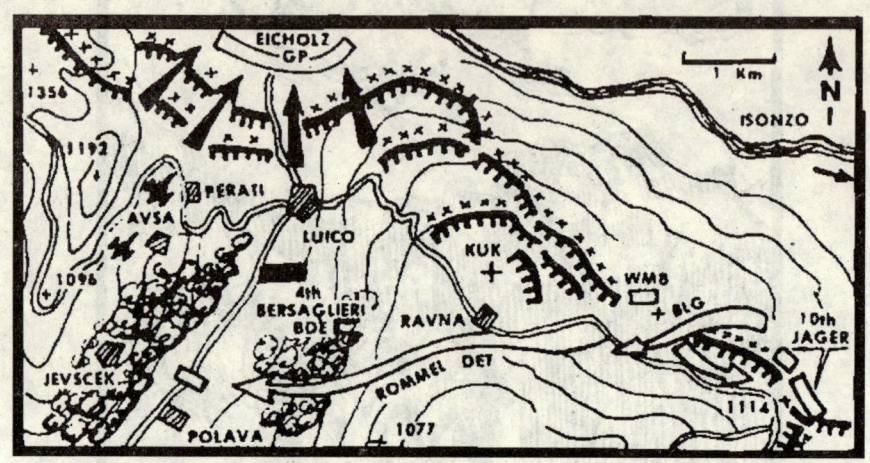

图53　1917年10月25日中午，科洛弗拉特山脊上的形势

我们右下方是库克山和姆尔兹利山之间的鞍状山脊，山脊里是卢伊科村。村子内外大范围的宿营地里有很多意大利部队。作为后方区域，卢伊科显得很平静。卢伊科-萨沃尼亚公路上，两个方向都有很多车辆在行使，其中有一门马拉的重炮从卢伊科向南慢慢走着。村子北部传来激烈的交火声，我猜想那是第十二步兵师在发动进攻。[1]

在卢伊科的另一边，蜿蜒曲折的马塔尤尔路向上延伸，穿过部分被森林覆盖的姆尔兹利和克拉贡萨山的东面山坡。这条路上的车很少。意大利人的炮兵部队驻扎在阿维萨和佩莱附近，他们正向高罗比附近的十二师开火。

我指挥的部队剩余的兵力以最快速度紧跟着我，因为我不想在拉夫纳丧失冲击力，而是要快速、果敢地展开行动。我没有时间反复思考，只有快速掂量可以选择的三种做法。我们可以爬上库克山的南坡抓获那里的守军。敌人的守卫部队大部分正和东边符腾堡山地营的其他部队交战，剩余的人正和北边的十二师交火。我不认为这支守卫部队是一个危险，所以把他们留给后面的山地营部队或者骑兵团部队。在我看来，意大利人的这支守军命运

---

[1]　这是埃希霍尔茨军团——有3个营的兵力——在压制强大的意大利部队，后者试图借道伊德尔斯科和卡尔弗莱特向马塔尤尔山北边的山谷发动攻击，进而包围十二团的侧翼和后方。

已定。

　　进攻卢伊科附近的敌军从而为十二师打开卢伊科通道是一个有吸引力的选择。我的两个机枪连可以从较高的位置上提供火力支援；我们有很好的办法可以接近卢伊科周边的大量敌军；我们的进攻可以达到出其不意的效果。但是，这么做既不能保证消灭敌人，也不能确保抓住他们，因为姆尔兹利东边山坡的地形崎岖不平而且有森林覆盖，敌人可以在不遭受重大损失的情况下逃离卢伊科通道。我决定放弃这个选择，转而采取另一种方案：通过封锁卢伊科-萨沃尼亚山谷和克拉贡萨山（1096）上的马塔尤尔路，切断卢伊科周围的敌军与外界的联系。卢伊科-萨沃尼亚山谷两侧的山坡都有森林覆盖，这有利于我们采取前述的方案，因为我们可以在卢伊科的敌人有所怀疑之前到达波拉瓦附近的山谷。只要我们封锁山谷和路，加上阿尔卑斯军团包抄过来，被包围的敌军就无法逃避被消灭或抓获的命运。（见图54）

图54　向卢伊科-萨沃尼亚路进军　西面视角

　　我的队伍是不是太分散了？在库克山南坡经过伪装的路上，我就无法看住所有的部队，这很可能是因为先头部队速度太快，后面的队伍被拉长了。但我不能再等了——即便是几秒钟的时间也很宝贵，也会对战事产生决定性影响。

　　我带着先头部队从拉夫纳向西南急转，朝卢伊科-萨沃尼亚山谷进发。这个山谷位于波拉瓦附近的1077高地西坡上，那里有很多树林。我让传令兵回到拉夫纳，告诉那里的指挥官把所有的连队向波拉瓦方向转移。

　　我们一边奔跑，一边从抓获的驮运牲畜身上的篮子里抓鸡蛋和葡萄吃。我们没有时间耽误，必须全速前进。这之后，我小心翼翼地绕过左上方的976

高地，因为我不确定上面是否有敌人，我不想被他们拦阻。就像几个小时之前在科洛弗拉特山脊上那样，我选择一条穿越灌木丛和小树林的路线，因为我们不能让卢伊科的敌人和976高地上的敌人发现。在松软的草地上跑下山很轻松。我们要拿下从卢伊科驶向萨沃尼亚方向的重炮。我们很快就接近了山谷路。

中午12点半，我的先头部队到了卢伊科西南1.5英里的山谷。我和格劳中尉、施特莱希尔中尉、瓦伦伯格中尉从路东边的灌木丛里突然跳出来，这让路上徒步和坐车的一群意大利士兵目瞪口呆。这个地方离高罗比的前线两英里，意大利人完全没有想到会在这里遭遇敌人。他们飞也似的逃进路边的灌木丛里，心里肯定想着迟早要吃枪子儿，但我们根本就没打算这么做。（见图55）

图55　从山坡上快速往下跑

我们在两个急弯附近挖掘战壕，把敌军所有的金属线都剪断。刚刚到达的四连和机枪三连部署在山谷两侧山坡上的灌木丛和草丛里，那样他们既可以隐蔽自己，还可以从南北两个方向用火力覆盖山谷。

不幸的是，我们在通过拉夫纳不久之后——也就是在1077高地西坡时——同其他的几个连失去了联系。这是一个沉重的打击，因为我至少再需要两三个连的兵力来完成向克拉贡萨山进军并封锁马塔尤尔路的任务。我让瓦尔茨中尉回去通知其余的几个连尽快跟上来，同时向施普罗瑟少校报告我们的进展情况和下一步的计划。

让我们没想到的是，这时候卢伊科-萨沃尼亚公路上又出现了意大利人的车辆，单个的士兵和车辆从南北两个方向朝我们大摇大摆地走过来。在公路的急弯处，我们的山地士兵很礼貌地接待了他们，他们也甘愿做了我们的俘虏。大家一团和气，没有一个人开枪。我们很小心地让车辆在弯道处继续正常行驶，以免打草惊蛇，惊动后面跟上来的敌人。一些山地士兵负责照看驾驶员和护卫，另一些人抓住马或驴的缰绳把车队赶到预先制定的停放点。由于两个方向过来的车辆很多，我们很快就难以应付。为了节省空间，我们把拉车的马和驴都解下来，把车子紧靠在一起，把马和驴集中到路障背后的一个山涧里。我们的收获越来越多，没过多久就有100多名俘虏和50辆车。

车子上的东西让我们饿坏了的战士大饱口福，里面有巧克力、鸡蛋、果酱、葡萄、红酒和白面包。隐蔽在两侧山坡上的官兵很辛苦，我们先分配给他们吃。大家尽情享用这顿美餐，之前几个小时的劳累和战斗都被抛之脑后。在敌军前线背后两英里的这个地方，我军的士气十分旺盛！

正当我们享受美食的时候，一名哨兵发出警示：一辆意大利汽车正从南面高速行驶过来。我们立刻拉了一辆车横在路中间，但一名机枪手没管住自己，居然违抗我的命令从50码外开枪射击。那辆车在一片尘土里急刹停下，司机和3名军官下车投降。我们走过去抓住车上的人，只是有个军官从路下沿的灌木丛逃跑了，另外还有一名士兵受重伤躺在车上。这些军官来自萨沃尼亚的上级部门，因为跟前线之间的电话打不通，他们就亲自出来察看究竟。好在车子没有损坏，原先的司机把车开到了停车点。

从我们封路开始到现在已经过去了约一个小时，但我们部队其余的人还不见踪影。卢伊科和库克山方向都没有传来激烈交战的声音，但愿敌军没有从背后包抄我们。如果是那样，我们就得寻找出路回到自己的阵线。

山谷东侧的哨兵报告了个新情况，我们立即把注意力转移到北边。放眼看去很长的一队意大利步兵正从卢伊科方向走过来。这些人都以为自己身处的是前线背后的安全地带，排头兵悠闲自在地向我们走过来，前面根本没有安排警戒分队。

警报！收拾东西准备战斗！接下来的几分钟，我们这150名山地部队官兵要和数量庞大的敌人交战。不过我们的阵地很坚固，我们的机枪可以覆盖山谷的大片区域。敌人离我们的路障越近，他们就越没有机会好好部署，也就没法发挥他们人数和火力上的优势。我命令所有人按兵不动，等我用口哨发

出信号才准开枪。（见图56）

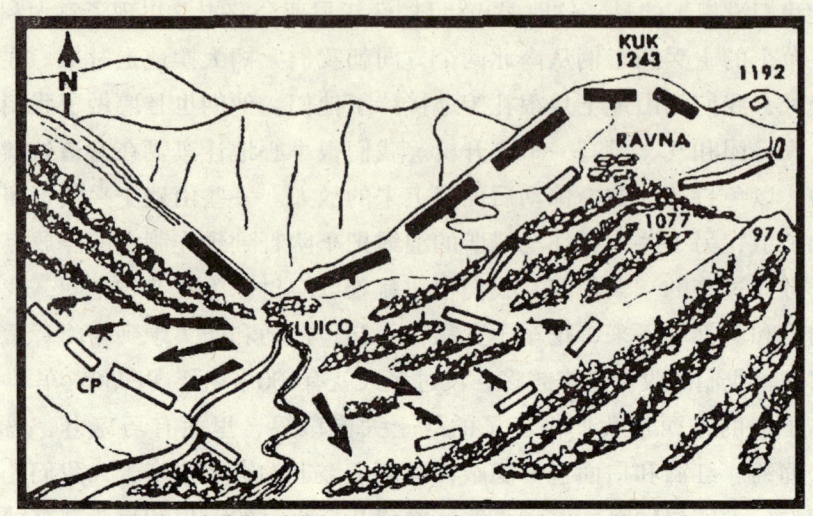

图56　在卢伊科附近与贝尔萨列里的团交战　南面视角

　　敌军的排头兵离我们的路障只有300码了。为了避免无谓的流血，我让副官施塔尔戴着白色臂章去找敌人斡旋。他会给敌人指出我们已经在路两边的山坡上埋伏好了，让敌人乖乖缴械投降。施塔尔朝敌人走过去的时候，我和格劳中尉、瓦伦伯格中尉和施特莱希尔中尉走到弯道前面挥动手绢，示意敌军施塔尔说的话是真的。

　　施塔尔走到敌军队伍前面。对方的军官跑上前缴了他的手枪和望远镜（因为匆忙他没有把这些东西留在阵地），把他当成了俘虏。施塔尔找不到机会说话，我们挥动手绢也无济于事。意大利军官命令先头部队朝我们开火，我们迅速绕过弯道隐蔽起来。我的哨声一响，两侧山坡上的部队就朝敌军开火。短短几秒钟，路面就空空如也。在敌军四处隐蔽的当口，施塔尔成功逃回到我们身边。

　　因为我们的弹药数量有限，我让部队在1分钟后停火。敌军的还击力量很弱，我再次挥动手绢要求对方投降。但为时太早！敌人利用我们停火的时机部署好队形冲出了灌木丛，路西边不远处的山坡上有几挺机枪同时向我们开火。但双方谁占优势很快就见分晓，我们从上方隐蔽的位置上可以轻松打击下方密集的敌军。经过5分钟的交火之后，我再次要求对方投降。但敌军仍然无动于衷！他们再次利用我们停止射击的间隙向我们冲过来，现在离我们只有90码左右。

经过10分钟的激烈战斗，敌军终于认输，发出了投降的信号。我们当即停火接受投降。贝尔萨列里旅的50名军官和2000名士兵在山谷路上放下武器朝我们走过来，我让能干的施塔尔把俘虏集中起来从拉格拉瓦和1077高地送到拉夫纳，我只派了几名步枪兵去护送这些人。

三连过来增援我们，他们在刚刚这场战斗的最后阶段从山谷东面的斜坡上助我们一臂之力。卢伊科方向不断传来激烈交战的声音，为了弄清楚那边的情况，我让人在缴获的汽车上装了一挺重机枪，然后朝卢伊科方向开过去。投降的意大利人的武器装备在路上占了将近3/4英里的距离，我们从其中开过去就花了不少时间。在卢伊科南面不远的地方，我看到了从拉夫纳观察到的意大利人的重炮，拉炮的马已经死在路上。下午3点半左右，我到了卢伊科，当时施普罗瑟少校带领的符腾堡山地营的其他部队和骑兵团二营也刚刚抵达卢伊科和南面的山谷。我们是从拉夫纳一路进攻过来的。我在小镇的南面入口处见到施普罗瑟少校，当时骑兵团二营正把马塔尤尔路上的敌人往阿维萨方向赶。

我向施普罗瑟少校提议说，我带领手头所有符腾堡山地营的部队从波拉瓦取最短路线爬上克拉贡萨山，攻占那里的山顶。一旦我们拿下克拉贡萨山，姆尔兹利山顶的敌人就必须寻找另一条通向南面的路。到时候我们就可以从后方袭击敌军，因为他们在北面和东北方向正与第十二步兵师和阿尔卑斯军团交战。除此以外，控制克拉贡萨山我们就能切断通往马塔尤尔的唯一一条山脊路，从而封堵山脊路附近的意大利炮兵。我不太赞成沿着马塔尤尔路通过阿维萨和佩拉蒂向克拉贡萨山进军。敌军是怎么看待当前的形势的？在放弃卢伊科通道之后，大批敌军队形紧凑地沿着马塔尤尔路走向姆尔兹利–克拉贡萨一线的东面山坡，他们可能是去驻守已经准备好的后方阵地。在马塔尤尔路上，数量不多的后卫部队就足以击退追击者，这就给了敌人充足的时间重新集合部队，以周密的方式占领预先准备好的阵地。另外，马塔尤尔路两边的阵地也有可能被敌人占领了。就是考虑到这些情况，我才提议采取最短的路线爬上克拉贡萨山。

施普罗瑟少校同意我的说法，他把符腾堡山地营在卢伊科及其南面的部队都给了我，其中包括步兵二连、三连和四连，机枪一连、二连和三连，还有通信连。与此同时，高斯勒的部队（一连、五连和六连以及二〇四和二六五山地机枪部队）受命在施普罗瑟少校的指导下朝卢伊科进发。施普罗瑟少校本人乘坐我们之前在波拉瓦缴获的汽车去旅部报告前面战斗的情况，同时请求炮兵的后续支援。

评注：为了阻止德军突破，库克山上的意大利指挥官让大量后备军在库克山东坡上分几条线展开防御，这种做法是错误的。因为组织防御、重新集结和部署援军都需要时间，这就给了隆美尔部宝贵的喘息机会。利用这些部队重夺1192高地才是更加明智的做法，因为库克山北坡上的诸多阵地可以为他们提供必要的火力支援。如果敌军从东侧向隆美尔部发动进攻，我们就会陷入非常艰难的境地。

再者说了，库克山东坡（前坡）地势陡峭、缺乏草木、岩石遍地，在那里部署3个阵地并不合理。即便在没有受到火力骚扰的情况下，意大利士兵花了几个小时也没挖出多深的战壕。相比之下，1192高地西坡上的阵地对敌军更有利，因为那些阵地在我们的火炮和机枪射程范围以外。

另外，敌军没有及时封锁库克山南坡的山脊路，也没有用火力覆盖山脊路下方光秃的山坡。

我们刚开始向库克山发起进攻的时候，意大利人两三个营的兵力从高处的阵地用大量机枪攻击隆美尔部，这些阵地部分修筑得很好，部分是仓促为之。在一个机枪连、六挺轻机枪和两个重炮组的支援下，我们最初只派出了各由16人组成的两支突击队发动进攻。突击队的任务是去试探逼近敌军的可能性，接着我用主力部队包围整个库克山的守军。在此后的几个小时里，符腾堡山地营的攻击部队和巴伐利亚步兵骑兵团的一个连抓获了敌军的守卫部队。

在进攻过程中，机枪和重炮对仓促修筑的战壕里的敌军造成极大的打击。面对枪林弹雨，很多地方的敌人甚至没有办法站起身。如果意大利人把战壕挖得很好，这次的火力攻击就不会有多少效果。

我们在1192高地上的机枪火力就像磁石一般，吸引了意大利部队的全部注意力，我们的先头部队和后续的兵力得以沿着伪装路面到达库克山的东坡。这条路原本在敌人的观察视线范围内，但我们在行军过程中没有遭受任何伤亡。

在拉夫纳，隆美尔部内部的联系出现中断，因为有个机枪连长去围捕我们抓到的几头驴。其结果是，我到达波拉瓦附近山谷的时候手头只有三分之一的兵力，只能封锁卢伊科-萨沃尼亚山谷，被迫放弃封锁克拉贡萨山的马塔尤尔路。在拉夫纳耽误时间的部队后来也参与了在卢伊科攻击敌人的行动，但如果我们在10月25日就拿下克拉贡萨山，我们的收获就会更大。切记：在攻破对方的防区或突破得手之后，后备部队必须紧跟着先头部队，千万不要因为战利品这类东西分散精力。总之，在此类情况下，所有的后续部队都必须以最快速度前进。

我们在狭窄的山谷里放置了路障，以纵队行军的贝尔萨列里第四旅的一个团出乎意料地出现在我们面前。虽然我们很快压制了他们的先头部队，但后续的敌军有可能通过进攻东面或西面的山坡控制局势。我们在这里缺乏清晰的思路和有力的指挥。

1917年10月25日下午的战斗序列如下：

克劳斯军团：帝国第一步枪团从萨加向斯托尔发动进攻。二营拿下库姆，一营占领普夫里胡姆。四十三旅正在爬1450高地。第三帝国猎兵团正在攻占卡尔山，他们的十三连正在进攻塔纳门通道。

施泰恩军团：十二师六十三步兵团沿着纳蒂索内山谷行进到罗比奇以南两英里的边境，正在那里压制所有的意大利援军。马塔尤尔北面山坡上的意大利阵地没有受到攻击。埃希霍尔茨的军团还在高罗比以南一英里的地方与敌人交战，他们的进展缓慢，最终在下午5点拿下高罗比，下午6点到达卢伊科，但那个时候巴伐利亚步兵骑兵团和符腾堡山地营的后续部队已经占领了卢伊科。阿尔卑斯军团方面，符腾堡山地营的部队和骑兵团的一个连在下午2点抓获库克山的守军。与此同时，符腾堡山地营六连沿着科洛弗拉特山脊从1110高地一路打到1114高地。在包围库克山和阻断卢伊科-萨沃尼亚山谷之后，隆美尔部在波拉瓦附近的战斗中抓获意大利贝尔萨列里第四旅的主力部队。符腾堡山地营的主力部队和骑兵团二营从拉夫纳发动进攻，最终占领了卢伊科。第一和第十猎兵营在1114高地南面的山坡上与敌人交战，下午占领了1044高地和整个1114高地。在二〇〇师，第三猎兵团在1114高地以南的克莱附近战斗，第四猎兵团在下午6点拿下了1114高地以南半英里的拉西马。

斯科蒂军团：第八榴弹团从普斯诺向胡姆山发动进攻，途中经过尤德里奥。第二山地旅拿下齐切尔，二十二山地旅占领了圣保罗。

最终的战果是：10月25日，意大利人在伊松佐河以南科洛弗拉特山脊的三线阵地被摧毁，我军向西一直打到卢伊科通道，向东一直打到1114高地。这些成果主要是靠符腾堡山地营的部队实现的。有了这些成果，卢伊科以北的阿尔卑斯军团和十二师就可以继续向前推进。

强攻克拉贡萨山

带着归我指挥的符腾堡山地营部队，我快速赶回波拉瓦北边的路障附近，在那里把抓到的驮运牲畜快速分配给七个连，然后马不停蹄地向耶夫斯切克和克拉贡萨的方向爬上去。我们行进的速度越快，前面遇到的敌人就越不可能有防备。

虽然前几天大家连续征战消耗了大量体力，但我们在陡峭、没有人迹的山坡上以很快的速度爬升。有些路段长满高草和难以穿越的荆棘，有些则是充满石块的干河谷。这次我又要让本来就已经疲惫的战士们付出超人一般的努力，因为我们的攻势不能停顿。

随着我们爬升的高度上升，路面越来越难走。遇到深冲沟和荆棘丛的时候，我们只好绕道走，但这么做就会浪费时间，而且让部队消耗更多的体力。我要放弃自己的目标吗？不，我们必须赶到耶夫斯切克。我知道，一旦到了那里，我仍然会有足够多的勇士去强攻克拉贡萨山。

明亮的月光照在陡峭的山坡上，在灌木丛和草地上洒下一层银光，在树林背后留下长长的阴影。尖兵队小心、缓慢地往上爬，终于发现了一条小路。后续部队就沿着这条小路往上爬，相互间隔50码远。我们时不时停下脚步，仔细倾听夜空里的声音。

在小路下方不远的干草垛形成的阴影里，我们又一次停下脚步。小路前方穿过的是一个草木茂盛的山涧，山涧在阴影下黑暗、阴森。我们竖起耳朵，清楚地听到说话和下命令的声音，还有从山涧远端传来的部队行军的声音。行军的声音并没有向我们靠近，所以他们行走的路线应该与远端山涧边缘平行。如果这些人就地驻守，那我们靠近他们的唯一方式就是走脚下这条狭窄的小路，这是我不太中意的选择。另外，这支敌军的出现阻挡了我们向上的路线，也阻挡了我们向右走向耶夫斯切克和克拉贡萨山的路线。

在这种情况下，我断定离开小路向右走是更好的选择。于是，尖兵队又要在树木的阴影下攀爬陡峭的山坡。没爬多久我们就看到前面有一大片草地在月光下显得格外清晰，草地边是一排半圆形的高大树木。我们的眼睛没看错吧？树林边的东西不是障碍物吗？障碍物后面不是一个灯火通明的敌军阵地吗？我们非常小心地向前试探，看看这到底是不是真的。接着我们就听到从前面树林里传过来的意大利人的声音。不过遗憾的是，我们不能再靠近察看，所以无法确定这个阵地是不是有敌军占领。

为了解答这些问题，我派了几名军官去侦察情况，让部队在这个间隙集中在一起稍作休整。出去侦察的人很快就回来报告说，敌军正在占用这个阵地，阵地前面的障碍物非常高。

即使对体能充沛的队伍而言，穿过明亮的开阔地去进攻上方那个坚固的阵地也是极为冒险的举动。何况我们的山地部队从发起进攻一开始就不断创造奇迹，要想在接下来的几个小时内再次发起攻击是不现实的。另外，我们还不能确定在晚上的这个时间点突破这样一个地点是否有用，作战成果能否得到充分利用。最终我放弃了进攻的想法，决定休息几个小时，同时派人对周围的地形和敌军阵地展开全面侦察。

我让部队轻手轻脚地转移到一个宽阔的河谷里，那个地方可以让我们的人免受来自上方的火力攻击。河谷离敌军阵地大约300码，我们准备在里面休息到半夜。为安全起见，四连和二连在宿营地周围安排半圆形的岗哨。驮运物资的牲畜时不时会发出嘶鸣声，我们就把它们拴在下面很远的地方。在我们向休息点转移期间，波拉瓦附近的山谷传来非常激烈的交战声，这说明敌军还在山谷里。（见图57）

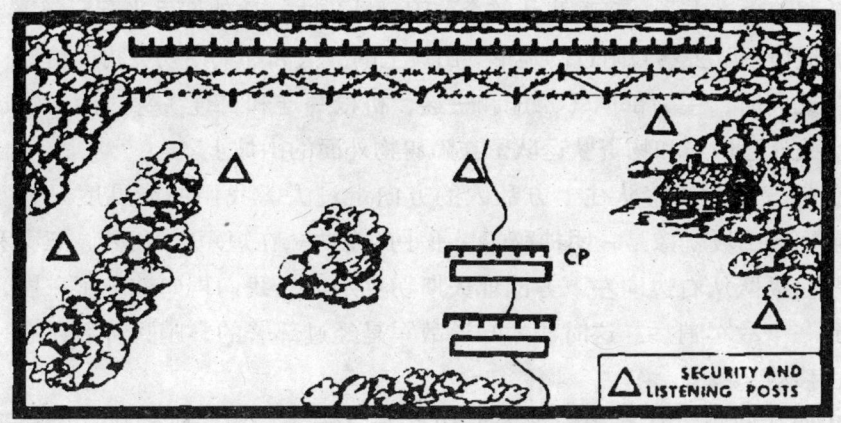

图57　在耶夫斯切克附近露营　东南面视角

我还派了几个军官侦察队去察看进入敌军阵地的有利路线、障碍物的牢固程度及其深度、铁丝网是否有空缺、阵地守军的类型和耶夫斯切克村的位置。他们最迟在半夜之前必须回来报告情况。

我的勤务兵赖赫尔很善于观察,他在波拉瓦附近的驴背上拿到一个意大利人的睡袋,我就在这个睡袋里试着打个盹。但即便我很累,精神上的亢奋和紧张也让我睡不着。阿尔丁格中尉提供的宝贵侦察报告更是让我一下子站起身来:

"耶夫斯切克在我们露营地西北半英里,村庄已被筑防,周围布置了铁丝网,但里面好像还没有驻军。在耶夫斯切克西面的山坡和村庄南部,有敌军部队朝东南方向往下走。"

我当即做出决定:"向耶夫斯切克进发!"我们或许可以在意大利守军进驻之前赶到那里。几分钟后,我们悄悄收起帐篷,把警卫喊回来,把几个连集合起来开拔。此时月亮已经下山,只有星光点缀的夜空在黑暗里散发微弱的光线。

部队沿着阿尔丁格中尉侦察好的路线悄悄走向耶夫斯切克。指挥官们已经知晓简要的情况。四连和机枪三连组成前卫部队,其余五个连稍留间隔跟在后面。我们先穿过一片小树林,然后从陡峭的林间空地往上爬。走在前面的尖兵队很快就到了障碍物附近,那些障碍物大约有6英尺高。阿尔丁格中尉说,我们离耶夫斯切克只有300码了。我们停下脚步,仔细倾听黑夜里的动静。我们周围没有任何响动,但上方100码左右的地方传来意大利步兵下山的声音。

阿尔丁格中尉穿过铁丝网里一个狭窄的通道进入阵地,发现里面是空的。尖兵队跟着也进去了。接着我让整个前卫部队进去,让他们呈半圆形部署。随后我派遣侦察队去察看附近的地形、山坡上的敌人和耶夫斯切克村的情况。

与此同时,主力部队(二连和三连,机枪一连和二连)穿过障碍物进入阵地。我让通信连和物资驮运队留在障碍物外面的山坡上。

我带着一个侦察队往上方敌人的方向走过去。我们的能见度只有几码远,前面的山坡就像是一团神秘的黑乎乎的东西。在短短100码外,意大利步兵似乎呈纵队从右边向左下方的耶夫斯切克走去。我们再向前爬了一段,突然看到一个敌军哨兵。这时我才知道敌军是经过部署的,哨兵背后还有一队士兵在移动。

我们往回爬,从左边向耶夫斯切克方向转移。我们刚到村头的房子附近,一个侦察队就回来报告说,耶夫斯切克北部没有敌人,但意大利步兵正穿过村子南部。我决定带领部队进入村子,抓住村子南部的那些敌军步兵。

　　几分钟后，大部队向村子缓缓移动。走在最前面的人刚刚来到村头的房子附近，几个农场里的狗就开始叫唤。紧接着，大约100码外右上方的山坡上就有敌人向我们开枪射击，好在他们的子弹大多打进了我们左侧的树林里。我们周围没有掩体，只好卧倒在地。我们的机枪和卡宾枪都做好了射击准备，但都没有开火。除非敌人发起进攻，否则我们就不能从侧面开火。如果敌人不进攻——我觉得这是有可能的——那他们就会认为刚刚是弄错了，接着就会停火。

　　在敌人开火期间，我们的主力部队借助村子东边的无人阵地进入耶夫斯切克。敌人在几分钟之后就停火了，我的部队很快就都进入村子。令人高兴的是，敌人开火期间我们没有任何伤亡。

　　我让部队呈半圆形占据村子北部，避免与耶夫斯切克西北不远山坡上的敌人再次发生冲突。时间早就过了半夜，除了哨兵和阵地里的人以外，其他人都在斯洛文尼亚人的家里坐着睡觉。我们都知道，我们离意大利人的坚固阵地只有手榴弹射程那么远，一旦敌军悄悄摸进村子，我们随时可能陷入一场近距离搏斗。

　　我们进入村庄前遭遇敌人开枪射击，但耶夫斯切克西北山坡和村子南部都没有敌军在移动。向我们开枪的只是西北边山坡上的敌人，村子南部没有传来一声枪响。我们原本以为敌军阵地一直延伸到波拉瓦，难道里面有个缺口？利用一间房子透出来的光亮，我认真翻看地图。我们在耶夫斯切克北部；在波拉瓦以北一英里左右，高度在2800英尺左右。克拉贡萨山在西面600码，比我们所在的位置高900英尺。耶夫斯切克东面修筑了防御工事，西北边的山坡和东南方向至波拉瓦一带都有敌军驻守。看来我们面对的是意大利人早就准备好的一个后方阵地，其目的是阻止我们从卢伊科通道渗透。我们在夜间看到的敌军活动促使我们认为，意大利人正想尽一切办法占据这个阵地。从防御工事的类型来看，耶夫斯切克本身就属于这个阵地。不知道是什么原因，原本要驻守耶夫斯切克的部队没有过来，但他们随时可能会出现。我们要等待吗？战争之神难道不是再次向勇敢的山地部队伸出他的手？敌军的一系列阵地阻挡了我们和阿尔卑斯军团走向克拉贡萨山、姆尔兹利和马塔尤尔的路，难道我们在耶夫斯切克不是占领了敌军的一部分阵地？

　　考虑到这些问题之后，我让洛伊策中尉去看看耶夫斯切克西南部有没有敌人，如果没有就继续向耶夫斯切克西北600码的山脊和村子西北不远的意大利人阵地背后展开侦察。我让他在两个小时后返回，他不要助手，独自一个

人出发了。（见图58）

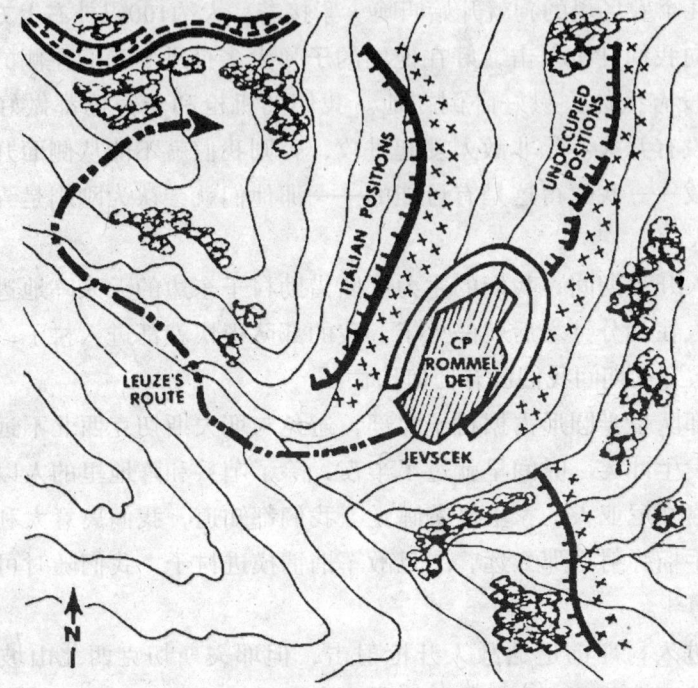

图58　1917年10月26日破晓之前耶夫斯切克的局势

　　疲累的官兵们再一次得到休息机会。大部分人坐在离敌人几码远的地方，围在房子里的炉火边，友好的斯洛文尼亚人递给我们咖啡和果脯。窗外偶尔传来一声枪响，接着是意大利人的手榴弹爆炸声。敌人显然不太愿意向耶夫斯切克发起侦察性冲击。我们一枪未开。漆黑的夜色包裹着近在咫尺的德军和意大利部队。

　　快到4点半的时候，洛伊策中尉带着一个意大利俘虏回来了。他报告说："耶夫斯切克西北端没有敌人，通向耶夫斯切克西北600码的高地的小路已经侦察过；我在那边的山上抓到这个意大利人，不过没有遇到其他敌人。"他很好地完成了自己的任务。

　　听了洛伊策的报告，我当即决定派4个连去占领耶夫斯切克西北600码的山头，让其余的部队留在耶夫斯切克充当后援。我打算在黎明时分进攻耶夫斯切克西北方向的敌人。

　　这不是一个简单的决定。如果敌军利用他们在克拉贡萨山的有利位置攻击我们，我们就会面临两头受敌的局面。一旦出现意外，我们就会陷入困境。但俗话说得好：不入虎穴，焉得虎子？！

凌晨5点，四周仍然漆黑一片。步枪二连和四连、机枪一连和二连悄悄离开耶夫斯切克，踏上洛伊策侦测的路线，洛伊策中尉在队伍前面带路。我让格劳中尉带着步枪三连和机枪三连在耶夫斯切克充当后援，在我们发动进攻的时候负责压制耶夫斯切克西北面阵地里的守军。他们的第二项任务是保护我们免受来自东面的攻击。

我在部队陆续离开村子的时候下达了上述命令。当我加入机枪二连的队伍时，克拉贡萨山那边的天色已经开始发亮。在山区，黑夜到白天的转换很快。我隐约感觉行动延迟了半小时，这让我有些不安。走在前面的几个连队像往常一样呈纵队走在830高地下方光秃秃的洼地里，四周都是杂乱的鹅卵石。此时克拉贡萨山最高处的悬崖上已经洒满明媚的阳光。我用望远镜观察这些悬崖峭壁，神经立刻紧张起来！就在我们左上方几百码的地方有几个敌军阵地。这些阵地里有敌军守卫，我甚至可以看到他们的头盔。如果敌人在这个时候开火，我们所在的位置几乎无处躲藏，巨大的伤亡将不可避免。此时此刻，为官兵们的生命负责的重任沉重地压在我身上，我必须要想办法让他们脱离危险。（见图59）

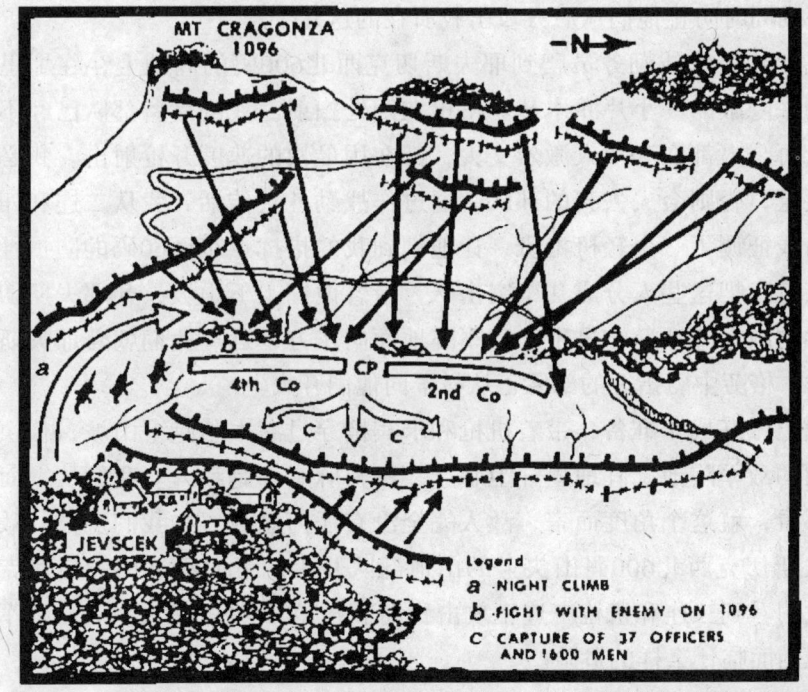

图59　1917年10月26日，耶夫斯切克上方克拉贡萨山坡上的战斗　东面视角

我从机枪二连征调了尽可能多的兵力，把他们部署在右侧，叮嘱他们：一旦左上方山坡上的敌人开火，他们就为部队提供掩护并压制敌人。我和传令兵一起跑到前面，让前面的部队转向右边，走向耶夫斯切克西北600码处散布着小灌木丛的高地。此举来得正是时候，因为这时的天色已经大亮。

当我们的最后一批人离开洼地的时候，克拉贡萨山上的敌人向我们密集开火。这时我们还在山坡上面对敌人，对方是从高处往下打，我们没有藏身之处，只有躲进低矮的荆棘丛避开敌人的视线。机枪二连迅速提供火力支援，前面的几个排借机散开，占据了耶夫斯切克西北600码的高地，并从那里投入战斗。

但数量占优势的敌人从西北面、西面和西南面呈半圆形从高地上向我们射击，我们无法与对方抗衡。为了躲避敌人的子弹，二连和四连的士兵作短距离横向跑动。但我们的伤亡人数还是直线上升，二连出色的连长路德维希也受了重伤。

与此同时，战斗在我们后方的耶夫斯切克也爆发了。按照命令，三连和机枪三连在格劳中尉的指挥下用火力攻击耶夫斯切克西北方向的敌人，在压制对手的同时防止他们从后方攻击我所在的这几个连。

我和几名作战勤务员爬到耶夫斯切克西北600码的高地上，在那里发现可以用来隐蔽的一小片灌木丛。机枪在四处扫射。我的后备部队已经不足一个班，每个人都在和敌人激烈交火，都在用最快的速度开枪射击。我必须立刻做决定，否则会失去我的部队。通过作战勤务兵传话，我从二连和四连的战斗前线征调了三个轻机枪班，让他们到我的指挥点东面60码的防护性山坡上。接着我把这些人分成几个突击队，带着他们走下山坡，朝耶夫斯切克西北不远的敌军阵地后方进发。敌军阵地面向东方，远离我们朝着耶夫斯切克的方向，格劳中尉指挥的部队正从村子向他们开火。

我们做好战斗准备，带着机枪和卡宾枪穿过灌木丛跑下山坡，很快就看到下面的敌军阵地。阵地里守卫森严，密密麻麻都是敌人。我们从上面往战壕底部看，就这个角度而言，敌人完全没有任何遮蔽。在我们上方，敌军正向耶夫斯切克西北600码山头上的山地部队开火。下面靠近耶夫斯切克的地方，我们看到三连和机枪三连正攻击我们下方300码处的意大利人。敌军还不知道他们面临什么样的危险。

突击队做好射击准备之后，我们向下喊话让敌人的守军投降。惊恐万分的意大利人转过头看着身后上方的我们，手里的枪支纷纷落在地上。他们知道自己完蛋了，所以做出投降的举动。我身旁的几个突击队没有浪费一枪一弹就取得胜利，不仅我们和耶夫斯切克之间大约三个连的兵力举手投降，就连北边一直到马塔尤尔路的战壕里的敌军也纷纷举起双手。他们被后方的激烈战斗声彻底迷惑了，我们几个小规模的突击队的突然出现也让他们目瞪口呆。克拉贡萨山的意大利守军与隆美尔部大部分兵力之间的交火可能让敌人以为，德军正从克拉贡萨方向朝他们发动进攻，并且已经占领了高处的阵地。

在耶夫斯切克以北700码的洼地里，一个由37名军官和1600名士兵组成的意大利团缴械投降。他们投降的时候还是全副武装，我甚至找不到足够的人力去给他们缴械。这个时候，在我们上方300英尺左右的地方，激烈的战斗仍然没有减弱的迹象。

克拉贡萨山上的意大利守军对耶夫斯切克周边的情况一无所知，他们仍然在攻击我的前线。不过我们的后方已经安全了。

从耶夫斯切克附近脱身的几个连走到上面，向克拉贡萨山发起正面进攻。这是一场艰苦的战斗。敌军负隅顽抗，坚守他们在高处的坚固阵地，我们的火力收效甚微。山地部队冒着枪林弹雨横穿光秃、陡峭的山坡，与敌军展开近距离搏斗。（见图60）

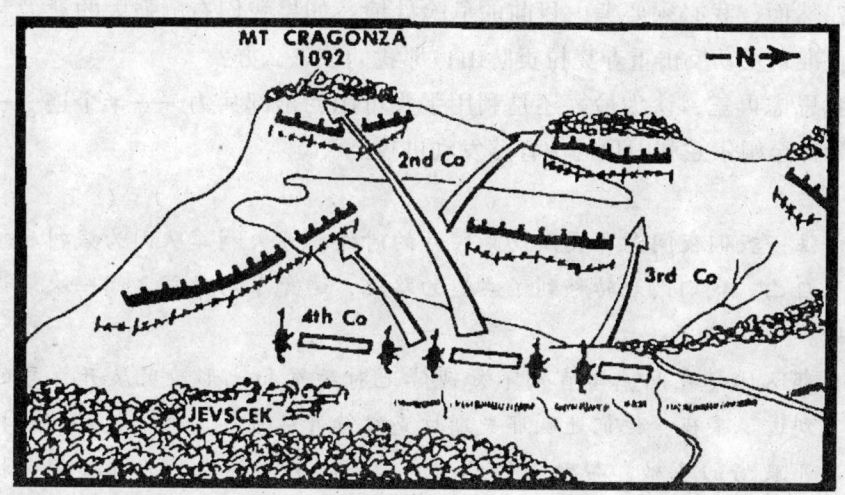

图60　1917年10月26日，进攻克拉贡萨山（1096高地）　东面视角

因为没有更多的兵力可以使用，我就和二连（中路）一起前进。路德

维希中尉受重伤之后，二连就由阿尔丁格中尉指挥。我们在马塔尤尔路下端的回环道上发现14门无人看守的意大利野战炮和25辆弹药车。这些就是我们昨天在阿维萨和佩拉蒂看到的火炮队吗？无论如何，我们不能在这里浪费时间。北边的机枪向我们的侧面打过来，我们赶紧向前跑。我们刚跑没多远，阿尔丁格中尉就被三颗子弹打成重伤，二连失去了他们新的指挥官。我自己也一度成为意大利机枪手的目标，而且周围还没有任何掩体。我往山坡上面跑，绕过大约70码外的一段弯道，总算逃过对方打过来的一梭子弹。

战友的伤亡激怒了山地部队的官兵。他们攻占一个接一个的战壕，拿下一挺又一挺机枪。到7点15分左右，我们最艰苦的一部分任务已经完成。英勇作战的二连拿下了克拉贡萨山顶，现在他们的指挥官是技术军士希格尔。由此，姆尔兹利山顶东北坡和东坡上敌军的命运已定，他们的溃败只是时间问题。

对于附近友军的战斗情况，我们只能靠推测去判断。从黎明时分开始，我们右面的区域就传来越来越大的响声。我猜想，第十二师和阿尔卑斯军团的部队可能正从东北面和东面进攻姆尔兹利山顶，或许他们还从阿维萨沿着马塔尤尔路爬到克拉贡萨山。

我该等他们过来吗？我现在是否应该在克拉贡萨山的东坡上停下来重组杂乱无章的部队？我的人通过艰苦的战斗拿下了山顶，他们不是应该休息一下吗？然而，我必须要考虑目前的危险处境。如果我们右侧强大的意大利后备军正准备发动反击重夺克拉贡萨山，那我们该怎么办？

我思虑再三，认为最好还是利用手头可用的全部兵力——半个连——继续向延伸至姆尔兹利山顶的山脊路发动进攻。

评注：我们夜间向耶夫斯切克爬升的时候，意大利军队因为喊叫和喧闹暴露了自己。我们因此转移到了右边的路上，避免了与敌军之间一次无谓的遭遇战。

在部队休息期间，军官们不知疲倦地对敌军和地形情况展开详尽的侦察。直到过了半夜，他们还从耶夫斯切克继续开展侦察。他们提供的情报为我们打下良好的基础，帮助我们成功渗透到耶夫斯切克西北并攻下克拉贡萨山。

10月25至26日夜间，我对附近友军的情况不太了解。我不知道他们在哪里，在做什么以及他们打算怎么做。我们和他们的侦察兵之间也没有联系。

但我心里清楚，为了在10月26日再次发动进攻，我就必须接受这种现状。（见图61）

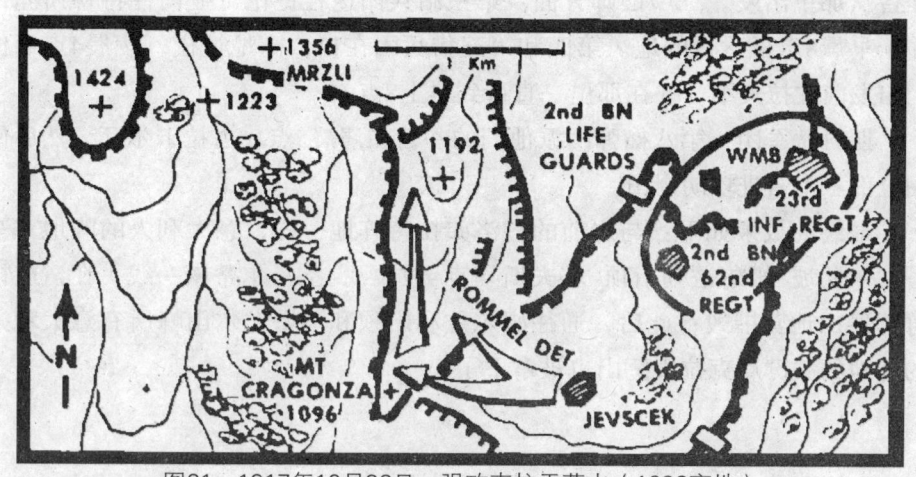

图61　1917年10月26日，强攻克拉贡萨山（1096高地）

黎明时分的山地部队处境十分艰难。敌人发动攻击的时候，他们和敌军阵地之间找不到掩体。但即便面临这种困境，我们最终还是转危为安。几个班的勇士扭转了不利局面。意大利人在克拉贡萨山上的阵地位置高、条件好，但在向他们发动正面进攻的过程中，符腾堡山地部队充分展现了他们的进攻威力。就拿二连来说，他们的指挥官连续受伤缺阵，但整个连继续英勇作战。

1917年10月26日7点15分，我军占领克拉贡萨山时的战斗序列如下：

克劳斯军团：10月25至26日夜间，第一帝国步兵团二营在凌晨3点30分拿下斯托尔山（1668米），并于清晨6点抵达贝尔戈尼亚。这个团的一营和三营以及四十三旅跟在他们后面，于早晨8点到达贝尔戈尼亚。

施泰恩军团：跟前一天一样，十二师的六十三步兵团在边境地区的纳蒂索内山谷；六十二步兵团二营和二十三步兵团靠近骑兵团二营在阿维萨的前哨阵地，他们做好了机动准备。

阿尔卑斯军团：符腾堡山地营突入敌军阵地：姆尔兹利山顶-耶夫斯切克-波拉瓦一线，山地部队在西北方向1100码处撕开对手防线，于7点15分拿下克拉贡萨山。符腾堡山地营的其他部队从卢伊科途径阿维萨走向克拉贡萨山。骑兵团二营和三营做好行军准备，后来与符腾堡山地营一连和三连一起向克拉贡萨山进发。骑兵团一营在波拉瓦充当前哨。第二猎兵团（十连除外）从拉夫纳前往卢伊科。第一猎兵团和第十猎兵连在1114高地过夜，他们准备从那里出发。二〇〇师方面：第三猎兵团途径德伦奇亚前往特鲁斯涅，并于早晨8点抵达目的地。第四和第五猎兵团在1114高地过夜，凌晨4点半他们出发前往拉夫纳，并在那里一直待到早上8点。

斯科蒂军团：第八榴弹团派他们的一营在清晨5点攻占拉卡尔瓦，然后使用全部三个营进攻胡姆山。

最终的战果如下：与之前的科洛弗拉特阵地一样，意大利人的阵地（马塔尤尔北坡–姆尔兹利山顶–耶夫斯切克–波拉瓦–圣马尔蒂诺一线）在清晨被符腾堡山地营摧毁；此后，通往姆尔兹利山顶和马塔尤尔山峰所有意大利人的阵地的关键点克拉贡萨山也被拿下了。

占领1192高地和姆尔兹利山顶，
进攻马塔尤尔山

虽然部队在攻占克拉贡萨山之后疲累交加，我在山顶上还是不能给他们一个应得的休息机会。能力出众的技术军士胡格尔一如既往地满怀热情担负起新的任务，带动他数量有限的部队全力以赴。他没有等待支援就沿着1192高地和姆尔兹利的山脊向上进攻，以便攻占尽可能多的区域。

我让传令兵传令整个部队迅速跟着爬上克拉贡萨山，然后从马塔尤尔路向姆尔兹利山顶进发。我加入到二连的队伍里前进，往前走了100码我们就看到前面山脊上有树林覆盖的小山包上有敌人守在战壕里。在我们右边的东坡，战斗声急剧增大，看上去像是隆美尔部的后卫部队在从耶夫斯切克前往克拉贡萨山的路上遭到攻击，不过也可能是从卢伊科沿着马塔尤尔路前往克拉贡萨山的阿尔卑斯军团的部队遭受攻击。

技术军士胡格尔是压制敌人的老手，面对数量和武器都占优势的敌军，他组织突击队从侧面和后方同时发动进攻。这些行动在几分钟内就组织完成，被击退的敌军朝东北方向下山撤往卢伊科。

我们一遇到敌人就发动攻击，没过多久就和后面的部队失去了联系。我收到报告说，由于克拉贡萨山东北方向阵地里的意大利人用机枪扫射，我们的大部队被耽搁在路上，距离我们将近一英里远。我该让二连停在原地吗？不，我们要继续向姆尔兹利山顶进攻，直到我们遭遇强大的敌军。

早晨8点半，兵力缩减到一个排的二连（有两挺轻机枪）攻占了阿维萨以西1.5英里的1192高地。由于受到敌军拦阻，我们无法继续推进。姆尔兹利山顶（1356）东北半英里的敌人实力强大，他们用重机枪不停扫射我们刚刚攻占的山顶。右边山坡上和右后方朝耶夫斯切克方向也在进行激烈的战斗。阿尔卑斯军团正在展开攻势。

要想进攻姆尔兹利东南坡上的敌人，我们最少需要两个步枪连和一个机枪连。为了迅速集结所需兵力，我从马塔尤尔路跑到部队后方。胡格尔的任务是留在原地坚守1192高地。我四处察看都没有找到隆美尔部后续部队的联络官。在1192高地以南700码处绕过一个弯道之后，我突然看到一支意大利部队从阿维萨方向走过来，正在穿越马塔尤尔路。这些贝尔萨列里士兵抓起步枪就朝我射击，我赶紧跳进路下沿的灌木丛才逃过一劫。几个敌人跟着我穿过灌木丛下山，但在他们跑向山谷的时候，我已经向1192高地攀爬。到达高地之后，我派遣一个强大的侦察队去联络隆美尔部的其他部队，并传令给几位连长尽快带领部队向1192高地靠拢。[1]

一直等到上午10点，我才集结好相当于两个步枪连和一个机枪连的兵力。这些士兵来自隆美尔部的各个连，他们所在的连队本来要前往1192高地，但一路上多次与敌军交火耽误了很多时间。他们遇到的敌人正要穿越克拉贡萨山—1192高地一线向西南方向撤退。

我感觉我们有足够的实力与姆尔兹利的意大利守军较量一番。我们用光信号请求炮兵轰炸姆尔兹利山顶东南破的敌军阵地，没过多久德军的炮弹就接连落在那个地方。1192高地上的机枪连开火压制敌军阵地里的守卫部队，我带领的两个步枪连与山脊路下方不远的敌人展开近距离交战。把敌军的西翼成功击退之后，我们向敌军阵地的侧面和后方发动进攻，敌人看到我们从这个方向进攻就向姆尔兹利东坡撤退了。我们抓到几十名俘虏。我不想追击撤向姆尔兹利东坡和北坡的敌人，所以就此结束战斗，继续沿着山脊路向姆尔兹利南面的山坡推进，还把机枪连带上来。（见图62）

我们在进攻期间看到，姆尔兹利山最高的两个凸出部分之间的鞍状山脊之间有一片露营地，里面有几百名意大利士兵。他们若无其事地站着，看上去有些迟疑和怠惰，貌似惊恐地看着我们。他们没想到德军会从南面过来——也就是从他们的后方过来。我们离这批敌军仅有一英里远。姆尔兹利的南坡有很多树林，马塔尤尔路就在这些树林中间盘旋而上，然后从敌军的宿营地下方往西通往马塔尤尔。

---

[1] 与此同时，在佩拉蒂–阿维萨–卢伊科地区的阿尔卑斯军团和十二师的部队已经开始沿着马塔尤尔路向克拉贡萨山进发。走在队伍前面的六十二步兵团二营在阿维萨以南一英里遭遇强敌，于是向对方发动进攻。后续部队（参谋人员、高斯勒指挥的符腾堡山地营部队、二十三步兵团以及骑兵团二营和三营）得以继续沿着马塔尤尔路向克拉贡萨山进发。骑兵团一营还被意大利人拦阻在波拉瓦附近，那个地方的阵地属于意大利人在耶夫斯切克–波拉瓦–圣马尔蒂诺一线的阵线。

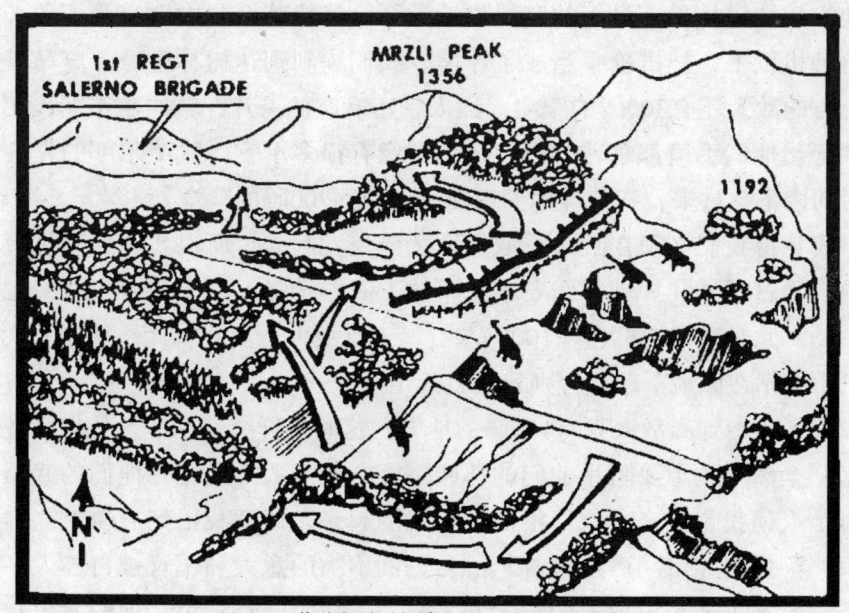

图62　进攻姆尔兹利山顶　东南面视角

　　姆尔兹利鞍状山脊里的敌军人数越来越多，最后达到两三个营的兵力。看他们没有出来战斗的意思，我就在路边挥动手绢走来走去，我的部队呈纵深梯队做好准备。经过三天的进攻，我们知道该如何对付新的敌人。我们走到离他们1100码以内的地方，但对方仍然无动于衷。敌人没有战斗意图吗？要知道，他们的处境并非没有希望啊！实际上，要是他们投入全部兵力就能击垮我这支实力不强的部队，进而夺回克拉贡萨山。或者他们可以安排几挺机枪提供火力掩护，然后几乎悄无声息地退守到马塔尤尔山丘上。但所有这些情况都没有出现。聚集在一起的敌军仿佛被惊呆了，站在原地一动不动。我们挥动手绢也没有得到任何回应。

　　我们进一步向前，走进离敌人700码的茂盛、高大树林里。这时候敌人就看不到我们了，因为他们的位置在山坡上方大约300英尺左右。山路在这个地方向东急转。上面的敌人会怎么做？他们最终决定投入战斗了吗？如果他们冲锋下来，双方就会在树林里展开一场肉搏战。敌人体力充沛，数量占据绝对优势，而且是从上往下冲锋。在这种情况下，我认为我们必须要赶到敌军营地下方的树林边。但背上扛着重机枪的山地部队已经疲惫不堪，他们无法穿过茂密的灌木爬上陡峭的山坡。

　　我让部队继续沿着山路往前走，我和施特莱希尔中尉、伦茨医生和几名山地士兵从树林里走最短的路线靠近敌军。施特莱希尔中尉突袭了敌人一挺机枪的机枪手，把机枪手当成了俘虏。我们顺利到达树林边缘，离马塔尤尔路上方的敌人还有300码的距离。敌人密密麻麻的一片，喊叫声不断，相互做着手势。他们手里都拿着武器，前面好像有很多军官。隆美尔部的先头部队短时间内不会过来，我估计他们现在还在东面700码的险弯处。

我觉得我们必须在敌人采取行动之前先发制人，所以我离开树林边稳步向前，通过呼喊和挥动手绢要求敌军放下武器投降。敌人盯着我看，还是一动不动。此时我离树林边缘100码左右，一旦敌人开火我就无法回撤。我感觉自己不能站在原地不动，否则我们就死定了。

我干脆走到离敌人只有150码的地方！这时人群突然动了，他们慌乱地跑下来，全然不顾想要阻止他们的那些军官。大多数士兵抛开他们的武器，有几百个人朝我跑过来。他们很快就把我围起来，还把我抬到肩膀上。"德国万岁！"他们异口同声地喊着。一名迟疑不决的意大利军官被自己人一枪撂倒了。对姆尔兹利山顶上的意大利人来说，战争已经结束。他们发出欢快的叫喊声。

这时，山地部队的排头兵从树林里的路上走了出来。尽管烈日当空，肩上还扛着沉重的武器装备，他们仍然像往常一样迈着轻快有力的步伐。通过一个会说德语的意大利人，我命令俘虏们在马塔尤尔路下方面向东边站好队。他们一共有1500人，隶属萨勒诺旅一团。我没有让我的部队停下脚步，只是从其中喊了一名军官和三名士兵出来。我让两名士兵把意大利的这个团从克拉贡萨山转移到卢伊科，把解除武装、脱离士兵的43名意大利军官交给高宾格中士。在看到隆美尔部的兵力这么弱之后，意大利军官显得很不服气，他们试图重新掌控自己的部队，但为时已晚。高宾格认真负责地完成了自己的任务。

被解除武装的意大利团向山谷走去，隆美尔部则从意大利人的宿营地下方离开。一些被俘的意大利人告诉我，萨勒诺旅二团就在马塔尤尔的山坡上。这是一个非常出名的意大利团，卡多尔纳在他的当日命令里多次称赞了这支部队，因为他们在抗敌方面成绩斐然。意大利人告诉我，这个团肯定会朝我们开火，我们必须小心为好。

他们的说法是对的。隆美尔部的先头部队刚刚走到姆尔兹利的西坡，1467和1424高地上的机枪就猛烈开火。对方把枪口对准山路，我们不得不迅速离开路面。好在山路下面茂密的灌木丛给我们提供掩护，我的人很快就稳住了。我们继续行军，但不是从马塔尤尔路下方走向1407高地，而是向西南急转。我想快速通过1223高地，然后赶到1424高地南边不远的马塔尤尔路那个险弯。只要我们到了那里，萨勒诺旅二团就难以逃脱，他们的处境将和半小时前的一团一样，唯一的区别是，我们会用火力阻止敌人从马塔尤尔路光秃的山坡向南面撤退，而在姆尔兹利山顶，意大利人是可以从森林覆盖的区域撤离的。（见图63）

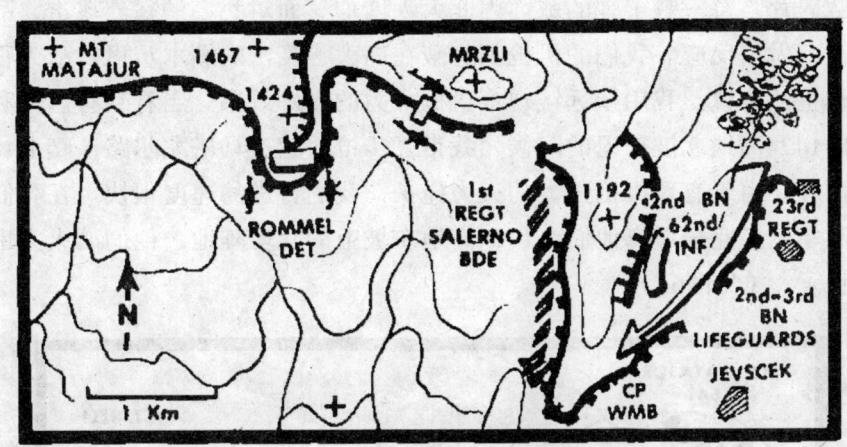

图63　进攻马塔尤尔山之前的形势

为了诱骗敌人，我命令几挺机枪从姆尔兹利西面的山坡上开火。我带着剩余的部队走到1424高地以南700码的弯道处，一路上都没有受到敌人攻击，因为我们是在浓密的灌木丛里行走，对方看不到我们的行动。1424高地的守军还在攻击隆美尔部后方的部队和在姆尔兹利山上的机枪，我准备向他们发动突袭。在姆尔兹利取得的胜利让我们忘记了之前的劳顿，忘记了疼痛的双脚和被沉重的装备擦痛的肩膀。

正当我抓紧时间为进攻做准备、命令机枪排就位并组织突击队的时候，后方传来命令说："符腾堡山地营撤退。"[1]

营部下达撤退命令之后，隆美尔部几乎所有的部队都开始转头返回克拉贡萨山，我身边只剩下100名步枪兵和6名重机枪手。我该不该脱离战斗返回克拉贡萨山？

不！营部的命令是在对马塔尤尔南面山坡的形势不知情的前提下发出

---

[1]　施普罗瑟少校来到克拉贡萨山，看到隆美尔部抓获了大量俘虏（超过3200人），以为马塔尤尔山上的敌军已经溃败。

的，但我们在这边还有事要做。说老实话，我并不指望下一步会有援军来帮助我们，但这里的地形十分有利于我们进攻，而且在我看来，每一名符腾堡山地战士都可以对付20个意大利人。虽然人数少得可怜，我们还是冒险进攻了。

1424和1467高地上的守军面朝东边，散布在巨大的岩石丛中。我们的机枪从南面发动攻击的时候，他们就躲到岩石背后。但子弹打在石头上就会飞出无数碎片，每一颗子弹的威力因此大大增加。面对我们的猛烈攻击，敌军几乎没有做出反应。我们的机枪都隐蔽在高大、茂密的灌木丛里，敌人很难看准机枪的位置。我用望远镜观察机枪火力的良好效果。当看到有意大利人开始向1424高地北坡撤退的时候，我带领步枪兵越过马塔尤尔路，爬上1424高地西坡。由于有重机枪强大的火力掩护，我们行进的速度很快。在我们右边，敌军已经完全撤离他们在1424高地东坡上的几块阵地，他们的火力也渐渐平息了。（见图64）

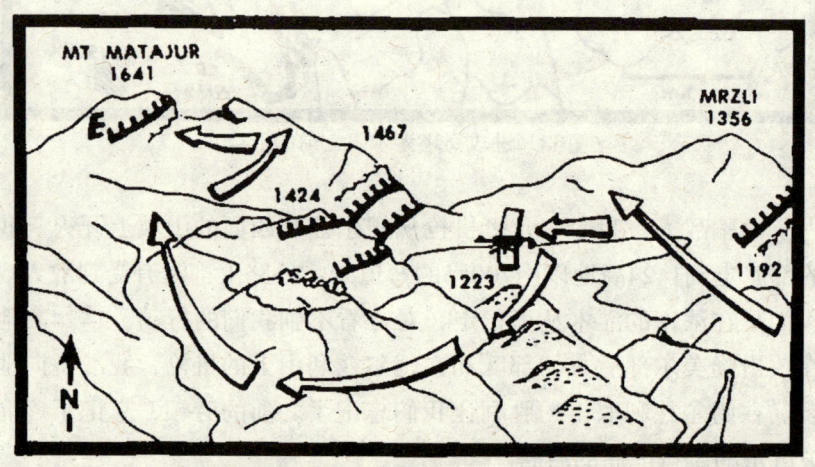

图64 进攻马塔尤尔山 南面视角

我们继续发动进攻，重机枪渐次往上转移。敌军一个营想从斯克里洛逃往西南方向，但我们排头的一挺机枪从60码外连续开火，把这个营拦在了原地。几分钟后，我们挥动手绢往1467高地以南600码的石头山走过去。这时敌军已经停止开火，我们后方的两挺机枪为我们提供掩护。周围异常寂静，偶尔会有意大利人从岩石丛中滚落下来。山路在岩石之间蜿蜒盘旋，我们只能看清前面几码远的地形。当我们绕过一个急弯之后，左侧的视野一下子开阔起来。在我们前方——仅仅300码外——就是萨勒诺旅二团，他们正聚集在一起放下武器。百感交集的团长坐在路边，旁边围着他的军官。这个团曾经让他自豪，但此时战士们居然违抗他的命令缴械投降，这让他流下愤怒和羞愧的眼泪。在对方看到我们的人数之前，我赶快把35名军官和目前为止集合起来的1200名士兵分开，让后者快速走向卢伊科。被抓的上校看到我们只是一支为数不多的德国部队时，愤怒之情溢于言表。

我们未作停留，继续向马塔尤尔山峰进攻。山顶离我们还有一英里远，而且比我们所在的位置高700英尺。透过望远镜，我们可以看到敌军在石头山顶的守卫部队。很显然，这些人不想效仿他们在马塔尤尔南坡上的战友投降离开。我们打算从南面采取最短的路线发动进攻，洛伊策中尉就用他新缴获的机枪为我们提供火力支援。但这个方向敌人的防御火力非常猛烈，我们的进攻路线很不利，所以我决定转向东面敌人看不到的拱形山坡，然后从1467高地进攻山顶的敌军阵地。在我们转移的过程中，几小队意大利人继续向萨勒诺旅二团缴械投降的地点走过去，他们有的拿着武器，有的空着手。

在山顶东面600码的马塔尤尔东侧的尖山脊上，我们突袭了一整个意大利连。当时他们面向北边，正和来自德利亚科隆纳的十二师的侦察队交火，丝毫没有察觉身后的情况。我们突然出现在山坡上，手握武器站在他们身后，对方未作任何抵抗就乖乖投降了。

在洛伊策中尉指挥几挺机枪从东南方向攻击山顶驻军的同时，我带着其他人向西面沿着山脊朝山顶进发。在山顶东面1/4英里的石头山上，其他几挺重机枪为部署在南坡上的突击队提供火力支援。但没等我们开火，山顶的守军就发出了投降的信号。在马塔尤尔山顶（1641）破损的警卫室里，120个人耐心地等着充当我们的俘虏。我们在山顶遇到了二十三步兵团的一个侦察队，侦察队有一名中士和6名士兵，他们是从北面爬上山顶的。

1917年10月26日上午11点40分，三枚绿色和一枚白色闪光弹宣告马塔尤尔山被攻陷。我命令部队在山顶休息一个小时，这是他们应得的奖赏。[1]

---

[1] 隆美尔指挥部队攻占马塔尤尔山的战功没有立刻得到认可。先前报告说距离山顶只有100码（见原文234页）的施尼贝尔中尉后来报告说他带领部队攻占了山顶，他显然把德利亚科隆纳山误认为是马塔尤尔山。德利亚科隆纳是同一片山峦里一座比马塔尤尔矮的山头，位于马塔尤尔西北约一英里处。这个失误给隆美尔造成了不幸的后果。陆军统帅冯·贝劳将军曾经许诺给攻占马塔尤尔的军官颁发"蓝马克思"勋章，所以施尼贝尔得到了这枚令人向往的勋章。隆美尔对此当然感到不快，但他没有因此在战场上放松对自己的要求。后来他的战绩得到认可，也得到了"蓝马克思"勋章。（原出版者注）。

环顾四周，我们看到巍峨雄壮的山脉在太阳下散发着光辉。我们的视野很开阔：在西北方向，弗利奇军团正进攻6英里外的斯托尔；在西边，我们看到下方很远的米亚山（1228）；纳蒂索内山谷虽然离我们只有两英里的距离，高度在我们下方4700英尺，但我们看不到山谷里面的情况；西南方向是乌迪内肥沃的土地，那里是卡多尔纳的老巢；在南边，亚德里亚海闪闪发光；东南方向和东边是我们耳熟能详的山峦：克拉贡萨、圣马尔蒂诺山、胡姆山、库克、1114高地。

但坐在我们身边的俘虏、四周微弱的炮声和头顶的空战（一架意大利飞机一头扎下去坠毁了）都在提醒我们，我们仍然身处战争之中。我们附近的友军不见踪影。按照施普罗瑟少校的要求，我每天都要撰写作战报告，所以我给施特莱希尔口述让他抄写下来。

评注：我们从托尔曼附近发动攻势52小时之后就拿下了马塔尤尔山。在此期间，我的山地部队几乎不间断地在作战，充当阿尔卑斯军团的进攻箭头。在这个过程中，他们扛着重机枪攀登了8000英尺的高度，接着又往下走了3000英尺，还穿越敌军的山区要塞行走了12英里的直线距离。

在28小时之内，5个神清气爽的意大利团先后被力量薄弱的隆美尔部击败。我们的俘虏和战利品包括：150名军官、9000名士兵和81门炮。这些数字还不包括那些自愿放下武器跟其他俘虏一起前往托尔曼的敌军部队，比如在库克山被切断联系的敌军、卢伊科周围的敌军、姆尔兹利山顶东面和北面山坡阵地上的敌军以及马塔尤尔北面山坡上的敌军。

最让人难以理解的是萨勒诺旅一团在姆尔兹利山上的举动。要知道，茫然和呆滞往往会导致灾难。部队里的小团体破坏了领导者的权威。即便就是一名军官拿起一挺机枪也会扭转局势，或者至少可以让他们这个团光荣地接受失败。倘若这个团的军官带领他们的1500名战士对抗隆美尔的部队，马塔尤尔山肯定不会在10月26日沦陷。

1917年10月24日至26日的战斗中，意大利的几个团在侧翼和后方受到攻击的时候都以为自己的处境已经绝望，于是早早放弃了战斗。意大利指挥官们缺乏决心，他们不适应我们灵活的进攻战术。另外，他们也没有很好地控制自己的人。还有一点就是，与德国之间的战争在意大利不得民心。战争之前很多意大利士兵在德国谋生，德国就是他们的第二个家。姆尔兹利山上"德国万岁"的呼声充分体现了纯真的士兵对德国的态度。

几个星期之后，山地部队在格拉帕地区遭遇的意大利军队英勇善战，充满男子汉气概，所以我们就没能像在托尔曼那样连战连捷。

德国阿尔卑斯军团（冯·普切斯将军）在1917年11月3日的当日命令中对符腾堡山地部队在一战前期的功绩给予了很好的评价："拿下科洛弗拉特山脊之后，敌军的整个防御架构就崩溃了，果敢的施普罗瑟少校及其勇敢的军官们带领的符腾堡山地营在其中做出了积极的贡献。隆美尔部攻占了库克山，占领了卢伊科，渗透了马塔尤尔的阵地，这为无可阻挡的大规模追击铺平了道路。"

让人高兴的是，隆美尔部在三天进攻当中的伤亡很少：6人阵亡，包括1名军官；30人负伤，包括1名军官。

1917年10月26日中午弗利奇–托尔曼地区的战斗序列如下：（见图65）

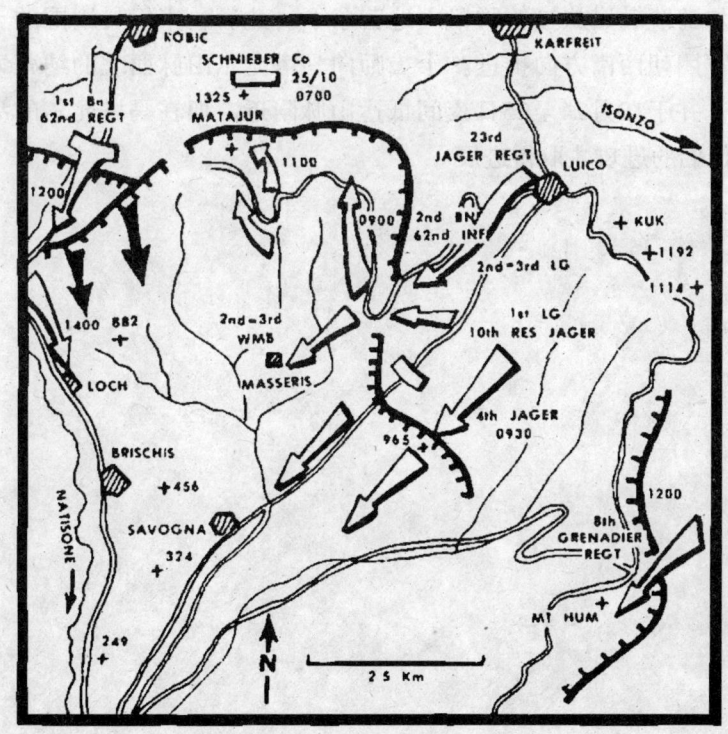

图65　1917年10月26日中午的形势

克劳斯军团：前沿部队在贝尔戈尼亚休整。敌军在塔纳梅亚通道的进攻被他们击退。

施泰恩军团：在十二师方面，六十二和六十三步兵团正在纳蒂索内山谷发动进攻，他们从边境途经斯图皮策一路攻到洛赫，于下午两点抵达洛赫。在北面，我方没有军队准备进攻意大利人在马塔尤尔–姆尔兹利一线的阵地。二十三步兵团越过克拉贡萨山前往马塔尤尔，并于午间到达目的地。阿尔卑斯军团方面，符腾堡山地营的隆美尔部攻下了姆尔兹利和马塔尤尔。施普罗瑟少校带领符腾堡山地营的主力部队走下克拉贡萨山，前往马瑟里斯，骑兵团二营和三营跟着他。敌军从波拉瓦附近的阵地撤离后，骑兵团一营和第十预备役猎兵营于上午10点开始向波拉瓦进发。在二〇〇师，第四猎兵团在上午9点30分拿下圣马尔蒂诺山，然后向阿济达进军。

斯科蒂军团：上午第八榴弹团拿下了胡姆山。第一帝国皇家师继续由坎布雷斯科向圣雅各布进攻。

最终的战果是：意大利人在克拉贡萨山的阵地被攻占，他们在姆尔兹利和马塔尤尔的萨勒诺旅被符腾堡山地营拿下。此后，卢伊科周围的十二师和阿尔卑斯军团朝西南方向推进。十二师向马塔尤尔山脉西北的纳蒂索内山谷发动进攻，并于10月24至25日夜间抵达山脉附近。但在马塔尤尔的敌军被抓获之后，他们的进攻才取得进展。

第六章

在塔利亚门托河和皮亚韦河上
的追踪（1917–1918）

马塞利斯–坎佩里奥–托雷河–塔利亚门托河–克劳塔纳通道

我们还在马塔尤尔山上的时候，奥滕里特中尉过来传达营部的命令，让我们前往2600英尺以下的马瑟里斯。下山的路程很艰难，疲惫不堪的将士们又要开始奔波。我们带着萨勒诺旅二团一起走，因为他们似乎不太服气，不愿意接受被俘的命运，我不敢让一小队卫兵带他们走过到处是遗留武器的区域。

我们沿着一条狭窄的路下山，下午就到了景色迷人的马瑟里斯村，途中没有遭遇敌人。我们把几个连迅速分配到附近的几个农场上，各支部队都采取最严谨的警戒措施。我还派人去联络符腾堡山地营的其他部队，他们提前往佩齐尼方向走了。安排妥当之后，官兵们开始休息。

我邀请被抓的军官一起吃简单的晚餐。我们之间没有多说话，他们几乎没有碰我们的粗茶淡饭。先生们还没有从他们自己的命运和让他们骄傲的军团的命运中彻底反应过来。我完全理解他们的感受，所以没在饭桌前停留太久。

天亮之前很久，我的部队就上路前往纳蒂索内山谷。营里的其他部队已经前往西维达勒，把我们远远甩在了后面。纳蒂索内以西的高地上仍然进行着激烈的战斗，但隆美尔部马不停蹄地沿着山谷向西维达勒进发，中途没有停留也没有吃东西。我骑着马走在前面，中午在圣夸尔佐遇到高斯勒的部队和符腾堡山地营的参谋人员，他们正与据守普尔杰西诺的敌军交战。我和施特莱希尔中尉策马穿过战场，意大利人的一阵机枪声加快了我们的步伐。我在圣夸尔佐东边不远的地方见到施普罗瑟少校。我的部队没有投入这里的战斗。

下午两点，普尔杰西诺的战斗宣告结束，此时的西维达勒火光冲天。我们在村子北端附近休息了几个小时之后，于午夜时分进入坎佩里奥，符腾堡山地营的其余部队从这里往法迪斯和隆奇斯的方向展开侦察。

10月28日清晨，我们继续赶路，朝西边进发。天上下起倾盆大雨，把我们都淋成了落汤鸡。鬼灵精怪的士兵们不知道在什么地方"发现"了一些伞，下雨的时候他们撑着伞走路。但很快部队高层就禁止部队撑伞。我们继续冒着大雨往前走，途中没有遭遇敌人。

由于连降大雨，普里穆拉科附近的托雷河从一条小溪变成了600码宽的凶猛洪流。意大利人封锁了河流上方的通道，一旦看到东岸有动静就开枪射击。

我们往下走到普里穆拉科，从意大利人的洗衣房里找了干衣服穿上，然后就去睡觉。几天几夜的劳顿让我们精疲力竭。午夜前一小时，施普罗瑟少校传来命令说："隆美尔部将得到一个山地炮兵连的增援，你们必须在夜间或者至少在天亮以前强制渡河。"全体起立！大家在下半夜抓紧做准备工作。在炮兵向西岸的意大利守军发射炮弹的同时，我们用所有可以挪动的车辆组成一座人行桥。敌军没怎么干扰我们，他们在第一枚炮弹落下之后好像就撤退了。天亮的时候，我们临时搭建的桥离西岸还有100码远，但此时敌人已经撤退了。

格劳中尉第一个跳进湍急的河水游到对岸。因为征用的车辆不足以连到西岸，我们在最后一段河道上空拉起一股粗绳，战士们就握着这股绳子蹚水过河。要是没有绳子可抓，凶猛的山洪就会把人冲走。身上背着大急救包的一名意大利俘虏就因为洪水的力量脱离了绳子，他躺在背包上沿着河面飘走了。这个人显然不会游泳，而且身上的背包还让他往下沉。真是个可怜鬼。我赶紧骑马赶过去，惊恐万分的意大利人赶紧抓住我的马镫。我那匹好样的战马把我们两个人安全带到陆地上。

15分钟之后，整支部队都渡了河。我们经过里佐洛，受到当地人的热烈欢迎。接着我们走到塔瓦尼亚科，然后到了费莱托，在那里与经由萨尔特渡河的营部会合。我们一路向西到了塔利亚门托，晚上到达法加尼亚，途中没有遭遇敌人。当晚我和助手们抽到个好住处，房子的主人离开了，但仆人还在。我们饱餐了一顿就舒服睡下了。

10月30日，我们营途径西斯特尔纳到达迪尼亚诺附近的塔利亚门托河。当地的桥已经损毁，宽阔凶猛的河面西岸驻守了大批敌军，我们几次渡河都告失败。北边有几条路穿过圣丹尼尔通到皮埃特罗的桥边，但都被意大利人和各种车辆封堵了。路上有很多卡车和重炮，中间夹杂着马车、驮运牲畜和难民车。车辆挤满了路的两边，拥挤的车流长达几英里，中间的车辆无法向前也无法向后移动。但路上没有看到意大利士兵，他们躲到安全的地方去了。马匹和托运牲畜连续几天夹在路中间，它们都饿坏了，看到周围的东西就吃，包括毯子、帆布还有皮具！

我们计划在夜间穿过农田去往皮埃特罗的桥上，但这个计划被高层取消了。我们很扫兴，只好到迪尼亚诺过夜。

第二天我们得知，陆军公报说十二师的一支部队攻占了马塔尤尔山，不过这个错误很快就在高层得到纠正。

接下来的几天，我们连续试图渡河都告失败。直到1917年11月2至3日，波斯尼亚第四步兵团的雷德尔营才在河西岸的科尔尼诺附近站稳脚跟。11月3日，符腾堡山地营脱离德国阿尔卑斯军团，变成第二十二帝国皇家步兵师的前卫部队，任务是从梅杜诺-克劳特一线突破卡尔尼奇地区的阿尔卑斯山，尽快抵达隆加罗内附近的皮亚韦河上游，以便阻止多洛米蒂山附近的意大利军移动，防止他们向南撤退。（见图66）

符腾堡山地营是最先从科尔尼诺渡过塔利亚门托河的几支部队之一。渡河之后，我们很多巡逻兵骑着意大利的折叠自行车前往梅杜诺，离开了梅杜诺的前卫部队还在雷多纳抓获20名军官和300名士兵。我们沿着蛮荒的克劳塔纳阿尔卑斯山裂口处的羊肠小道追击实力薄弱的意大利后卫部队，一直追到克劳塔纳通道。我的部队和主力部队一起行军，高斯勒的部队加入了前卫部队。11月6日夜间，我们抵达佩科拉特。

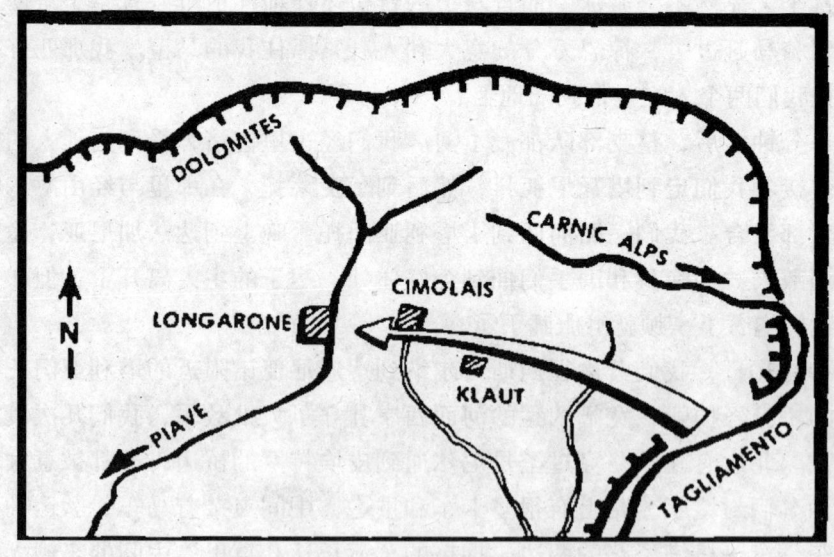

图66　穿越卡尔尼奇地区的阿尔卑斯山

11月7日早晨，符腾堡山地营以往常的队形爬上克劳塔纳通道。行军途中，先头部队遭到通道附近4900英尺高处的敌军袭击。在佩科拉特和通道之间（高度差3000英尺）狭窄、曲折的山路上，先头部队还受到机枪和火炮的干扰。没过多久，意大利人的火力就阻断了路面和两边岩石地面的所有活动。敌军驻守在拉贾利纳山（1634）高高的岩壁上方和罗瑟兰山（2067）东北山脊上挖好的战壕里。这两个阵地间距1.5英里，分列通道两侧，这样一个隘口似乎无法突破。

施普罗瑟少校命令隆美尔部（一连、二连、三连和机枪一连）从南面的罗瑟兰山包围通道上方的敌军。我们在爬上西里西亚的过程中频频遭遇敌军的机枪和火炮打击，为了躲避子弹不断在岩石之间跳跃。最后我们到了通向942高地的一个横向山谷，这里可以躲避敌人的攻击。但我们很快就发现，前面几百码处是罗瑟兰山高大、垂直的岩壁，我们无法继续爬升。事实证明，从南面包抄敌人是不可能的，我们只有从通道正面去攻击敌人。

我们在岩石遍布的山坡上爬了几个小时才接近通道路南边的敌人。一路上我轻装行进还觉得艰苦，但能干的步兵们还要扛着重机枪行走。天快黑的时候，我们这支精疲力竭的部队终于到了通道东南700码被冰雪覆盖的山丘上。我们在那里联络上了高斯勒的部队，他们在通道路以北数百码、高度与我们相同的位置。敌军就在我们前方不远呈半圆形排列的几个高地上，但我们有矮小的松树林挡着，他们看不到我们。我让疲惫的部队就地休息，自己带着施特莱希尔中尉和一些侦察队去考察夜间突袭通道的可能性。天空黑压压的一片，还好矮小的灌木丛中间有积雪，这些雪给了我们出其不意的帮助！我们的脚踩在雪地上发出吮哧吮哧的响声，敌人的守军一听到动静就开枪射击，这无意间让我得以判断敌军的部署情况。

经过观察，我发现离通道100码左右的高处有几个位置适合部署机枪。经过几个小时的努力，我们终于为展开进攻时的火力支援计划做好准备：整个机枪连从300码外提供火力掩护，一连和三连负责进攻。

机枪连的所有机枪在半夜开火，连续压制通道里的敌军两分钟时间，然后把枪口转移到通道两侧。机枪连一开火，一连和三连就往连接到通道的冲沟两侧爬升，并用手榴弹和刺刀攻占通道。（见图67）

图67　夜袭克劳塔纳通道　东面视角

　　不幸的是，我在提供火力支援的几个排这边待的时间太久了。当他们开火的时候，我还在离两个攻击连数百码的岩石山坡上。这两个连原本应该自己主动出击的，只是我想跟他们一起投入战斗。我快速跑上前，看到了令人惊讶的一幕：这两个连居然在他们的出发线背后。是指挥官指挥不当，还是士兵们出了问题？机枪连提供的两分钟火力掩护已过，但突击部队的推进节奏没有跟上机枪连的火力，通道里的敌人现在没有了压力，最终我们的攻势在一场艰苦的手榴弹战斗之后就被击退，部队还遭受了伤亡。由于进攻宣告失败，我把两个连撤到了出发地点。

　　我对这次失败很生气，这是战争开始以来我遭遇的第一次进攻失败，几个小时的辛苦努力都付之东流。晚上再次发动进攻似乎没什么希望，而且疲惫的部队也经不起折腾。将士们付出了艰苦卓绝的努力，他们在重新投入战斗之前需要休息和吃饭。但面对4500英尺高、被冰雪包围的敌军，这两种东西都成了奢侈品。再者，大白天在通道附近转移大批部队恐怕也不可取。基于这些原因，我带领部队脱离了战场。像我们来到这里之前那样，五连在通道附近负责警戒，我带领我的四个连回到了佩科拉特附近的山谷。我把夜袭失败的情况报告给了施普罗瑟少校，他的指挥所设在半山腰一块岩石的裂缝里。

　　我们在天亮之前来到佩科拉特，但那里的茅屋都已经被别的部队住满了，我们只好在户外露营。运送物资的人畜队也来了，炊事班很快就煮好了热咖啡，这让我们大饱口福。两小时后天就亮了。当太阳的第一缕光线照亮狭窄的山谷时，我从营部打来的电话里得到了下面这个消息：

"敌军已经撤离克劳塔纳通道。隆美尔部立即开拔，加入到高斯勒的队伍当中。营部将从克劳特跟上来。"

天亮后不久，五连的侦察兵就发现通道里没有了敌人的踪影。敌人居然如此轻易地让给我们这么好的方位，这让我们喜出望外。隆美尔部很快就出发，几小时后到达通道。这次我们是从山路爬上去的，所以可以观察到机枪一连的火力对此前的敌军阵地造成的影响。显而易见，有一挺机枪的火力覆盖了通道西北100多码的一段路，让敌人遭受了严重的伤亡，路两边无数血迹斑斑的绷带就是明证。

评注：隆美尔部夜袭克劳塔纳通道的行动宣告失败，因为机枪连的火力掩护和攻击连的推进没有协同一致。

追踪到奇莫拉伊斯

山地士兵们在负重的情况下居然可以面不改色地行军，这实在令人惊叹。在没有得到适当休息的情况下，他们已经连续28个小时行军作战。在此期间他们两次攀爬克劳塔纳通道，跨越高差约6000英尺。我们迈着轻快的步子下山。作为前部的高斯勒的部队已经把我们甩出很远，但我们中午时分在克劳特追上了他们，然后跟他们一起继续行军。高斯勒的部队在二号码头附近遭遇敌军，他们发起进攻，但双方没有爆发激烈的战斗，因为敌人向北面撤退了。在高斯勒部（五连和机枪三连）走向二号码头的同时，隆美尔部（一连、二连、三连和机枪一连）作为符腾堡山地营的前部离开圣戈塔尔多前往奇莫拉伊斯。这时候的符腾堡山地营已经得到二十六帝国皇家步枪团的增援。

隆美尔部开始追击从奇莫拉伊斯山谷西侧撤退的敌军。这个山谷两侧都是高达6000英尺左右的岩壁，在接近奇莫拉伊斯的地方大幅变窄。道路两侧都是灌木丛，敌军看不到我们的行动。肖费尔中尉带着几个人骑自行车走在前面，和骑着马的参谋人员在几个连前面充当警戒线。

当我们到达奇莫拉伊斯东边不远的切利纳河近岸时，天色正慢慢变暗。这条河有100多码宽，河水几乎干涸，露出河床上的碎石。敌人好像是往隆加罗内的方向走了，因为奇莫拉伊斯似乎没有敌军驻守。骑自行车的人在前面一字排开，我从河床上走了过去。因为没有人开枪，我和施特莱希尔中尉径直走进入小镇。当地的治安官极其友好地欢迎了我们，说已经为德军部队做好了各方面的准备，甚至硬往我手里塞市镇大厅的钥匙。这些东西可信吗？敌人不会是在准备伏击我们吧？

我让自行车兵从西边的路上往隆加罗内的方向走一段，好为部队负责警戒。隆美尔部随后进入小镇，小心地在小镇南部住下，同时保护好通往隆加罗内的路和通往佛尔纳切火车站的路线。我们的住处不错，食物也充足。在32小时不间断的行军打仗之后，隆美尔的部队需要几个小时的睡眠来恢复战斗状态。谁知道皮亚韦山谷的远处等待我们的是什么？

符腾堡山地营的参谋人员、通信连、席莱恩的部队（四连、六连和机枪二连）和二十六帝国皇家步枪团一营进入奇莫拉伊斯北部，后者负责北面的警戒。入夜之后，肖费尔带领的自行车兵回来报告说，敌军挖掘战壕驻守在洛迪纳山和科尔内托山的山坡上。我们把这份情报转述给了营部。

将近午夜时分，营部的命令送达，大意是：

"11月9日上午，三连进攻奇莫拉伊斯西边的敌军，隆美尔部（一连、二连和机枪一连）从洛迪纳山（天亮之前就上山）包围奇莫拉伊斯以西的敌军阵地；席莱恩部（四连、六连和机枪二连）从科尔内托山（1792）、切尔滕山（1882）和埃尔托包抄；高斯勒部（五连和机枪三连）从995高地、1483高地和埃尔托包抄。"（见图68）

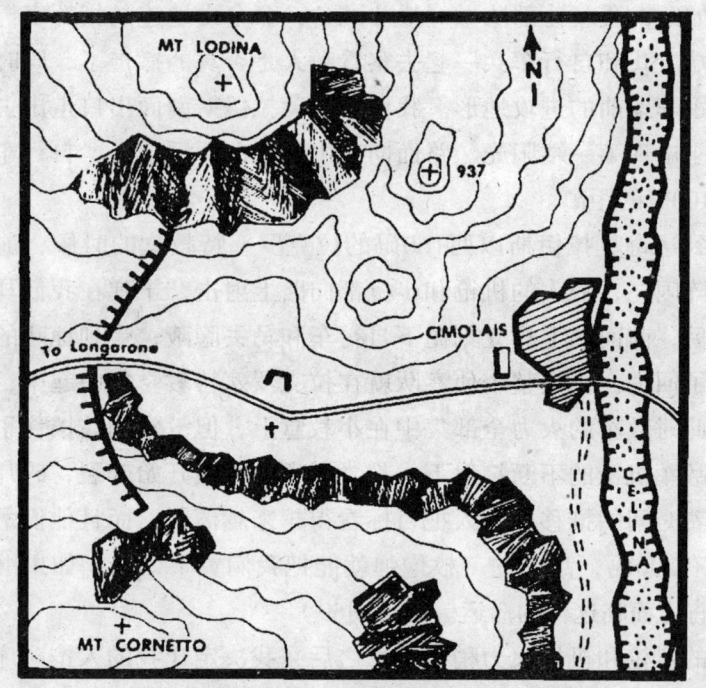

图68　奇莫拉伊斯周边形势

我们将要爬的山有6600英尺高（高差4900英尺），地势崎岖不平、怪石嶙峋。我的人非常疲惫，要在夜间爬这样的山是不可能的。午夜刚过我就去找施普罗瑟少校，请求他改变命令。我提议用我的整支部队从正面进攻奇莫拉伊斯以西的敌军。施普罗瑟少校有些不情愿地修改了命令，最终隆美尔部只有一个连从洛迪纳山包围敌人，其他的连都在我的指挥下参与正面进攻。

进攻奇莫拉伊斯以西的意大利阵地

黎明前三小时，二连在佩耶中尉的带领下由一名当地人指路从洛迪纳山去包围北面的敌军。凌晨5点的时候，肖费尔中尉发现奇莫拉伊斯西边的敌人一片静悄悄。他推测，敌军可能像前一天一样撤离了阵地。

既然如此，我就让部队做好战斗准备，命令山地连的指挥官们开赴奇莫拉伊斯南端。我和自行车兵一起去察看敌人是否真的撤走了，同时观察通道路两侧敌军阵地前的进攻地形。我们从奇莫拉伊斯南面出口走出去的时候，天边才刚刚出现第一缕阳光。路面向着山的方向缓缓上升，自行车兵在我们前面50到100码的距离。

我们到达奇莫拉伊斯以西160码的拉克罗塞特教堂的时候，前面的山坡上突然一阵闪亮，敌人的机枪和步枪都向路上射击，子弹在我们耳旁呼啸。几秒钟之后，前面的卫兵立刻抛下自行车和马去隐蔽，受到惊吓的马往奇莫拉伊斯跑了回去。很快整个侦察队就在拉克罗塞特教堂集中起来，没有一个人受伤。此时敌军的火力全部集中在小教堂上，但教堂的墙挡住了他们的子弹。但在敌军机枪的不断扫射下，教堂屋顶的石板开始碎裂，碎片纷纷砸落下来。随着时间的推移，敌人把目标看得越来越清楚，而且他们最近的阵地离我们只有200码，敌人的一枚炮弹就能把我们置于死地。如果继续留在原地，我们肯定面临这样的命运。（见图69）

敌军的步枪和机枪火力稍稍平息之后，我决定让我的人按顺序一边隐蔽一边返回奇莫拉伊斯。布鲁克纳中士第一个走，我紧随其后。我们每个人只要一露面，敌人就疯狂射击。但我们跑出来的方向各不相同，而且每到一个地点都找掩体保护自己，最终所有人都安全回到奇莫拉伊斯。这次的侦察只有几匹马受伤。假如意大利人让我们再往前走100码，我们就都死定了。

天已经亮了。在我们受到袭击期间，技术军士多伯曼带领的观察队用观测望远镜确定了奇莫拉伊斯以西敌军阵地的范围，这个40倍功率的望远镜是我们在塔利亚门托得到的。在微弱的晨光中，炮火的闪光对侦察提供了帮

图69 我们的侦察队遭遇敌军机枪的突袭 东面视角

助。多伯曼带我走到教堂的塔楼上，给我指出了敌军的情况。敌军大概有一个营的兵力驻扎在奇莫拉伊斯-埃尔托公路两侧坚固的壕沟阵地里，阵地临近奇莫拉伊斯西北半英里左右的洛迪纳山的垂直岩壁。敌军阵线沿着陡峭的卵石坡延伸，直到穿过奇莫拉伊斯以西600码的干道。在路的南面，敌军阵线顺着岩石山脊延伸，山脊的地势在东面急剧下降。敌军先进的防御工事相互连接，一直延伸到路南面160码处。从这个地方开始，敌军大约一个连的散兵线和几挺机枪占据了科尔内托山的东北坡。敌军最左边的步枪兵位于山谷地面上方600码左右的地方，单个的步枪兵面朝奇莫拉伊斯挖掘战壕，但下面的土层有很多石头，战壕很难往深处挖。敌军的阵地主要由大小不一的石块垒成，洛迪纳山坡和道路两侧的阵地有铁丝网保护。科尔内托山坡上的阵地不需要这种保护，因为那里垂直的岩壁或陡峭岩石间的溪流让人几乎无法攀爬。（见图70）

晚上我曾经向施普罗瑟少校许诺说，我会带领部队发动正面进攻拿下这些阵地。我能说到做到吗？我原本以为这项任务会容易得多，但我现在必须要在如此艰难的条件下放手一搏。如果我们想拉开战线跨过路面发动正面进攻，我们只能去攻击洛迪纳山上有铁丝网保护的阵地，因为我们可以从科尔内托山向敌军实施侧翼打击。我们可以在奇莫拉伊斯以北800码的洛迪纳山麓高处部署几挺机枪，因为这里没有敌军驻扎，但即便如此，我们发起进攻时的火力掩护仍然不太充足。向科尔内托山的阵地推进是没有希望的，因为敌人的守军甚至不必从洛迪纳山发起侧面攻击，仅仅从山上滚石头下来就可以阻断我们的攻势。一旦天亮，我们就不可能从洛迪纳山包围敌人，从科尔内托山包抄也没有成功的可能，因为这座山东面的山坡都是垂直的岩壁，恐怕从来没有人从那里爬上去过。

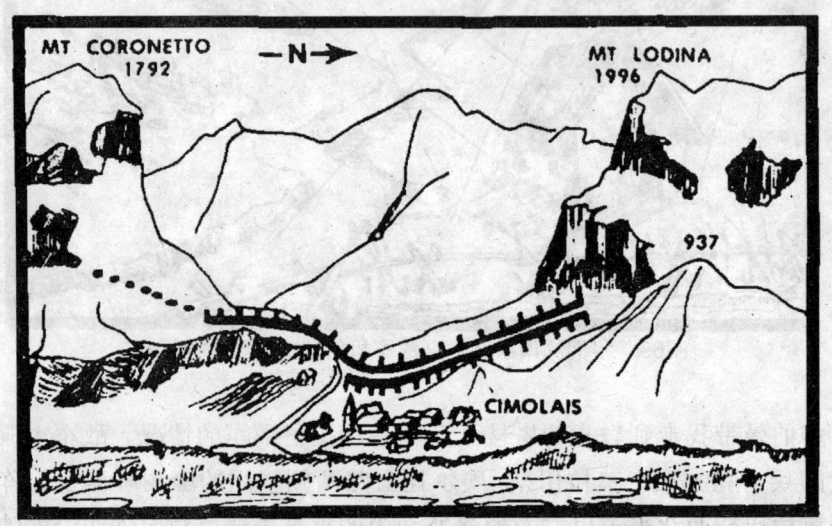

图70　奇莫拉伊斯以西的敌军阵地　东面视角

　　二连在夜间就开始攀爬洛迪纳山，但现在不见踪影。我猜想他们向北走了，在天黑之前他们无法投入进攻。另外，我感觉席莱恩和高斯勒负责包抄的部队在天黑之前也无法发起进攻。

　　唯一可以提供针对奇莫拉伊斯以西敌军阵地的支援性火力的地点是奇莫拉伊斯以北800码的一座小山。这是洛迪纳山的一个山麓，有3000英尺高，山顶有低矮的灌木丛。我用望远镜从教堂塔楼全面观察了进攻地形，然后做出以下决定：在奇莫拉伊斯以北800码的山麓上用几挺机枪提供火力掩护，突击队向科尔内托的守军发起进攻，把敌军压制在原地，然后沿着山谷跨过路面继续进攻。

　　接下来的几个小时，我从敌人观察不到的地方把一连的轻机枪转移到奇莫拉伊斯以北800码山丘上的灌木丛里。这些机枪由特里比西中尉指挥，我向他说明了我的进攻计划和他负责完成的任务。其余部队（一连的其他人、三连和机枪一连）在奇莫拉伊斯西北不远隐蔽的山坡上集合，各自领命准备战斗。目前大家都在做准备，尚未进入作战状态。指挥所设在机枪一连附近；通信班把电话线拉到轻机枪和一连、三连那边。

在我们做这些准备工作期间，二十六帝国皇家步枪团一营的四门山地榴弹炮和几挺机枪从奇莫拉伊斯教堂附近向意大利人的通道阵地开火。他们事先没有和隆美尔部沟通，也没有和我们商定联合行动计划。他们擅自行动与我的计划不相符，所以我亲自去奇莫拉伊斯的指挥所找施普罗瑟少校让他们停火。

上午9点，我命令一连的机枪手开火。根据命令，4挺轻机枪覆盖科尔内托山坡上处在最左边的敌军步枪兵，另外两挺轻机枪压制科尔内托其余的守军。我们从不同位置观察机枪火力的效应。由于距离太远（1500多码），轻机枪没有多少实质性的杀伤力，但其造成的影响是显而易见的。东南翼的意大利步枪兵受到来自高处的火力打击，他们虽然没有被击中，但由于火力密集，他们很快就撤离散兵坑，躲到了左侧较安全的地方。我们的轻机枪尾随他们开火，意大利士兵在新的位置上也无法安身，他们快速转移到通道路南边修筑好的阵地里躲了起来。（见图71）

图71　奇莫拉伊斯西面的攻势　东面视角

刚开始只有几个意大利人转移，但不久就有一整个排的兵力在转移。这就是我想要的结果。我命令机枪一连从奇莫拉伊斯以西不远的山丘投入战斗，之前由于这个位置暴露在敌军视线内，我们无法占据这个位置。科尔内托的守军已经被赶走了。当我们的重机枪加入战斗的时候，700码外科尔内托山上一大批意大利人（至少一个连）惊慌失措地跑到通道路以南160码悬崖上的阵地南端。我们这边武器的效率越来越高。一挺接一挺重机枪加入进来，还有6挺轻机枪从高处实施打击。在我们对面,意大利人纷纷逃进狭窄地壕沟里。壕沟很快就挤满了人,无法针对我们高效的轻机枪提供有力的保护。

三连受命穿过路面发动进攻,他们不必担心科尔内托山坡上的情况,机枪连正压制剩余的意大利阵地。机枪手们完成了他们的任务。三连呈纵深梯队向前推进,一路躲避洛迪纳山坡上意大利守军的火力。与此同时,我们正面和上方的自动武器覆盖路南边的敌军阵地,那里有很多人。他们用火力压制路北边的敌军,以此转移对方的注意力。路南边的敌军阵地渐渐被撤空,敌人向后方转移。德军机枪火力覆盖550码宽的范围,敌军很难从火力网中逃脱。仅仅几分钟时间,大多数逃跑的人就被射倒在地。机枪火力完全在我的控制之中,因为我就跟机枪连在一起,还用电话联系后面山坡上的轻机枪手。

在重机枪和轻机枪的有力支援下,三连冲破铁丝网进入敌军的通道阵地。我们胜利了!

我命令机枪手继续开火,我和其他人沿着三连的路线快速跟进攻占的阵地。此时洛迪纳山坡上的敌军仍然在抵抗。我们向营部报告了进攻得手的消息,同时让骑自行车和马的人带着马匹向前冲。当我到达攻占的阵地时,洛迪纳守军的两名军官和200名士兵也都放下了武器。让我尤其感到高兴的是,我们的损失很小,只有几个人受了轻伤。我没想到我们这么轻松就拿下了敌军阵地。

敌人的一些守军向西边逃跑了,接下来我要做的就是追上他们,然后尽快拿下皮亚韦河谷。

评注:如果我们在11月8日至9日夜间对奇莫拉伊斯以西的敌军阵地作更为详尽的战斗侦察,我们的侦察队就不会遭到敌军攻击。

但另一方面,对方开枪射击让我们得以判断他们的方位。技术军士多伯曼是侦察队的独立观察员,他特别善于利用敌军的火力方位判断对方阵地的位置。

从技术角度讲,我们在奇莫拉伊斯的进攻在找到准确的解决办法之前是一件让人头疼的事。后来轻机枪的射击距离虽然很远但产生了很强的心理效应,最先逃离科尔内托山的意大利士兵在同伴中间造成了恐慌。

在进攻奇莫拉伊斯以西敌军的过程中,不同武器之间的配合很默契。三连发起进攻之前,我们集中火力打击突破点。各部之间的电话线在进攻当中发挥了重要作用,我因此可以牢牢控制部队的行动。

穿越埃尔托和瓦洪特峡谷的追踪

我们没有时间重新组织部队；因为即便让逃跑的敌人得到几分钟时间，他们的指挥官也会得到重新控制自己人的机会。我带领手头所有可用的兵力追击敌人，同时命令后续部队和提供火力支援的部队从路上急行军。

在我们攻占的阵地以西300码的地方，有人从洛迪纳山用机枪攻击我们，拖慢了我们的追击速度。开火的是我们二连的部队，他们所在的位置很高，无法分辨敌友，把我们当成了意大利人。我们身边没有掩体，接下来的几分钟苦不堪言。好在他们很快就意识到了自己的错误，把枪口调转到其他地方。但这期间敌人已经跑远了，我们必须快马加鞭赶上他们，我们不想在离隆加罗内不远的地方耽误更多的时间。10点10分，我和施特莱希尔中尉带着三连的先头部队到达圣马尔蒂诺，自行车兵、骑马的传令兵和参谋人员的马匹也从奇莫拉伊斯赶了过来。

在圣马尔蒂诺西边半英里的埃尔托–埃–卡索村，我们走的路向北拐了一大个弯，路面也变宽了许多。群山渐渐消失在我们的身后，几小队意大利人从我们前面600码的路上跑了下来。我当即命令一挺轻机枪做好射击准备，但只有在我们陷入混战的情况下才能开火。我们骑着马和自行车从路上追击敌人，很快就赶上跑在后面的意大利人。我们没有开枪，只是喊话让对方投降，作势让他们放下武器朝俘虏行进的方向走。我们快速到达并通过埃尔托，街上拴着一些驮运物资的牲畜，但我们一路上都没有开枪，被我们追上的敌人都乖乖举手投降了。

前面的追击队伍就像是在自行车和马之间比赛，后面的队伍则像是运送军用物资的运送队。士兵们扛着轻重机枪气喘吁吁地跑着。隆美尔的部队在路上延伸了数英里远。每个人都意识到，我们的目标就是追上敌人，能否成功取决于我们行军的速度。

离开了埃尔托，山谷开始变窄，路面向下延伸进了瓦洪特峡谷。我们离目的地——皮亚韦河谷——还有2.5英里的路程，而且最难走的一段路——也就是瓦洪特峡谷——还在前面。峡谷有两英里长，非常窄也非常深。刚开始的一段路嵌入北边400到600英尺高的岩壁里，峡谷中间横跨一座130英寸的人行天桥，桥下500英尺就是奔腾的溪水。从这座桥开始，山路转向了峡谷南侧。几条横向的峡谷也有桥相连，山路中间还有几个很长的隧道。只要做一次精确的爆破，通往隆加罗内的山路就会堵上几天时间。事实上，就是在任何一个隧道口部署一挺机枪就能阻断我们一段时间。从地图上看，这些东西都是显而易见的，但我没有时间加以仔细研究。

经过埃尔托之后，下坡路让骑自行车的人大大领先骑马的人。在山路一个拐弯处，他们又抓到一些意大利人，之后他们就消失在我们的视野之外。没过多久，远处传来枪声。我们在前面很远的地方看到一辆意大利人的汽车向西行驶。我们催促骑马的人以最快速度下山，尽快穿过前面漆黑的隧道。就在这时，我们前面100码的地方突然发生剧烈爆炸，我们都被震下了马。我们摸黑往隧道出口出走，后来才知道那个隧道里全都是意大利人。

我们往前走了50码，爆炸造成的后果开始呈现在眼前。我们前面被炸开了一个很深的裂缝，敌人成功炸毁了横跨瓦洪特峡谷横向沟壑的一座桥。（见图72）

图72　瓦洪特峡谷被炸毁的桥

　　我们骑自行车的人呢？西边远处的枪声给了我答案。我们都下马，我命令传令兵沃恩骑着马传令所有赶上来的部队向前推进。接着我们爬到沟壑右侧，走过桥梁废墟绕回到另一侧的山路上。一回到路面，我们就快速跑到枪响的地点。

　　我们在单跨瓦洪特峡谷的一座桥北端的桥楼背后找到了骑自行车的人，他们正朝刚刚开进桥对面隧道里的一辆意大利卡车开火。种种迹象表明，这些意大利人是留在后面准备炸毁所有桥梁和隧道的。骑自行车的人告诉我，他们在爆炸前刚刚走过另一座桥，费舍尔中士为了去拔炸药包的引信被炸飞了。

　　我们前面又有一座桥，这座桥有130英尺长，高出下面咆哮的溪水500英尺。据说这是意大利最高的一座桥。我们可以清楚地看到，桥两边的车道中央有很深的方形坑，里面都放置了炸药包。这些炸药的引信已经点燃了吗？桥那边的敌人已经停火，隧道入口处也看不到他们的踪影。难道他们真的撤退了？如果这座桥在我们眼前爆炸，我们可能要在几天后才能到达近在咫尺的皮亚韦河谷。我们必须果断采取行动。（见图73）

图73　瓦洪特峡谷上埋有炸药的桥

　　布鲁克纳中士非常勇敢，也非常可靠。我给他传达了如下命令："拿一把斧头从桥上跑过去，砍断所有的电线冲过去。我们所有人紧跟着你跑过去，中途就把炸药的引信扯下来。"

　　远处有很多低垂的电缆连接到桥上，我担心敌人使用电子引爆器。出色的布鲁克纳中士很快完成了他的任务，当他剪短最后一根电缆的瞬间，我和骑自行车的官兵迅速冲上前去，途中扯下了炸药的引信。桥梁安然无恙，我们也顺利将桥占领。

我们继续向皮亚韦河谷高速前进，我们必须阻止敌人的爆破队沿途实施爆破。为了抢时间，布鲁克纳中士带着几名骑自行车的士兵冲在最前面，后面的部队也受命以最快速度急行军。经过几个隧道之后，山路沿着山坡往下延伸到了峡谷的出口。用来开凿这条山路的岩壁足足有1500英尺高。布鲁克纳的小分队中途都没有开枪，我猜想他们已经到了峡谷的出口。

上午11点，我和几名骑自行车的士兵、三连的一些步枪兵以及参谋人员一起到了峡谷出口——我们这队人马一共有10支卡宾枪，离隆加罗内不到一英里。眼前的景色很美，前方的皮亚韦河谷映射在午间明媚的阳光中里。我们下方500英尺的地方，翠绿的山泉水在宽阔、分支众多的石头河床上汩汩地流淌。远处就是隆加罗内，这是一个狭长的小镇。在小镇背后，高达6000英尺的峭壁直冲云霄。意大利爆破队乘坐的汽车正穿过皮亚韦大桥。在山谷西侧，看不到尽头的一长队敌军带着各种武器在山谷的主路上走着。这些部队来自北面的多洛米蒂山，正从隆加罗内往南走。隆加罗内及其火车站和里瓦尔塔都挤满了士兵和停滞的队列。（见图74）

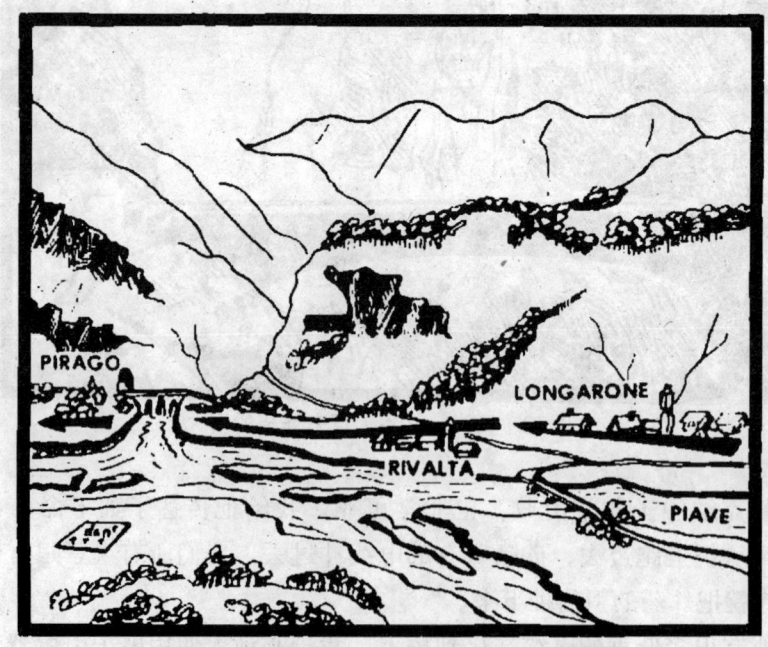

图74　隆加罗内附近的皮亚韦河　东面视角

隆加罗内的战斗

　　一战期间很多士兵都没有经历过我们现在面临的情况。数以千计正在有序撤退的敌人挤在狭窄地山谷里，两侧是无法攀爬的6600英尺高的山峰。敌军完全没有意识到他们侧翼面临的危险。

　　山地步枪兵们喜出望外、心跳加速。那些意大利部队不会撤到更远的地方，这是可以肯定的。我立即让10名卡宾枪士兵埋伏在山路南面100码的灌木丛里，然后我们从大约1400码外向里瓦尔塔–皮拉戈公路上的队列开火。我们把火力集中在一个敌人无法逃脱的地点：右边是岩壁，左边是皮亚韦河。三连的先头部队气喘吁吁来到通道口，他们立刻增强了我们的火力。（见图75）

图75　瓦洪特峡谷出口南边不远处灌木丛里的阵地　西面视角

　　我们的火力攻击在几分钟之内就将敌军的队列一分为二，北边的一半朝隆加罗内往回走，南边的一半加快速度往前走。几分钟后，敌军大量机枪朝我们射击，但他们的火力没有什么成效，因为我们在前坡的灌木丛里位置很好，而且已经离开了瓦洪特峡谷的出口。意大利人只是把枪口对准山路和瓦洪特峡谷上方，但他们的火力的确放缓了我们援军前进的速度。

隆加罗内的几小队敌军想冒险跑到南边。三连的一个排带着两挺轻机枪从瓦洪特峡谷南边的位置上开火，很快就让这些敌人打消了往南走的念头。

就在这时，我的一名传令兵注意到一个意大利步兵连正从我们后面的岩壁上下山（从854高地方向）。我让几名步枪兵带着一挺轻机枪去对付他们。敌军呈纵队继续沿着陡峭的岩壁爬下来，走到离我们只有300码的地方。情况似乎对我们有利，因为只要我们打中其中一个人，他就会把自己的战友连带拖下山。我对成功很有把握，但我没有立即开火，而是向敌人喊话劝其投降。敌人感觉大势已去就都举手投降了。如果我们发现这些人的时间再晚5分钟，他们就会来到岩壁下给我们造成重大损失。

在皮亚韦河谷，敌军炸毁了隆加罗内东边的桥。他们本来向往穆度的方向走，但被我们的火力阻止了。只有分成人数很少的小组，敌军才有可能在穆度-贝卢诺公路上移动或者沿着通往南方的铁路线行走。即便敌军在隆加罗内南边山丘上的炮兵加入到战斗中来，他们面临的处境仍然没有改变。对方的炮兵也没有发现我们在瓦洪特峡谷南边的阵地，几十枚炮弹落在了瓦洪特峡谷前面的通路上和瓦洪特峡谷里，还有些落在山路上方的悬崖上。敌军的炮火外加炮弹炸出来的石块给我们制造了很大麻烦，但到了11点45分，三连的其余兵力、一连和机枪一连的一个排仍然到了瓦洪特峡谷通路入口南边100码的几处高地上。

为了封锁皮亚韦河西岸通往贝卢诺的公路和铁路，抓住从南边过来的所有敌军部队，我让一连和一个重机枪排从多尼亚前往皮拉戈附近的皮亚韦河西岸。整个三连将为这次行动提供火力掩护，同时阻止敌军以封闭阵列转移到任何地方。

一连接令之后迅速以紧密纵队赶往多尼亚，他们的路线要经过一段陡峭、多草、没有掩体的山坡，这段山坡完全暴露在敌军的观察视线之内。意大利人的机枪和火炮开始攻击一连，但一连仍然在几乎没有损失的情况下到达多尼亚并隐蔽在那里的房子背后。敌军的机枪和火炮大幅加大火力，大部分子弹和炮弹都飞入瓦洪特峡谷。

我们看到多尼亚西边的一连穿越皮亚韦的河床。河床的情况一目了然，上面没有可以用来躲避敌人火力的掩体。一刹那间，隆加罗内周边的意大利人就集中火力攻击一连，一连只有迅速回撤到多尼亚才能避免重大伤亡。一连撤退的时候，我和参谋人员火速赶往多尼亚。三连在原地待命，不过我们和他们之间拉了电话线。在炮弹和机枪子弹的刺激下，我们加快了前进速度。这时候的敌军正向他们看到的每一个人开枪、开炮。

在多尼亚，我遇到了刚刚从皮亚韦河谷回来的一连。这次失败没有让我气馁。虽然一整个连没能穿越敌军在皮亚韦河床上的火力区，但如果只是少数几个人去执行同样的任务，他们就更有可能利用地形，或许还可以改变方向朝南边走得更远。（见图76）

图76　在皮拉戈和法埃穿越皮亚韦河

重机枪排驻守在一座房子的顶楼，以此覆盖1000码以外的铁路线和公路桥。这里有小股的意大利人正往南走，但重机枪排的任务是拦阻敌军的大部队。我们每挺机枪只有不到1000发子弹，所以我们必须节省弹药。

我让几名能力出众的指挥官带领几支侦察小分队分散开穿过皮亚韦河，一旦到了西岸就转移到皮拉戈附近，抓住散乱地向南走的那些小股敌人。等抓到大量俘虏之后，他们就把俘虏送回到多尼亚这边的河东岸。这项任务非常艰巨，需要士兵和指挥官发挥最大的技能，以最大的能力冲刺。

5支小分队在强大的火力掩护下出发了，但他们的进度缓慢。照这么发展下去，我怀疑他们有没有人能够到达皮亚韦的西岸。

与此同时，施普罗瑟少校带着通信连和归他指挥的二十六帝国皇家步枪团一营来到了通道口。在我的请求下，通信连接替了驻守在通道口南面阵地的三连，三连分几个小组跑到多尼亚加入了我们。

敌军的机枪在扫射半英里河床两侧的碎石河岸，但我们看不到我方侦察队的身影。接近下午两点的时候，我带领一连和三连拉开战线向皮拉戈方向发起进攻。我的想法是让一些部队过河，用剩余部队的火力封锁山谷西侧的路。我们刚走了几百码就遭到敌军重机枪和火炮的攻击，只好卧倒在地上挖掘掩体。这么一来，部队的战线距离敌军的撤离线只有600码，我们的进攻也将敌军的火力从南边远处的侦察队身上转移开来。

我不知道前面5支侦察队有没有到皮亚韦西岸，所以我又让施特莱希尔中尉和特里比西中尉带着两支小分队去察看情况，结果施特莱希尔在皮亚韦主要的支流里被意大利人一枚炮弹炸伤，特里比西也被敌人的机枪打伤。敌军在隆加罗内南面和德雷尼翁山（西南方向）附近部署的火炮似乎有打不完的炮弹，这些火炮不断从两边轰炸我们所在的区域，我们的人几乎过不了河。

我们部队的参谋人员在皮亚韦河床一小片石头墙后面挖掘掩体，这个地方是意大利一个炮兵连最喜欢打击的目标。敌军的夹叉射击在石头墙上打出了很多缺口，但我们的挖掘工作取得了良好的成效。

技术军士多伯曼用他的高倍望远镜仔细察看隆加罗内以南区域的情况。因为我的副官出去侦察了，我就把奇莫拉伊斯的作战报告口述给担任军队牧师的布莱特曼中士。敌军的火力没有丝毫减弱的迹象，三连首当其冲。在河西岸，我们时不时会看到小股的敌军或零星的车辆穿过我们的火力区向南跑。

下午两点半左右，二十六帝国皇家步枪团三连和机枪一连抵达多尼亚支援我们。两个连的指挥官到我的指挥所报到。我不想让更多的部队去河床里冒险，所以我让这些部队在多尼亚待命，只派了一个重机枪排投入战斗，增强符腾堡山地营向隆加罗内–贝卢诺公路和铁路发射的火力。我希望我们能在天黑之前过河。

受命前往皮亚韦对岸的7支侦察队已经出发几个小时了，但都没有回来报告情况。难道他们都没能过河？河对岸还有一些敌人向南走，但我们无力阻止他们。我们的弹药很少，特别是机枪子弹，我们必须节省着用。时间一分一秒过去，敌军的火力仍在持续，间或击中我们的人。

接近下午3点，多伯曼中士报告说，他好像在河对岸西南方向看到山地部队的人。他说，站在铁路附近一座房子背后的一名士兵抓住了从法埃西边山上过来的一个意大利人。我拿起望远镜观察情况，深信我们的行动在按原计划进行。没有一个意大利人可以通过法埃。

我原本打算最大限度利用俘虏转移过来的机会让我的人过河，但我们等了很久都没见到俘虏返回皮亚韦河东岸。

最后，在下午3点半左右，我们在南面1.5英里河床上看到大批被抓的意大利人，他们大部分人已经从东岸走向多尼亚。我有些生气，因为我们失去了转移到小镇北部的机会。我当即用电话命令部队停火，因为我们要沿着山路前往隆加罗内。

我们开始向北边转移，我在前面带着尖兵队。队伍行军的序列是：轻机枪手装好子弹从路的右手边走；步枪兵呈间隔10码的纵队在左边的壕沟里走；几个连以纵队跟上，参谋人员走在前面。我们在行动期间尽可能保持安静，因为在这个寂静的夜晚，敌军哨兵可以清楚地听到周围的动静。

虽然我们已经很小心，但尖兵队还是受到皮拉戈以南300码的意大利哨兵的攻击。在伸手不见五指的黑夜，我们看到伴随几次枪响的闪光，接着我右边的轻机枪开火了。机枪子弹在路上、右边房子的墙上和路左边陡峭的岩石上打出很多火星。敌人没有还击，他们都被打跑了。

我们继续推进，在到达皮拉戈途中没有再次遭遇敌人，然后穿过我们白天用火力封锁的那座桥。可能是因为我在电话里传达过的命令，我们在多尼亚的机枪没有开火。

我们在路上摸索着前进。左边悬崖上几百码以外的地方，意大利炮兵接连向我们开炮，炮弹落在我们过河的路口方向。炮弹引信在黑暗的夜空里划出一道道独特的光亮，仿佛一场免费的焰火表演。

我们离隆加罗内最靠前的房子只有100码左右，这时我们开始放慢脚步。在炮弹形成的"焰火"光照下，明亮的路面上出现了一堵黑色的墙。我们不知道这是弯道还是路障，到了距离黑色墙面70码的地方我才确定这是一个路障。看来敌人在等着我们。

我命令部队停止前进，让机枪连上来就位。连长（一名中尉）受命在路上近距离部署几挺重机枪，准备对路障实施打击。机枪开火一段时间之后，我打算带领一连和三连发动进攻，拿下隆加罗内的南入口。

我们抓紧时间做准备。正当四挺重机枪的机枪手把机枪放在离路障80码的位置上时，我们的侧翼突然遭到机枪打击。我们在多尼亚的机枪开火了！停火的命令没有传达到他们那边。子弹不断呼啸，火光四处飞溅。我们立刻找地方隐蔽，结果机枪部件相互碰撞弄出了很大的动静。路障打开了，敌人露出头用机枪扫射我们隐蔽的区域。面对80码外的机枪扫射还没有掩体，这简直把人给逼疯了！此时此刻，我们离死亡很近。我们没有机会还击，因为重机枪还没有组装好。我们在交叉火力的覆盖下熬过艰难的几分钟，原本想用手榴弹攻击路障背后的敌人，但因为距离太远没能奏效。在狭窄的路上面对几挺机枪发动进攻是不可能的。我们躲在路边护墙的半圆形凹陷处，但很快这个地方也受到攻击，我们只好躲到左边的壕沟里。往外扔手榴弹只会遭来敌人更猛烈的火力攻击。我们的伤亡人数快速上升，二十六步枪团机枪连的连长就在左侧壕沟里受了重伤。还好意大利人的准头在夜色里大大降低，否则后果不堪设想。（见图77）

图77　在路障附近遭遇交叉火力

　　我们的行动彻底失败，现在要做的就是尽快撤离，避免出现更大的伤亡。我趴在地上口头命令部队撤到皮拉戈附近的桥上。后方的部队很轻松地就撤离了现场，但前面的人就没那么容易了。敌人的火力很少有减弱的时候，一旦出现这种时机，我们就立刻以最快速度冲刺。但刚跑出没几步，我们又被敌人的机枪压制到地上。

　　几次短距离冲刺之后，我们到了山路弯道处的一个安全地带，这里至少可以躲过敌人的火力打击。但不幸的是，即使到了这个地方，我们在多尼亚的机枪排还在给我们制造麻烦，他们拦阻了皮拉戈的公路桥。我身边只剩下寥寥无几的山地战士，参与行动的一部分人已经朝皮拉戈的方向返回，但大多数人还在前面靠近路障的地方。

出乎意料的是，敌人这时候居然停火了。没过多久，敌军所在的方向传来说话的声音，声音离我们越来越近。他们不是山地部队的人。很奇怪，我们的人一个也没回来。我赶紧回到皮拉戈，在路上带了几名山地士兵，其中一个人拿着一把信号枪。皮拉戈的桥面上一个人都没有，他们没有接到我让他们停下的命令。

一群意大利人叫喊着走过来，我不知道他们是攻击部队还是俘虏。我不清楚先头部队（二十六步枪团三连和机枪连）怎么样了，决定用照明弹看看情况。

我向公路桥右侧靠近磨坊矮墙的地方发射照明弹，借着光亮我看到一群聚集在一起的人挥动手绢往皮拉戈的方向跑过去。队伍前面的人离我只有100码左右，照明弹的光亮让我成了一个现成的目标。但尖叫的意大利人一枪未开，而当时我还没有确定对方的真实身份。

我身边的四五个步枪兵不足以拦住这伙人，其他的部队好像已经往法埃的方向回去了。我向自己人的方向跑过去，想要赶上他们，让他们转身去拦阻跑动中的那伙人。

几分钟后，我在皮拉戈南边300到600码的一排房子附近集合了50个人左右。施特莱希尔中尉带领一半人马占据路右边的一座房子，其余的人挡住路面，大家都装好子弹准备射击。肖费尔中尉紧靠着左边的岩壁；我和技术军士多伯曼在右边的房子一侧。我交代步枪兵说，只有在接到我的命令之后才能开枪。我们没有信号枪也没有照明弹。敌人无法转向左边，我们猜想右边就是皮亚韦河，但天色漆黑加上我们没有时间，所以无法判断这边的情况。我们只有几秒钟时间做准备，一路喊叫的那伙人离我们越来越近了。（见图78）

在黑暗的夜空下，我们只能看到路前方50码的情况，左右两边的地形都是漆黑一片。当敌人走到离我们50码以内时，我大喊一声"站住！"让他们举手投降。对方的回应既不像肯定也不像否定。大家都没有开枪，那伙人越走越近。我再次示意对方原地投降，但得到的回应和之前一样。直到最后，意大利人在10码外开枪了。枪声一响，我们这边开始一阵齐射，但没等我们重新填装子弹（我们苦于没有轻重机枪），敌军就扑了上来，我们几乎所有人都落入对方手里。驻守在房子里的官兵前面只有黑色的玻璃窗，他们无奈之下只好在夜色里穿过皮亚韦逃走。大获全胜的意大利人一路向南跑过去。

图78　封锁皮拉戈以南的路　南面视角

我在最后时刻跳过路墙逃走了，然后和路上的意大利人赛跑，一路经过耕地、小溪、树篱和栅栏。二十六帝国皇家步枪团三连和符腾堡山地营的一个重机枪排还在一英里外的法埃，面朝南边的他们还不知道即将到来的危险。一想到我可能会失去最后的兵力，我的身体爆发出超人的能量。我的脚下仿佛就是一条平坦的路，我在路上朝法埃的方向飞奔。

我抢在敌人之前赶到法埃，立即用现有的人员和装备组成一条面朝北方的防线。我决心战斗到底，直到我们剩下最后一个人。二十六团三连刚刚转移到法埃的北边，我们就听到意大利人从路上过来了。我在他们距离200到300码的时候下令开火。敌军的先头部队立刻放慢脚步，意大利人的机枪开始咆哮，疯狂扫射施蒂里亚部队前面的墙壁。敌军好像从路的左右两侧发起进攻，1000个人喊着“前进，前进！”

法埃城堡东边400码的皮亚韦河上有个锯木厂，西边300码的地方是德尼翁山的悬崖。如果我想挫败敌军在南面的突破，我的加强连就得守住从锯木厂沿着法埃北边一直到德尼翁山悬崖的战线，也就是守住一条将近700码的防线。在这条线中间，二十六团三连已经与路两边的敌军在交战。在法埃、皮亚韦河、德尼翁山之间都有巨大的缺口。我最后的后备部队只剩下一连和三连的一两个班，这是此前向隆加罗内进军的部队当中仅存的兵力。（见图79）

我把二十六团三连从战线上撤下来，让他们参与构筑一条虽然薄弱但姑且连贯的防线。

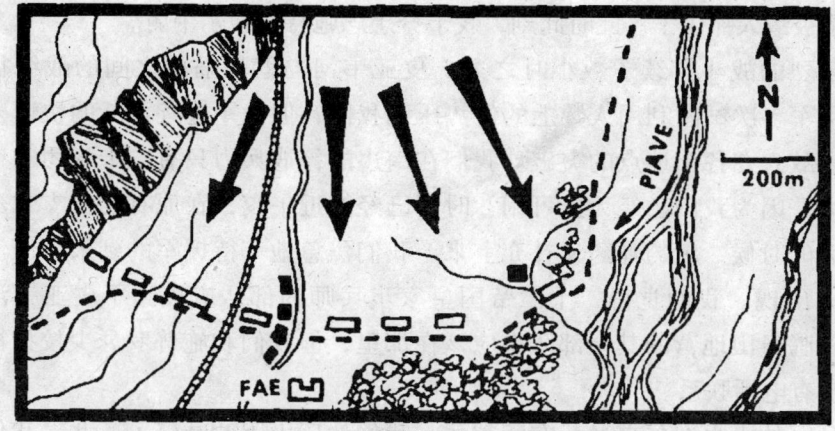

图79 敌军夜袭前我们在法埃的阵地

　　尽管敌军的火力很猛烈，我们还是成功堵住了所有的缺口。我勇敢的勤务兵翁格自告奋勇去皮亚韦河东岸请救兵。他是个游泳健将，认为自己有机会渡河。与此同时，敌军几十挺机枪正向城堡的墙壁扫射。敌军的大批步兵集结在我们前方大约100码外的壕沟和垄沟里，准备向我们发起进攻。步枪和机枪声中不断夹杂着敌军"前进，前进！"的战斗口号。面对施蒂里亚军和符腾堡山地部队的快速射击，敌军没有足够的勇气起身进攻，不过他们拉宽了战线。

　　在战斗期间，技术军士多伯曼拖着受重伤的身体穿过锯木厂附近的农田进入我们的战线。英勇善战的他是在法埃北边一英里路上的夜间战斗期间胸部中弹的，但他在黑夜里成功逃脱，最终回到我们身边。

　　我让几名步枪兵留在身边做好战斗准备，以防敌军在某个地点突破我们薄弱的防线。两名士兵仍然在城堡里看管我们俘获的50名军官，后者得知他们的部队逼近之后显得很焦躁，但没敢攻击看管他们的士兵。

　　密集的子弹打在城堡的北面，发出像冰雹一样的响声。大部分施蒂里亚战士在法埃北边从墙头一枪接一枪射击敌人，即便没法瞄准也在保持火力。每当意大利人喊出战斗口号的时候，我们就增加火力。这样的作战方式当然需要大量的弹药补给，好在胡伯-霍内克的侦察队下午缴获了充足的武器弹药放在城堡里。如果不是这些武器弹药，我们的补给很快就会耗光。在我手下几名山地士兵的帮助下，我们的前沿部队补充了从意大利人手里缴获的枪支弹药。不过遗憾的是，驻守在路两边的重机枪排每挺机枪只剩下50个弹夹。

军官方面，我身边只剩下二十六团三连连长和副连长胡伯。其余的军官好像都被敌人抓去了。此时此刻，我十分想念施特莱希尔中尉。

激烈的战斗持续了数小时之久。皮亚韦河与德尼翁山之间的战线很拥挤，敌军多次试图利用人数上的优势压倒我们，但我军连续不断的快速射击阻止了敌人在各个地点的突破。我们在南边的警戒兵力只有二十六团三连的六个人，因为我们已经无人可用。时间已经接近午夜，在原有的枪支弹药即将用完的时候，新的弹药又补充上来。我们焦急地等待援军的到来，但没有一个人出现。我们觉得二十二帝国皇家步兵师的部队应该到了皮亚韦河东岸，符腾堡山地营的其余部队也应该在那里，但我们和施普罗瑟少校指挥所之间没有电话联系。

敌军的火力在午夜过后有所减弱，我们的压力因此减轻了一些。我们很好地利用了为数不多的掩体，所以伤亡不多。我们利用这个机会抓紧时间加固阵地。前哨报告说，敌军正在撤退。等所有人都停火之后，我们派出巡逻兵去察看敌军的情况。其中一队巡逻兵的指挥官被近距离打死了，另一队在凌晨1点带着600名俘虏返回，这些俘虏是在离我们阵地不远的地方投降的。那时我们才知道，敌军的主力部队撤到了隆加罗内。

援军在深夜两点到达，他们是整个二连以及三连和一连的一些部队。前者在佩耶中尉的带领下绕过了洛迪纳山，后者在皮拉戈以南的夜间战斗之后撤到了皮亚韦河东岸。此后到达的还有带着充足弹药的机枪一连和克雷姆林上尉指挥的二十六帝国皇家步枪团一连、二连。

我们重新组织了防线，城堡变成了据点。我们的弹药充足，二十六步枪团的一个连在南边负责警戒和侦察。之前默默看着法埃那场战斗的50名意大利军官被送到皮亚韦河东岸。夜间的皮亚韦河水十分冰冷，护送俘虏的人费了很大劲才把他们带过河。

不出我们所料，重整旗鼓的敌军在凌晨3点左右发动猛烈的进攻，对方的大炮从近距离实施密集轰炸。几十枚炮弹落在我们的战线上，城堡的围墙和三角墙相继垮塌。紧接着，敌军从多个地点发起强攻，双方展开了近距离搏斗。但我们守住了前线，因为我们每次都能把兵力转移到关键位置。事实上，我们在整个过程中始终没有动用后备力量，战斗也在一刻钟之后就结束了。问题是，敌军还会卷土重来吗？（见图80）

事实证明，这是意大利指挥官发动的最后一次攻击，部队的重大伤亡迫使他们脱离战斗撤退到隆加罗内。不幸的是，我们也有几名战士牺牲在敌军的炮火之下。

图80　意大利人在凌晨三点的夜袭　南面视角

我们穿着潮湿的衣服围坐在一起，浑身发抖地等待清晨的到来。为了取暖，我们和来自施蒂里亚的战友一起喝了几瓶基安蒂红葡萄酒。一连在天亮之前沿着铁路上方的山路侦察，一直行进到皮拉戈那座桥附近。二连和三连的侦察队报告说，皮亚韦河与隆加罗内路之间向北一直到皮拉戈的区域没有敌军。几支侦察队照例带回了一些俘虏。

早晨6点半，二十六帝国皇家步枪团的另一个营来到法埃城堡，他们受命负责南面的警戒。与此同时，隆美尔部再次向隆加罗内进发。步枪二连和三连以及机枪一连从路上走，一连在铁路上方的山坡上走。我们的目标是收拢对隆加罗内敌军的包围圈。

我们在路上见到了施特莱希尔中尉。他在皮拉戈以南那场战斗中逃脱了意大利人的控制，但在渡河的时候被冲走了半英里，被冲上岸的时候已经昏迷。

我们到皮拉戈附近的时候，那里的桥已经被敌军炸毁。在左侧山坡上一连的掩护下，我们很快到了被炸毁的桥旁边，在废墟里发现一名身负重伤的山地步枪兵。桥对面没有敌人的踪影。

桥南边不远的陡坡上有我们的重机枪提供掩护，我们就此从铁桥的废墟上走过去。当我们接近前一天晚上路障所在的位置时，肖费尔中尉骑着驴从隆加罗内向我们走过来，身后跟着几百名挥动手绢的意大利人。在皮拉戈以南的那场夜战中，肖费尔被敌军俘获，但他现在给我们带来了好消息：隆加罗内周边所有的意大利部队都已经投降。敌军的指挥官如此写道：

"隆加罗内要塞指挥部致奥地利和德国部队指挥官：

隆加罗内的驻军无条件放弃抵抗。该指挥部听命于贵方，我军部队由贵方支配。——拉伊少校。"

数天的艰苦战斗终于有了圆满的结果，我们很高兴。尤其让我们感到高兴的是，我们那些在皮拉戈被俘的战友重新获得了自由。意大利人在路两边列队，我们在他们"德国万岁"的喊声中前往隆加罗内。二十六步枪团机枪一连连长和他的大多数战士在隆加罗内被意大利人抓住，他本人也受了重伤，一辆救护车拉着他来到我们面前。我们穿过隆加罗内的街道，行进速度缓慢。我和救护车走在队伍前面，在隆加罗内的集市上发现了之前被俘的我的部队。他们拿回了自己的武器装备，驻扎在隆加罗内等待我们的到来。我的部队是进入隆加罗内的第一批德军部队，我们进入教堂南边的一排房子安顿下来。这时天上下起了雨。我们俘获的意大利人有数千之多，我们费了很长时间才把他们从隆加罗内转移到皮亚韦河东边的公寓。符腾堡山地营的其余部队跟着二十二帝国皇家步兵师走出了瓦洪特峡谷。

在我们追击敌人以及在皮亚韦河西岸作战期间，山地营的其他部队曾经想办法去支援我们。就在我们刚刚攻占奇莫拉伊斯以西的意大利阵地之后，施普罗瑟少校就带领符腾堡山地营的通信连和二十六帝国皇家步枪团一营发起追赶。这么做是违背四十三步兵旅的命令的。我们所处的地形和投入的战斗类型非同一般，其他部队很难跟我们换防。施普罗瑟少校刚到圣马尔蒂诺就接到四十三步枪旅的命令说：

"符腾堡山地营到埃尔托露营过夜。二十六步枪团接手前卫部队。"

施普罗瑟少校回复道：

"符腾堡山地加强营在隆加罗内作战，请求步兵到通道路支援，同时请求三七七帝国皇家山地榴弹部队向前推进。"

施普罗瑟少校坚持执行自己的任务，拒绝为四十三旅的命令分散注意力。他的决心让二十六帝国皇家步枪团一营营长克雷姆林上尉不禁感叹：

"我不知道应该佩服您在敌人面前表现的勇气，还是应该佩服您在上级面前表现出的勇气。"

接近中午时分，施普罗瑟少校到达隆加罗内东边1100码的瓦洪特峡谷出口处。由于敌军对峡谷实施猛烈攻击，通信连和二十六团一营花了很长时间才从峡谷里出来。三连原本正往多尼亚方向进发，他们从瓦洪特峡谷路几个河口南边不远的高地上攻击撤退的敌军。后来通信连接替了三连。

二十六步兵团一营的几个先头连队在下午两点清除了瓦洪特峡谷里的敌人，接着他们就被派去增援隆美尔部。此时施普罗瑟少校手下已经没有兵力可用。高斯勒部（五连和机枪三连）从二号码头经过卡拉费罗纳（955）爬上佛切拉西蒙（1483）。但就是在这个地方，英勇善战、经验丰富的山地战士高斯勒在队伍前面跑过一片冰雪覆盖的山坡时英勇牺牲了。席莱恩部（四连、六连和机枪二连）从佛尔纳切火车站爬上加利努特山（1303），途径克拉费罗纳抵达瓦洪特峡谷。佩耶中尉带领的二连从洛迪纳山下来，向埃尔托方向进发。

隆美尔部在皮亚韦河西岸发动夜袭失败后，施普罗瑟少校在通道出口处的指挥所里接到了令人难以置信的报告："敌军从隆加罗内南面突破——隆美尔部的大部分兵力都被俘，包括指挥官在内。"但此后法埃一带的战斗声和火光很快就终结了这些谣言。

我们的通信兵到营指挥所报告情况后，施普罗瑟少校增派二十六步枪团的部队通过多尼亚到法埃，后来又派出了二连，后者刚刚参与了对洛迪纳山的包围。二十六步兵团一营开始在多尼亚西边的皮亚韦河上搭建人行桥。

11月10日，施普罗瑟少校在里瓦尔塔以东1000码的高地上让手头可用的部队做好战斗准备。这些部队包括席莱恩部（四连、六连和机枪二连）、符腾堡山地营的通信连、二十六步兵团一营的四门步兵火炮和三七七帝国皇家山地榴弹部队。格劳的部队（五连和机枪三连）正从埃尔托过来。

当天晚上，施普罗瑟少校让斯滕莫医生用意大利语写了一个纸条，让一名意大利战俘带到隆加罗内。纸条上写着：

"隆加罗内已经被德国和奥地利的一个师包围，任何抵抗都是没有意义的。"

天亮的时候，施普罗瑟少校得知隆美尔部再次向隆加罗内进军，而且隆加罗内的敌人正缴械投降。他带着符腾堡山地营在里瓦尔塔以东1000码处的部队向隆加罗内进发，二十二帝国皇家步枪师四十三旅跟在他们后面。

11月10日是个雨天，我们费了很长时间才把意大利士兵都清出隆加罗内的街道。敌人的武器堆放在公共广场上，里面甚至有意大利人的大炮。隆加罗内东面的低地上有很多俘虏，前后一共有1万多人——相当于一整个意大利师——放下了武器。我们的战利品包括200挺机枪、18门山地炮、2门半自动炮以及600多头驮运牲畜、250车物资和2辆救护车。

我的部队在奇莫拉伊斯、瓦洪特峡谷、多尼亚、皮拉戈和法埃的战斗中有6人牺牲、2人重伤、19人轻伤、1人失踪。二十六帝国皇家步枪团一营的伤亡人数未知。

肖费尔中尉在里瓦尔塔以南拦阻意大利人的行动中被俘,刚开始还遭到对方的殴打。

在提出抗议后,肖费尔被带到一名连长面前。后者没有就虐待一事道歉,而是希望从肖费尔身上得到一件个人"纪念品"。此后肖费尔跟随意大利人沿着前线走到法埃。法埃之战爆发后,肖费尔紧挨着一名意大利军官躲在路边。肖费尔想尽办法逃走,但都被这名军官阻止。战斗期间,德军密集的火力让肖费尔痛苦不堪。午夜时分,意大利人脱离法埃的战事,肖费尔被带回隆加罗内,在那里见到其他被俘的山地官兵和施蒂里亚官兵。第二天清晨,俘虏们又在严密看守下往南走。但他们很快就停了下来,因为意大利人又一次突破失败。接着他们又被带回到隆加罗内。当天上午,肖费尔在交谈中故意夸大了我们的兵力,意大利军官对他的态度变得很友好。最终,敌军让肖费尔带着他们自愿投降的字条回到我们身边。

11月10日中午时分,隆加罗内到处都是德国和奥地利部队,我们在上好刺刀的哨兵的帮助下才回到之前的住处。我的大多数士兵脱下湿冷的衣服,在舒适的住处享受他们应得的休息机会。到了晚上,山地部队坚持拿着火把接受指挥官的检阅。

评注:我们成功突破奇莫拉伊斯以西的敌军阵地之后,机动部队(骑马和自行车的官兵)开始担负起追击敌军的责任。他们成功追上敌人,而且除了一座桥以外,他们阻止了意大利人的爆破队造成更大的损害。有了这支机动部队,我们才得以继续追踪敌人。在峡谷出口处,几名步枪兵就足以拦阻整整一个师的兵力。意大利人用重机枪和火炮猛烈攻击峡谷出口处,但我们的步枪兵深挖战壕,没有遭受什么损失。敌军的防御战术是错误的,如果他们派出一部分兵力进攻瓦洪特峡谷的西边出口,后来的情况就会大不一样。

当隆美尔部穿过多尼亚以西不受保护的皮亚韦河谷发动进攻时,敌军对我们实施了猛烈攻击。我们的官兵抓紧时间挖掘掩体,充分发挥了铁锹的作用。与此同时,河西岸的小股侦察队在躲过自己人的火力攻击之后抓到了往南跑的敌军部队。

在法埃的夜间战斗中,大火提供了必要的照明。当面临弹药短缺的时候,我们用之前从意大利人手里缴获的枪支弹药完成补给。我们是在面对敌军极其激烈的火力攻击下完成这些行动的,这是山地部队了不起的壮举。

格拉帕山区的战斗

按照二十二帝国皇家步兵师的命令，符腾堡山地营转入第二线，于1917年11月11日进行休整。利用这个时间，我们把死去的战友埋葬在隆加罗内公墓。

与此同时，我军进攻的势头开始减弱，追击敌人的脚步开始放缓，不过敌军也未作任何实质性的抵抗。

接下来的几天里，山地部队经由贝卢诺到达费尔特雷，在那里开始接受德国猎兵师的指挥。11月17日，我们从费尔特雷沿着皮亚韦河谷进军。奎罗和通巴山附近正爆发激烈的战斗，皮亚韦河谷里挤满了部队，我们向前推进遇到了困难。我们进入了意大利炮兵的射程，对方不时向皮亚韦河谷实施拦阻射击。我们得到的情报大致是：奥地利的先头部队在通巴山上遭遇强敌。

在奇拉顿，师部命令我们穿越格拉帕山渗透敌军延伸到巴萨诺的阵地。

当天下午，整装待发的山地营进入奎罗以北不远的区域，那里正遭受意大利人最猛烈的炮击。意大利炮兵在巴罗内山和通巴山设置了相当好的观察哨，所以他们能够精确打击奎罗关隘和其他处于射程内的重要据点就不足为奇了。

施普罗瑟少校让隆美尔部（二连和四连、机枪三连、三分之一的通信连、两个山地炮兵连和一支无线电小分队）经由奎罗–坎波–乌松–斯皮努奇亚山–1208、1193高地一线前往1306高地，同时让符腾堡山地营的主力部队从斯基耶维宁–罗卡齐萨–1193高地一线前往1306高地。（见图81）

天色渐渐暗下来，我们稀薄的队伍快速通过奎罗。这个小镇已经被炸得满目疮痍，但意大利人的炮火仍然没有停止。直径5到10码的弹坑并不鲜见，一路上可以看到大量猎兵死伤人员。意大利人大量的探照灯把黑夜变成了白昼。与此同时，敌军开始向奎罗、坎波、乌松和阿拉诺附近发起最猛烈的炮击。斯皮努奇亚、巴罗内和通巴方向的探照灯不断照射山谷，远处的重炮只留给我们几秒钟时间向敌人冲刺。在这个过程中，我们与两个山地炮兵连之

间的联系被中断了。温德布勒中士受命修复线路并把炮兵连带到乌松。隆美
尔部的其余部队成功抵达乌松村，途中没有遭受伤亡。和奎罗、坎波一样，
乌松也是了无人烟，四周的房子弥漫着幽灵般的空寂感。斯皮努奇亚和巴罗
内的探照灯不断照过来，我们只好分散开，在房子和树木的阴影下休息。敌
军密集的炮弹离我们越来越近，弹片在空中飞溅，泥土和石块如雨点般落
下，这对我们的神经是一种考验。

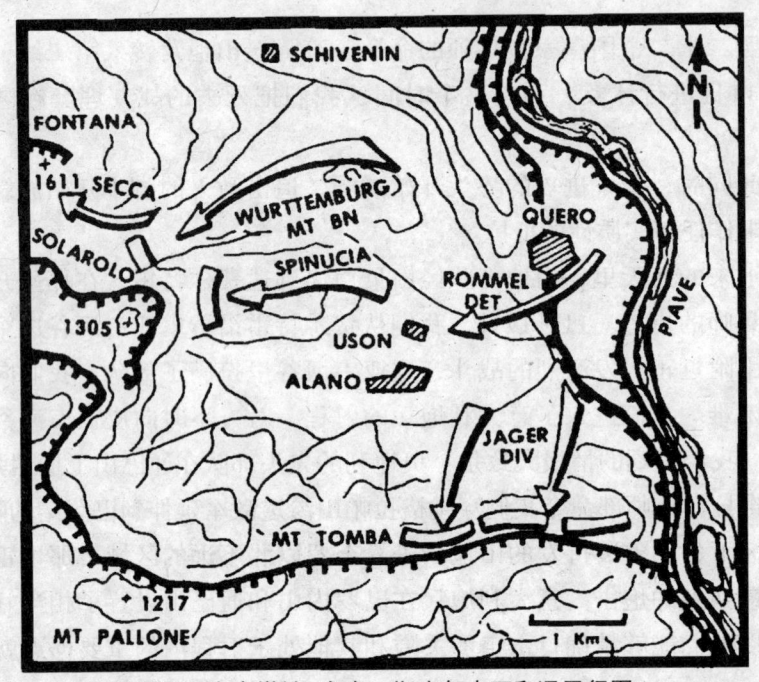

图81　在丰塔纳-塞卡、斯皮努奇亚和通巴行军

我们往不同方向派出配备电话班的巡逻队，瓦尔茨中尉带着其中一队前
往斯皮努奇亚方向。在我看来，我们现在要做的已经不是通过格拉怕山快速
渗透到巴萨诺。敌军的战线连贯、坚固，而且我们来得太晚了。据悉，法国
的六个师和英国的五个师已经来增援意大利人。

午夜时分，各个方向的巡逻队相继返回报告情况：我们已经联系上阿
拉诺的友军；瓦尔茨中尉爬上了斯皮努奇亚山东侧的尖坡，途中没有遭遇敌
人；温德布勒中士把两个山地炮兵连都带到了乌松。温德布勒带着炮兵连沿
着乌松-蓬特德拉-图瓦山谷向上走，在那里发现一个灯火通明的兵营。温德
布勒让炮兵停下，独自一个人悄悄溜到兵营里，在里面看到一大群熟睡的意

大利人。勇敢无畏的他拔出手枪叫醒敌人，俘获150名士兵和两挺机枪。

1917年11月17至18日下半夜，隆美尔部爬上斯皮努奇亚山东面的尖坡。18日清晨，我们的先头部队在那里看到由东侧延伸到斯皮努奇亚山顶的尖山脊上有敌军驻守在壕沟里，对方的阵地位于山顶以东不到半英里的地方。在没有火炮和迫击炮支援的情况下，向这些阵地发起正面进攻是不可行的。敌军在尖尖的岩石山脊上部署了大量机枪，还在丰塔纳塞卡和巴罗内山设置了山地火炮。要想包围敌人是不可能的，我们走进了死胡同。

直到1917年11月23日，我们始终在努力攀爬斯皮努奇亚的山坡。我们没有火炮和迫击炮支援，所有的努力都是白费。11月21日，六连的保罗·马丁中士在和我一起站在观察点的时候被意大利人山地炮弹的弹片击中身亡。与此同时，匈牙利炮兵一名中尉身负重伤。1917年11月23日，隆美尔部在罗卡齐萨重新加入营里的部队。两天前，费希特纳的部队就是在这个地方与奥地利和波斯尼亚步兵一起攻占了意大利人在丰塔纳塞卡和1222高地上的阵地。

1917年11月24日黎明，整个符腾堡山地营都归我指挥，部队部署在丰塔纳塞卡东北坡的二线阵地上。我们变成施普罗瑟军团的后备军，前方是第一帝国步兵团。在帝国步兵团进攻索拉罗洛山得手之后，符腾堡山地营将往格拉帕山方向突破。在等待奥地利军队取胜的消息期间，我们在丰塔纳塞卡的冰雪里站了几个小时，在冰冷的空气里饱受意大利山地炮的攻击。进攻索拉罗洛的行动进展缓慢，我方的炮火支援太弱，而敌军的炮火又太猛烈。正午时分，我们从施普罗瑟军团收到消息说，二十五帝国皇家山地旅已经从西面攻占了索拉罗洛山。

丰塔纳塞卡南坡的形势没有任何变化，帝国步兵团没有取得任何进展。这种情况在整个白天都不会改变，所以我请求前往索拉罗洛附近的二十五山地旅右侧，由此向格拉帕山方向发动进攻。施普罗瑟少校批准了我的请求，很快整个符腾堡山地营就出发了。我们无法采取最短的路线，因为前面就是丰塔纳塞卡西坡几乎垂直的岩壁。另一个选择是下山进入斯蒂佐内山谷。我们迈着轻快的步伐前进，但到达戴西尔维斯特里的时候天就黑了。我让疲惫的符腾堡山地营就地休息，派遣六连的安曼中尉去察看我军在索拉罗洛山上的情况。我的目的是让部队尽早出发抵达索拉罗洛，好让经过休整的符腾堡山地营做好在11月25日黎明继续进攻的准备。当安曼中尉经过全面、成功的侦察返回之后，情况又发生了变化。由于临近的那个旅战绩更好，符腾堡山地营进入对方作战区域的做法遭到强烈谴责。大家的情绪都很激动，施普罗瑟少校甚至请求符腾堡山地营立即脱离二十二帝国皇家步兵师。上级批准了他的请求，于是我们营就在费尔特雷东边的营地休息了几天，然后在12月10日再次开赴前线，经由皮亚韦到达丰塔纳塞卡山脉。

12月15至16日夜间，我的部队在4300英尺高的冰雪地里露营。12月16日，我们侦察了皮拉米德多梅、索拉罗洛（1672）和斯塔尔多梅上的阵地，发现敌军仍然固守这些高地上最重要的那些据点。12月16至17日夜间，我们被大雪困在了帐篷里。第二天，施普罗瑟军团发起进攻。我们成功渗透斯塔尔多梅的阵地，抓获拉文纳旅的120名贝尔萨列里战士，还击退了敌军数次猛烈的反攻，不过我们的伤亡也很惨重。二连优秀的克万特中士出去巡逻之后就没再回来，他肯定是伤重致死了。

在冰冷的空气里，我们冒着意大利人猛烈的炮火在斯塔尔多梅陡峭的山坡上一直坚守到1917年12月18日。此后，符腾堡山地营启程前往山谷，向席维宁方向进发。我们在那里收到从后方送来的邮件，里面有两个小包裹，包裹里装着颁发给施普罗瑟少校和我的两枚"蓝马克思"勋章。一个营有两个人同时获此荣誉，这是闻所未闻的事。

我们在费尔特雷北边的小村子里度过圣诞夜。圣诞节那天，山地部队在"老阿尔卑斯人"（施普罗瑟少校的外号）的带领下再次穿过狭窄地皮亚韦河谷开赴前线。我的部队驻守在巴罗内地区，左翼部署在通巴山上。我们接替了普鲁士步兵。这里的阵地有名无实，所谓的机枪和步枪掩体就是陡峭、光秃山坡上的小洼地，几乎没有掩蔽作用。周围都是厚厚的积雪，不过气温还可以忍受。白天战士们就躺在帐篷里隐蔽起来，因为敌人可以观察到这里的整个区域。我们不能生火，军用物资只有在晚上才会送过来。雪地里留下的痕迹必须小心清除。敌军火炮或迫击炮攻击掩体的时候就很糟糕，有些连队因此只剩下25到35个人。尽管如此，战士们还是出色地完成了他们艰巨、危险的任务。

1917年12月28日，符腾堡山地营击退了意大利人的一次正面进攻。第二天，敌军对我们发起猛烈炮击。意大利人的重型迫击炮射程达到3300码，给我们造成极大的麻烦。当天敌军炮兵还轰炸了阿拉诺附近的后方区域，那是施普罗瑟参谋部的所在地。在轰炸期间，意大利人多次使用了毒气弹。

1917年12月30日，敌军把轰炸通巴山的火力加强到极致。敌军飞机俯冲到离我们的阵地只有几英尺的地方，用机枪扫射我们的守卫部队。经过几个小时的激战，法国阿尔卑斯军团攻占了我们左侧第三帝国皇家山地旅所在的阵地。我们还在继续坚守，但我们的左翼岌岌可危。一旦敌人再次从通巴往阿拉诺方向推进，我们的战线就会被切断，到时候我们就得在夜间杀开血路。天上还下着大雪，天气变得越来越冷！

12月31日清晨，后援部队填补了我们左侧的大缺口，但他们遭到来自巴罗内山的意大利炮兵的猛烈攻击。指挥部因此决定将战线向北后撤1.5英里左右。我们在巴罗内和通巴山的阵地上一直坚守到1918年1月1日。这时候的天气十分严寒。在最后时刻，两位极其勇敢的战士在前沿的机枪位上倒下了，他们是莫尔洛克中士和列兵夏德尔。当敌军派出30个人发动进攻的时候，我们有一挺重机枪没有打响，双方展开近距离搏斗。我们一部分守军用手枪和手榴弹拦阻人数占优的敌军，莫尔洛克和夏德尔则在想尽办法给重机枪解冻。就在这个时候，意大利人一枚蛋形手榴弹在他们中间爆炸，两个人英勇牺牲了。后来敌军被我们成功击退。

午夜前不久，作为符腾堡山地营后卫部队的隆美尔部带着两名牺牲的战友来到阿拉诺，然后沿着皮亚韦河谷静静地穿过遍布尸体的坎波和奎罗地区的农田。

一周之后，我和施普罗瑟少校一起请假途径特伦托回到家乡。让我非常难过的是，从那以后我就没再回到山地部队。根据统帅部的命令，我被调到64突击总队担任副官参谋。带着沉重的心情，我在战争最后一年关注着符腾堡山地营和团里的情况：在法国的大战；攻占谢明德达梅；进攻孔德要塞、夏泽莱和巴黎阵地；在维莱科特里兹森林里的一系列战斗；穿越马尔内；经马尔内撤退以及在维尔顿的一系列战斗。山地部队曾经在科斯纳山、科洛弗拉特、马塔尤尔、奇莫拉伊斯和隆加罗内获取胜利，但前述这些战斗给他们留下了巨大的人员空缺，他们当中只有一小部分人再次看到自己的祖国。

誓死效忠家国的德军战士长眠在东线、西线和南线的很多地方，他们时刻提醒我们这些活下来的人和我们的后辈：当需要为德国做出牺牲的时候，我们不应该让他们失望。